大学生教育管理的创新与实践研究

李 琳 ◎ 著

吉林出版集团股份有限公司

图书在版编目（CIP）数据

大学生教育管理的创新与实践研究 / 李琳著. — 长春：吉林出版集团股份有限公司，2023.9

ISBN 978-7-5731-1022-0

Ⅰ.①大… Ⅱ.①李… Ⅲ.①大学生-教育管理-研究 Ⅳ.①G647

中国国家版本馆 CIP 数据核字 (2023) 第 182112 号

大学生教育管理的创新与实践研究
DAXUESHENG JIAOYU GUANLI DE CHUANGXIN YU SHIJIAN YANJIU

著　　者	李　琳
责任编辑	齐　琳
封面设计	林　吉
开　　本	787mm×1092mm　　1/16
字　　数	205 千
印　　张	13
版　　次	2023 年 9 月第 1 版
印　　次	2024 年 1 月第 1 次印刷
出版发行	吉林出版集团股份有限公司
电　　话	总编办：010-63109269
	发行部：010-63109269
印　　刷	廊坊市广阳区九洲印刷厂

ISBN 978-7-5731-1022-0　　　　　　　　　　　　定价：78.00 元

版权所有　　侵权必究

前　言

目前，我国已成为世界上高等教育在学人数最多的国家。如何树立以提高质量为核心的高等教育发展观，全面提高高校人才培养质量、科学研究水平、社会服务能力和文化传承创新能力；如何树立与高等教育大众化相适应的高等教育质量观、实施重大发展项目，既着力培养拔尖创新人才，又大量培养应用型、复合型、技能型人才；如何提高高等教育国际化水平、提高高等教育管理水平，带动高等教育质量全面提高等诸多新情况、新问题，为新形势下高等教育发展提出了新挑战。

教育管理学科的发展，离不开对教育管理理论和教育管理实践的探索，只有把理论的来龙去脉梳理清楚，把与教育管理实践相关的各种理论呈现出来，把它们对实践规律的揭示及对实践指导的价值探究清楚，才能彰显出理论的活力，才能完善已有理论，催生新的理论，所以必须对理论进行系统研究。

本书主要研究大学生教育管理的创新与实践方面的问题，涉及丰富的大学生教育管理知识。主要内容包括大学生教育管理理论研究与基础知识、大学生教学管理探索、大学生教育管理创新、大学生教育管理模式创新、大学生教育管理制度、新媒体环境下高校教学管理、大学生教育管理实践应用等。本书涉及面广，实用性强，读者能理论结合实践，获得知识的同时掌握技能，本书兼具理论与实际应用价值，可供相关教育工作者参考和借鉴。

在撰写本书的过程中，借鉴了许多前人的研究成果，在此表示衷心的感谢。由于图书馆阅读推广涉及的范畴比较广，需要探索的层面比较深，笔者在撰写的过程中难免会存在一定的不足，对一些相关问题的研究不透彻，恳请前辈、同行以及广大读者斧正。

李琳

目 录

第一章　大学生教育管理的理论研究 ································ 1
   第一节　大学生教育管理方式的转变 ···························· 1
   第二节　新公共服务大学生教育管理 ···························· 6
   第三节　传统文化与大学生教育管理 ··························· 11
   第四节　从严从实做好大学生教育管理服务 ····················· 14

第二章　大学生管理的内涵及外延 ································ 21
   第一节　大学生管理模式的概念及分类 ························· 21
   第二节　大学生管理模式的发展阶段 ··························· 21
   第三节　大学生管理模式的载体研究 ··························· 23

第三章　高校教学管理探索与研究 ································ 29
   第一节　教学内容管理 ······································· 29
   第二节　教学组织管理 ······································· 35
   第三节　教学质量管理 ······································· 45

第四章　大学生教育管理的创新研究 ······························ 68
   第一节　大数据与大学生教育管理 ····························· 68
   第二节　微时代下大学生教育管理 ····························· 71
   第三节　"三位一体"大学生教育管理 ·························· 80
   第四节　新媒体背景下大学生教育管理 ························· 83
   第五节　"互联网+"时代大学生教育管理 ······················ 86
   第六节　柔性管理理念下的大学生教育管理 ····················· 91

第五章　高校学生管理模式创新分析 ······························ 96
   第一节　融入开放性的思想 ··································· 96
   第二节　提升教育服务意识 ··································· 99

  第三节 创新管理方式……106

  第四节 坚持"以人为本"的理念……109

  第五节 "以人为本"的高校学生管理模式……114

  第六节 目标管理理论下的高校学生管理模式……122

第六章 大学生教育管理制度研究……126

  第一节 大学生参与教学管理的制度……126

  第二节 大学生教育管理中学生会管理制度……128

  第三节 "双创"背景下大学生教育管理制度……132

  第四节 自治教育理念与大学生自治管理制度……136

  第五节 大学生素质教育的困境审视与制度……142

  第六节 高校教育管理制度人性化管窥……149

第七章 新媒体环境下高校教学管理……152

  第一节 新媒体给高校教育教学管理带来的冲击……152

  第二节 新媒体时代高校教学管理体系改革……157

  第三节 新媒体环境下教学档案管理……159

  第四节 新媒体时代探究式公共管理案例教学……161

  第五节 新媒体的实践教学过程管理和质量考核……165

  第六节 新媒体背景下高校多媒体教室的管理……171

  第七节 高校新媒体建设管理办法……175

第八章 大学生教育管理的实践应用研究……179

  第一节 情感激励在大学生教育管理中的应用……179

  第二节 非正式奖励在大学生教育管理中的运用……182

  第三节 "蝴蝶效应"在大学生教育管理中的应用……186

  第四节 同侪示范在大学生教育管理中的应用……190

  第五节 小组工作模式在大学生教育管理中的应用……193

  第六节 项目管理理论在大学生创新教育项目中的应用……197

参考文献……201

第一章 大学生教育管理的理论研究

第一节 大学生教育管理方式的转变

我国高等教育已进入后大众化阶段，即将步入普及化阶段，这不仅意味着我国高等教育在数量和规模上的扩张，同时意味着大学生个体和群体特点的巨大变化。正确认识新形势下大学生的新特点，正视高校学生教育管理工作存在的问题，积极转变教育管理方式方法，是高校学生教育管理工作的必然选择。

2018年，我国各类高等教育总规模达到3833万人，高等教育毛入学率达到48.1%，中国高等教育稳步迈入高等教育后大众化阶段，并即将向普及化发展。高等教育后大众化既不同于精英教育，也不同于普及教育，不仅仅意味着高等教育规模的进一步扩张，更意味着高等教育系统外部和内部的深刻变化，再加上社会的快速发展和网络的普及，使高等教育发展呈现出阶段性的特征，大学生群体呈现众多与高等教育精英和大众化阶段所不同的新特点，传统的教育管理方式无法完全适应这些变化。正确认识这一阶段大学生的新特点，正视大学生教育管理工作存在的问题，积极转变教育管理方式方法，是高校学生教育管理工作的必然选择。

一、当代大学生的新特点

（一）价值追求的个性化

当前，高校在校大学生多出生于2000年前后，00后也于2018年秋季入学后正式作为一个群体进入大学校园。当代大学生成长于中国经济和互联网高速发展时期，物质生活富裕，成长环境优越，信息高度发达，网络普及程度高，从小受到良好教育，知识丰富，思维活跃，充满自信。丰富的物质生活和优越的成长环境使他们的个性得到充分发展。他们所处的时代文化变得更加多元，受外界环境影响也更为明显，突出表现在他们的人生规划中更加注重自我情感体验和价值实现，价值追求更加多元，更富个性化。调查数据表明，当代大学生更加关注个人层面的价值目标，排在前10位的分别是身体健康、家庭和睦、事业成功、心情舒畅、独立自主、舒适生活、真诚友谊、纯真爱情、多彩生活和美满婚姻，更多的是关注与个人健康和幸福有关的问题，而与国家和社会层面有关的价值目标，如国家富强、社会稳定、奉献社会等则排到了第 10 位以后，表明当代大学生更关注小我价值目标而不是大我价值目标，这有别于 20 世纪末的大学生。①

（二）学习方式的自主化

进入后大众化阶段，大学生原有的学习方式发生了跨越式的变化，他们拥有更多个性化选择的权利，可以自主选择学习时间，可以休学创业、参军入伍、出国交流、提前毕业等。学习的途径也不再局限于传统的课堂学习。通过网络完成学习任务的比例必将逐步提高。近年来，各种网络学习平台如雨后春笋般兴起，以"慕课"为代表的网络教育，使跨学校、跨区域甚至跨国家的教育方式成为可能，拓展和丰富了大学生的学习渠道，更方便了学生的自主学习。学习时间也不再是标准的 4 年，可以是 3 年或更长的时间，学生何时开始学习、学习多长时间都可以根据个人情况灵活掌握。例如，西北大学全面施行"完全学分制"，2018 级新生学习年限变为 3～6 年，在校期间可享受专业自主选择机制，可订制个性化学习计划，自由选择学习专业、课程、教师。

（三）生源结构的多样化

在精英和大众化教育阶段，绝大多数大学生的年龄相当，学习经历相当，多是完成中等教育后进入高等教育，基本没有工作经历。进入后大众化阶段，这种情况发生了巨大改变，大学生的学前经历不再是精英和大众化教育阶段那样单纯的学校教育历程，他们学习经历的个性化更加明显，生源结构更加多元、复杂。大学生源拓宽至各类往届毕业生、休学创业、退伍复学、具有各类中学毕业资格的成年人甚至老年人，非传统生源的年龄跨度将明显大于传统生源，生源结构呈现出多样化的趋势。

（四）生活方式的网络化

当代大学生可以说是"衔着鼠标出生的一代"，他们对互联网的接受与依赖程度远远超过以往任何一代大学生。根据国家互联网络信息中心发布的《中国互联网络发展状况统计报告》，截至 2023 年 6 月，中国网民总量达到了 10.51 亿人，同比增长了 5.4%，占全球网民总量的 23.4%，位居世界第一。中国网民结构呈现多样化和平衡化的特点，主要表现在以下几个方面：性别：中国网民男女比例接近平衡，男性网民占比为 51.2%，女性网民占比为 48.8%。年龄：中国网民年龄分布呈现多元化的特点，各年龄段的网民占比分别为：10 岁以下为 2.1%，10-19 岁为 12.3%，20-29

---

① 任小琴. 当代中国大学生幸福观养成教育研究 [D]. 成都：电子科技大学，2019.

岁为24.5%，30-39岁为25.6%，40-49岁为18.2%，50-59岁为10.7%，60岁以上为6.6%。中国网民行为呈现多样化和活跃化的特点。时间：中国网民使用互联网的时间主要集中在早上、中午、晚上和深夜等时段，其中晚上是最繁忙的时段，占比达到了76.3%，其次是中午，占比为62.5%，再次是早上，占比为58.7%，最后是深夜，占比为37.4%。。网络已经融入了大学生获取信息、人际交往、消费等生活的各个方面，成为大学生的主要信息来源、新的精神寄托和日常生活重心。

二、高校学生教育管理工作存在的问题

（一）重视目标管理，轻视过程管理

在学生教育管理中实行目标管理能调动学生组织、学生干部和学生的积极性、主动性和创造性，有利于培养学生的责任意识，目标管理在高校学生教育管理中得到了广泛应用。但是，各高校在学生目标管理过程中，学校与学校各职能部门、各职能部门与二级学院、二级学院与辅导员甚至学生组织之间层层制定目标，使得管理者将工作重心更多地放在了目标的实现上，而忽视了对学生成长过程的关注。目标管理重视结果，强调自主、自治和自觉，这种管理模式在精英乃至大众化教育阶段有着非常积极的作用，但在后大众化教育阶段，由于招生制度改革、教育教学内容和人才培养方式的改革、学制的改革以及学生特点和社会环境的巨大变化，重视目标管理、轻视过程管理的管理模式已经无法适应学生培养的需求。

（二）重视共性教育，轻视个性培养

高校的学生教育管理重视共性教育、轻视个性培养表现在三个方面：一是过分追求整齐划一。统一的教育培养目标、统一的教育方式、统一的教育内容扼杀了学生的想象力和创造力，使学生的思维方式、知识结构等雷同，无个性可言。二是对学生的评价方法简单。高校对学生的评价以知识评价为主，简单地以学科成绩作为评价内容，以班级或年级为评价单位，并以该群体的他者为评价中心，忽视了学生历史性的、纵向的自我提升，忽视了学生个体差异，不利于学生发展性品质的提升。三是学生应有的权利没有得到尊重和保障。高校大多以各类刚性的规章制度、奖励和惩罚、综合测评等措施对学生进行规范教育管理，而在此过程中，学生作为教育对象没有参与制定规范的机会和权利，仅仅是被执行者。

（三）重视专业教师队伍建设，轻视辅导员队伍建设

专业教师对一所大学的作用不言而喻，尤其是"双一流"建设背景下，专业教师的作用尤为凸显。因此，高校都非常重视专业教师队伍建设，从人、财、物等各方面

予以大力支持。与此相反的是，辅导员队伍建设却并未受到足够重视：一是数量不足。教育部要求高校设置辅导员的师生比不得低于1：200，但是，很多高校尤其是地方高校远远达不到此标准。二是政策执行不到位。中共中央、国务院和教育部为加强辅导员队伍建设，出台了完善的政策体系，但是，高校在制定内部政策时往往把大量的资源投向学科建设、办学规模、科研等部门，却对辅导员队伍建设政策执行不到位。辅导员队伍建设政策执行的督导检查或测评结果与教育资源配置少有关联，导致辅导员队伍建设政策执行的权威资源运用不足，缺乏刚性制约。三是待遇低，任务重。突出表现在职称评聘、职务晋升和收入等方面不如同期进校的教师，从而导致了辅导员工作上的积极性不足，而又因整天忙于事务性工作，一定程度上降低了职业认同感。

（四）重视管理工作，轻视服务工作

对学生依法进行管理，是高校应有的职责，也是依法治校的重要内容。高校历来重视学生管理工作，机构健全，管理制度严格，但是，对学生的教育管理往往是自上而下的、绝对权威的信息灌输，在事关学生政策的制定和执行过程中，管理者总是处于管理的中心，管理方法简单、粗放，很少真正和学生沟通，认真听取意见。虽然高校也时常强调"服务育人"的理念，但总是说得多、做得少，更多的还是以管理代替服务，没有真正把解决思想问题与解决实际问题相联系。尤其在个性化服务方面还存在不小的差距，体现在不尊重教育对象的差异性，对不同教育对象实施相同的教育管理方案和激励机制等，从而无法调动教育对象的积极性。

三、大学生教育管理方式的转变

（一）管理理念：从目标管理到过程管理

过程管理是现代组织管理学中的一个基本概念，过程管理理论认为，不能只盯着目标向结果要质量，更应该关注产品生产的每一环节与每一过程。对大学生教育管理而言，过程管理需要注意以下两个方面：一是学生培养目标的准确定位。根据学生特点，制定符合其自身发展特点的总目标和为实现这一总目标奠基的各阶段小目标。当前，各高校多在全国范围内招生，由于学生成长背景不同，素质差异较大，学生的成长期望值也不一样，因此，在制定具体培养目标时应做到因人而异。二是适时进行过程指导。根据大学生的特点，不只关注其成才结果，更关注其成长过程，通过有针对性地教育指导和过程评价，形成阶段性目标评价和信息的及时反馈相结合的目标评价体系，达到预期培养目标。

（二）管理方法：从集中统一到个性发展

与精英和大众化时代相比，后大众化时代，学生个体的差异性更大，高校必须改变过去过于强调集中统一的管理模式，真正做到"以生为本"。一是要真正尊重学生的个性发展，充分发挥其主动性和创造性，使其变被动学习为主动学习，着力培育其主体意识、怀疑精神、批判思维和创新精神等，从而激发学生独特的聪明才智和创造能力。二是要尊重个体的差异，确立多元化的培养目标，力求对学生进行多维度评价，构建有利于个性发展的评价机制。要重视和了解学生的入学动机、学习目的和学习需求，根据办学定位因材施教，着力培养学生的综合能力和创新精神。三是要保障学生应有的权利，如获得奖学金、贷学金以及助学金的权利、公正评价权、知情权和申诉权等基本权利，保障学生参与学校治理的权利以及其自主选择权利。

（三）管理重心：从管理育人到服务育人

在国内，一谈到服务育人，人们都习惯性认为这是后勤保障部门的事。事实上，服务育人是学生教育管理者的重要工作内容。在美国，大学学生事务管理的内容十分丰富，不仅包括常规的后勤保障与帮扶工作，而且许多服务内容是针对需要帮助的学生量身定做的，细致、周到、具体、温馨、灵活、管用，深受学生欢迎。在英国，学生事务管理部门弱化"管理"的概念，把学生当"顾客"，围绕"顾客"的需求提供他们所需要的"服务"。当前，管理者要切实转变工作重心，将以"管"为主变成以"服务"为主。一是要树立以学生为中心、为学生发展提供优质服务的理念，构建全方位的学生服务体系，提供丰富多元的服务内容，满足不同学生合理的个性化需求。二是要建设一支热心为学生服务、高效精干、敬业奉献的专业化队伍，切实落实2017年2月27日，中共中央、国务院印发的《关于加强和改进新形势下高校思想政治工作的意见》，关心队伍建设，确保优秀人才进得来、留得住、发展得好。三是加强硬件建设，为服务好学生提供可靠的物质保障。例如，提供良好的学习环境、生活环境、体育设施，设立"一站式"服务大厅等，为学生提供及时便捷的服务，真正让服务育人落到实处，让学生在潜移默化中受到教育。

（四）管理手段：从单向灌输到多元互动

当代大学生个性张扬、渴求表达，对于单向的教育管理权威具有本能的反叛，对学生的单向灌输必须变为多元互动：一是在各类规章制度、奖惩措施的制定上要根据教育部要求，做到与学生互动，尊重学生的主体地位和主观能动性，充分反映学生意愿和汇集学生智慧。二是在与学生的交流沟通方式上要多元互动。学生教育管理要适应形势的变化，不断推陈出新，要用学生喜闻乐见的形式、途径进行沟通。三是管理过程的多元互动。当代教育管理过程就好像是一张立体互动的网络，由一个个的网结组成，而这一管理过程中的管理者、被管理对象、管理上下级及其他各层的任何一方都是该网络中的一个网结，所有网结间都要有互动沟通关系和沟通过程。这种互动过程，可以有效调动管理各方的力量，将各方融为一体，使彼此都成为管理的主人、参与者和完成者。

第二节 新公共服务大学生教育管理

新公共服务理论所强调的是以服务公民为核心基础上的社会公共利益，追求的是人的价值、对人的尊重和公民的权利问题，重视的是在市场和经济学范畴下带来的社会公共行政的理念和实践，其理论将对学生教育管理有着积极的启示，为大学生教育管理提供了新的视角和方法。新公共服务理论的应用将有利于改变学生管理原有的制度化、程式化的弊端，有利于调动大学生的主观能动性及创新创造性，有利于凸显高校学生教育管理过程中学生的尊严、价值和权利问题。

我国现行高等教育管理体制是在高度集权的计划经济体制下建立起来的一种"行政管理体制"，随着社会的快速发展和体制的不断完善，当代高校大学生的教育管理实现参与主体多元化、教育过程人性化、教育管理手段现代化势在必行。本节基于新公共服务的理论及策略来探讨我国当代高校大学生教育管理工作，以改变传统的教育管理方式方法、提高教育管理的实际效果。

一、新公共服务理论的基本内涵

20世纪七八十年代，新公共管理理论产生以后，成为当时社会公共行政领域最为重要、最引人关注的理论，但在具体应用过程中，以罗伯特·丹哈特为代表的一批美国公共管理学家对公共管理理论的模式，以及它所倡导的管理者角色逐渐产生担忧和怀疑，在对新公共管理理论进行深刻反思之后，提出了一个新的理论——新公共服务理论。新公共服务理论是在原有的公共管理理论基础上进行的完善，提出了很多创新性的观点和方法，它成为后公共行政理论的主要内容。新公共服务理论强调的人的价值、社会效能和公共利益，给管理科学界提供了一个全新的视角。新公共服务理论学术视野开阔、理论创新独到，自新公共服务理论面世之后，便在理论界、公共行政业界产生了深远而广泛的影响。从价值角度看，新公共服务服务将公共行政治理系统中的核心定位在公民的公民权和公共利益上，摒弃了"效率优先"的基本准则，为现代公共行政指明了新的发展方向。新公共服务理论的具体内容大致可分为四个方面。

其一，新公共服务理论认为，政府与公民之间的关系，不同于市场经济体系下的企业与顾客之间的关系。其公共行政的对象是公共行政直接面对的"公民"，决不能把公民当成"顾客"，一味地回应并满足"顾客"的需求，而应去建立"公民"间的合作与相互联系。其公共行政的方式是服务，更强调的是服务于公民，而且是为公民提供优质的服务。新公共服务理论的核心是社会公民的共同利益，而不是指每一个公民利益的简单相加。公共行政所关注的重点是公民以及在公民间所构建的合作和信任关系，开创的是公民通力合作的新局面。

其二，新公共服务理论认为，公共行政重要的是公民权，目标是社会公共利益，且公民权和社会公共利益都要一并纳入社会整体发展去考虑。传统的公共行政主要靠的是官僚专长，新公共管理理论的公共行政更加注重企业家精神，新公共服务的公共行政更加强调的是公民权，三者截然不同。新公共服务理论还认为，充分展示社会公共利益是文明社会的应有标志，作为一名管理者需要把公共利益作为自己立身行事的出发点，绝不能忽视公民的基本权利，要求最大限度地增强公民的民主治理和政策参与等各方面的能力。实现公共利益需要有一个共同的价值理念，使分散的个体在大家均已认同、并已化为自觉行动的公共价值观影响下形成一个社会共同体，同时需要社会成员承担起社会的共同责任，最终实现社会的公共利益共享，继而使社会公共性和凝聚性得到更好的发展。推进并实现社会公共利益的过程，一定要与大家所遵循的价值标准充分结合，形成浓厚的公民公共意识，进而促进公民共同参与公共事务，实现公共行政效率最大化。

其三，新公共服务理论的公共行政主要任务是服务，强调的是社会服务和社会公共性的推动，体现的是公共性和服务性。可以说，服务是公共行政的主要任务，社会公共性的推动是其主要责任。公共行政务必考虑社会更好的发展如何通过公民权的强化来推进，如何通过构建公共价值来统一公民共同利益集体行动。政府是服务而不是去把控社会发展，这是新公共服务理论特别强调的内容。尽管政府在过去公共行政过程中，在把控社会发展方面发挥了非常重要的作用，但随着社会的发展，首先从公共政策的制定过程来看也变得非常复杂，它是不同利益群体、不同利益集团之间相互作用的结果。基于共同价值的政府要整合并明确表达公民的公共利益，努力帮助公民实现公共利益，政府行政官员是为公民服务的公仆，是以公民授权的方式，共享权力并努力组织实施。他们不应也不再享有特权，应是社会各类组织、社会团体公共利益的代表，代表社会公民行使相关职能。

其四，新公共服务理论把人的主体地位放在首位，突出了"人"的价值主体性。通过公共行政的正向引导，通过公民所形成的共同的价值观，使单一社会个体相互关联，形成一个具有强大凝聚力、关系非常紧密、具有共同价值取向的社会共同体。新公共服务理论家十分强调"发挥公民的主体地位、强调人的主体价值性，强调通过人来进行管理"的重要性。新公共服务理论认为，公共管理者在其管理公共组织和执行公共政策时应该集中于承担为公民服务和向公民放权、调动公民的主体性的职责，他们的工作重点既不应该是为政府航船掌舵，也不应该是为其划桨，而应该是建立一些明显具有完善整合力和回应力的公共机构。

其实，公民才是一个多重的角色，他们既是公共财政的主要供给者，也是公共服务的接受者，同时也是各种生活的参与者和公共利益实现的监督者。真正确立了公民在公共领域的主体性地位，那么公民不再是"顾客"，而真正变成公共领域真实的参与者。从这个意义上讲，公共服务理论需要的是多元的参与方来重构社会管理服务体系，未来政府的角色也将不再是主导型的，而是一个非常重要的参与方。

二、新公共服务理论对高校学生教育管理工作的启示

（一）构建多元主体、共同参与的学生管理机制

新公共服务理论，一是强调参与，要充分调动社会个体参与社会公共事务的积极性。二是强调公共，强调公共组织一定要尊重人，强调共同合作、共同领导，这样成功的可能更大。目前，引导学生的态度和价值观、唤起学生的主体能动性是当代高校教育管理的首要职能，它关系到学生、教师、学校三者相互配合的程度，最终关系到学校教育的效果，关系到学校培养目标能否实现。构建多元参与的机制首要的是让师生能够享有制定学校政策的权利，共享学校政策的红利。目前，为增加学校内部院系办学自主权，很多高校推行了三级管理模式，但学校的核心政策的制定以及办学核心权力仍然集中在高校的管理层手中。这看似是在改革高校管理模式，下放权力，增强二级单位办学自主权，实际上只是换换形式而已。一方面，很容易滋生腐败；另一方面，也容易抑制广大学生的主动性和积极性。因此，只有借鉴新公共服务理论观点，在学生教育管理方面，从政策的制定到具体工作的措施，都必须要有广大师生积极的共同参与，才能取得应有的效果。

（二）确立以人为本、服务为先的学生管理理念

公共行政的理论和实践都是建立在对人的基本预计的基础上，而公共行政理论及其实践模式的基本内容往往取决于人的行为及其内在动因。新公共服务理论中强调的以人为本的服务理念，能使单一的个体融入其他个体、最终形成紧密关联的社会共同体，其公共价值在公民社会中具有普遍性。在大学生教育管理中，新公共服务的实质不是管理而是服务。它作为一项公共服务行为，必须立足"以学生为本"，才能在教

育过程中全面地培养和发展大学生的素质。当前，在大学生的教育管理中，对于我们教育的对象要体现人性化，首要的是要把学生当"人"看。这里说的"人"有两层含义：一是人性意义上的人，让他们在学习过程中，能够体会到人性的丰富，体会到做人的尊严与快乐，让他们在接受教育的过程中享受应该享受的东西，得到应有的发展。二是个性的发展，要把学生当成独特的个体，让他们将最好的禀赋充分发挥出来，得到成长，得到更好的发展。在教育管理过程中，更要强调服务，体现学生的主体地位，为学生提供优良的环境、优质的服务，为他们的成长、成才服务。因此，只有树立并践行以人为本、服务为先的理念，才能激发学生的内在潜力和创新精神，才能最终更好地实现高校的育人功能。

（三）强化教育的根本使命及社会责任意识

新公共服务理论认为，公共服务人员既要关注公民，更要关注宪法、法律法规、政治规矩、职业标准，追求公共利益，行政过程不享有任何特权，更多的是要承担责任，这种责任受宪法、法律法规、价值标准、职业规范、政治规矩的规范和限制。高校的根本目的是培养人，培养社会所需要的创新、创造性人才，培养社会主义事业建设者和接班人。大学生教育管理者本身就理应承担宪法、教育法、高等教育法以及教师职业道德所要求的培养人的责任。在教育管理过程中，不应拿着管理者的权力发号施令，而应在管理工作中处处体现以生为本的理念、为学生服务的宗旨，在学生教育管理过程中努力形成学生共同遵守并内化为自觉行动的共同价值，追求学生共同利益，使人性得以解放、个性得以彰显、身心得以愉悦、能力得以增强、创新精神得以形成、整体素质得以提高。因此，学生管理作为一项公共服务行为，承担应该承担的社会责任是高校学生教育管理的应有之义。

三、新公共服务理论视角下的大学生教育管理的实施策略

（一）建立健全民主的学生教育管理制度，充分发挥制度的导向作用，促进学生主体性的发挥

正如丹哈特所言，参与本身也是一种价值。新公共服务理论认为，当前我国高校大学生教育管理存在的主要问题是过于硬性的制度化管理，而且在所有制度制定的过程中，作为执行制度的主体自始至终未能介入其中，对有些不能认同的规定措施容易产生排斥和抵触的情绪。高校教育管理者应把精力集中在培育学生积极参与学校公共事务上来，从学生相关制度的制定开始，广泛听取广大学生意见，培养学生主体精神与社会公共责任，建立起互相尊重、信任和平等的平台，从而实现民主化的管理模式。

搭建广泛的对话平台进行双向沟通，建立广大学生与学校领导、与学校职能部门负责人之间的信息畅通机制，定期开展对话交流，认真对待学生的意见和建议，及时回应学生提出的各种问题，使管理者与被管理者能相互理解、相互支持，提高管理工作成效。在当前的互联网时代，高校教育管理者应着重建设好本校的网站、论坛等，创造便利条件，方便全校师生民主参与公共事务，确立以学生为主体的利益最大化的公共决策，有效促进高校教育管理由决策管理型向公共服务型转变。

（二）采用多元化的责任平衡手段，构建大学生教育管理的责任体系

在责任问题上，新公共服务理论强调政府和行政人员的公共责任，认为新公共管理理论和传统的公共行政，对政府的责任都过于简单化，认为政府不应仅仅关注市场，还要关注宪法、法律、条例，关注社区价值观，关注公民权及公民公共利益，政府行政人员也应按照法律法规，以公民公共利益为考量为公民提供优质的公共服务，政府和行政人员应该定位为公共利益的服务者和引导者。新形势下高校呈现文化多元、招生多元、课程设置多元、学生管理模式多元的态势，在学生教育管理方面必须采取多元化的责任平衡手段，构建大学生教育管理的责任体系。首先，学校管理层，应当按照法规条款的规定，依法推进高校教育体制的改革。其次，对大学生的教育管理应当严格按照中共中央，国务院《关于进一步加强和改进大学生思想政治教育的意见》（2004年）和教育部《普通高等学校学生管理规定》（2017年）执行。最后，学生教育管理者要依法依规履行职责，围绕实现学生的公共利益为其提供服务。

（三）构筑共同的价值理念，使大学生在共同价值理念的影响下自觉成才

新公共服务理论中强调的是公共性、共同体，而共同体的建立需要一个大家都能认同、并能自觉遵守的共同价值，这样才能在共同价值影响下形成一个紧密的共同体。中国经历了四十多年的改革开放，经济关系的变革、社会机构的变动、利益格局的调整，冲击着人们的思想观念，整个社会呈现价值多元的趋势，此时急需形成一个符合当今中国经济社会发展的共同的价值体系，继而重塑当今大学生的价值认同。而社会主义核心价值观正是在这种形势下应运而生的，社会主义核心价值观是全人类共同价值在中国的集中体现和高度发展。因此，我们要让社会主义核心价值观在大学生心中生根发芽，让大学生在社会主义核心价值观的影响下，自觉行动起来，健全人格，提升素养，增强本领，为实现伟大的中国梦做出贡献。

综上所述，新公共服务理论重视公民权，强调人的价值、社会效能和公共利益。在新公共服务理论视角下的大学生教育管理首先应确立以人为本、服务为先的理念，在具体实践过程中，制定一个有广大学生参与的、科学人性化的管理制度，创建一个优良的教育环境、提供一个优质的温馨服务，并在共同价值理念的引领下，实现高校

大学生的全面发展。

第三节 传统文化与大学生教育管理

作为高校的教育工作者,有责任、有义务让大学生客观正确认识中外两种文化,全面深入理解中华优秀传统文化对于自身道德建设和国家文化建设的深远意义,做出自己应有的贡献。

一、当代大学生继承并传承中华优秀传统文化的精神内涵

中华民族拥有五千年浩瀚灿烂的历史,凝练出宝贵的优秀传统文化。发展到21世纪的今天,这种优秀文化并没有不合时宜,仍然拥有与时俱进的蓬勃活力。以此为依托,能够培养大学生的文化认同感,增强大学生的文化自信,推进大学教育积极完善发展。

(一)以爱国主义的美好情怀对待家国

在我国漫长悠久的历史发展进程中,爱国主义的美好情怀是生生不息的发展源泉。例如,"路漫漫其修远兮,吾将上下而求索",这种为家国不懈探索的努力实践;"富贵不能淫,贫贱不能移,威武不能屈",这种为理想宁折不弯的磊落气节;崇尚仁义,厚德载物,这种朴素厚重的宽广情操;"安得广厦千万间,大庇天下寒士俱欢颜",这种先人后己、先大国后小家的博大胸襟;等等。爱国主义精神是我们优秀传统文化的重要情结,这种自古传承的家国情怀正是当代大学生应大力倡导并努力践行的重要方面。

(二)以持中和谐的平等精神处理与他人、与外界的关系

在优秀传统文化中,持中和谐的精神主要体现在对待他人和对待外界这两个环节。首先是对待他人,比如,"己欲立而立人,己欲达而达人""己所不欲,勿施于人"……这种以仁爱为思想基础奠定出和谐美好的人际关系,这种贵和持中的平等精神和团队意识,对当代大学生正确对待他人、妥善处理人与人之间的关系有着不容忽视的重要指导价值。其次是对待外界,我国的古圣先贤很早就开始探索人类个体与社会、自然的相处模式。老子言:"人法地,地法天,天法道,道法自然。"庄子云:"天地与我并生,而万物与我为一。"他们努力追求的是天人合一,是人与社会、人与自然的和谐相处。这种思想传承到今天,给当今高校大学生思想政治教育工作带来了无穷动力和良好方向,引导大学生汲取这些智慧精神,逐步养成并牢固践行人与自然、人与社会和谐相

处的可持续发展理念。

（三）以尽善尽美的优秀修养加强自身个体的道德建设

我国优秀的古代文化典籍之一《大学》中说："欲治其国者，先齐其家；欲齐其家者，先修其身；欲修其身者，先正其心。"可见，修身修德，加强自身个体的道德建设，自古就是我们中华民族不懈努力的实践。当代大学生要加强自身个体的道德建设，培养高尚的道德情操和优秀的职业操守，就需要慎独，即严于律己的自律，也更要自省，即加强修养的自觉。当代大学生要将外在的种种道德规范和层层道德束缚，自发自觉地转化为内在的道德自律和自省，并进一步努力实践，真正做到自觉的道德践行。

二、对当代大学生开展中华优秀传统文化教育的现代意义

我们正处于实现中华民族伟大复兴中国梦的建设事业中，高校对大学生开展中华优秀传统文化，教育培养大学生的传统文化归属感和优秀文化自信，一方面具有追根溯源的历史意义，另一方面更具备继往开来的深远战略意义。

（一）有利于增强大学生的民族归属感和文化自信

一个民族的核心和灵魂，我们称之为民族精神，民族精神渗透于民族发展的始终，它打造了一个民族最基本的风貌，塑造了一个民族最深邃的品格。一个民族若想代代传承、生生不息，民族精神所传递出的团结向心、上下凝聚、自立自强等因素具有无可比拟的重要力量。例如，"克己奉公、忧国忧民"的家国情怀；上下求索、百折不挠的人生态度；"先天下之忧而忧，后天下之乐而乐"的宽广胸襟，都是我们应该汲取的宝贵财富。高校只有借助优秀传统文化的魅力，依靠优秀传统文化的力量，才能更好地培养学生情感，塑造学生灵魂，让大学生从中升华出踏实坚固并伴随终身的民族自尊心、家国归属感和文化自信。

（二）有利于培养并提升大学生的思想政治素质

现在，很多高校在大学生思想政治教育工作中，都不约而同地追溯优秀传统文化，从中汲取养分，寻找优秀传统文化与当代社会文明建设的契合点，同时也在不断与时俱进，在市场经济的浪潮中，帮助大学生踩稳脚下思想政治素质的基石。首先大力弘扬爱国主义、集体主义精神。如"国家兴亡，匹夫有责"、如舍生取义等，都是爱国精神和集体主义的鲜明体现，也是大学生热爱家国的力量源泉。其次是大力弘扬平等仁爱的精神，帮助大学生构建融洽和谐的人际关系。优秀传统文化中所倡导的入孝出悌、尊师敬亲、谦逊礼让、虚怀若谷等美好情感，既是当代大学生修身养性应该具备的重要素质，又是当代大学生和谐相处应该掌握的基本能力。最后是大力弘扬脚踏实

地、自强不息的精神。当代大学生要想立足社会、成就自我，这种精神亦是应该具备的不可或缺的重要因素。

三、积极推进大学生中华优秀传统文化教育的有效途径

当代大学生是中华民族伟大复兴的担负者，国家全面发展的建设者。为了更好地完成这些历史使命，大学生自然也成为中华优秀传统文化坚定不移的继承者、与时俱进的创造者、砥砺前行的倡导者。

（一）立足学生自身，充分发挥高校在大学生认识和传承中华优秀传统文化中的激励作用

良好的文化环境对人意识的形成和思想的提升有着润物无声、潜移默化的作用。教育工作者要立足高校这一文化主阵地，积极营造氛围浓厚、健康向上的校园文化环境，激发大学生认识和传承优秀传统文化的热情，从而真正培养出大学生良好的文化底蕴和深厚的文化内涵，可以从两个方面着手实施。一方面，充分发挥思想政治教育工作的作用，借助高校课堂认识并传承优秀传统文化。教师要将优秀传统文化的精华以丰富多样的教育技巧和图文并茂的生动案例融入课堂教学，全面激发大学生的学习兴趣和热情。同时教育者应借助教育思想的丰厚性和教育内容的文化性，以科学的教育手段确保学习成效，塑造出一名新时代的大学生应该具备的优秀的文化人格。另一方面，结合不同的专业特点，实现专业与优秀传统文化的有机融合。社会的前进，既需要人文情怀的烛照，又需要科学技术的推动，人文情怀和科学技术是推进人类社会发展的两股重要力量，但这两股力量并非背道而驰，而是可以有机融合的。教育工作者结合高校不同专业的特点，在人才培养方案的制订、课程内容的选编等方面将两者有机结合，提升学生的职业素养，升华学生的道德情操。

（二）立足学生家庭，充分发挥家庭在大学生认识和传承中华优秀传统文化中的辅助作用

古人云："修身、齐家、治国、平天下。"在这层层递进、环环相扣的人生成长和发展轨迹中，家庭在其中发挥了不可替代的重要辅助作用。作为新时代的大学生，面对各类方便快捷的学习方式，应该大胆走出课堂，积极深入开展社会实践，有目的有意识地去发现、挖掘乡土文化中的优秀情感，收集整理地方民族中的传统文化资源，以自己的亲身经历和感同身受加强对家乡优秀传统文化的全面了解和深刻认识，培养出对其深厚的、无法泯灭的真切情感，并在学习实践和未来工作中，使之成为热爱家乡、建设家园以及文化坚守的强大动力。比起高校，个体家庭作为社会的一个因子，

是学生成长发展的第一所学校。自然,家庭在传播知识文化、规范生活行为、塑造人格精神等方面,有着不可推卸的责任。温暖和谐的家庭氛围、朴实丰厚的文化环境都可以以心理暗示、积极感染、榜样效仿等有效形式日复一日影响着其子女,在塑造子女的道德品质、精神人格等方面起到积极强大的助力作用。所以,学校要鼓励家长参与孩子的成长。同时,家长自身也要不断学习、充实自我、融会贯通,积极践行中华优秀传统文化,成为孩子学习效仿的榜样,让孩子也成为优秀传统文化的践行者。

(三)立足社会环境,充分发挥主观能动性在大学生认识和传承中华优秀传统文化中的引领作用

首先,我们一直提倡传承弘扬中华优秀传统文化,并非不假思索地一味排斥所有外来文化,而是主动借鉴。我们一直倡导的学习借鉴外来文化,并非不经取舍地一味拿来,不能是良莠不分地照搬、盲目效仿地照抄,更不能是丢掉民族自豪感、放下民族自尊心、丧失文化自信、抛弃中华优秀传统文化之后的一味全面迎合外来文化。应该是辩证思考,批判借鉴,融百家精华,纳百家所长,全面促进文化的丰富发展。其次,对待民族文化,保有中华优秀传统文化特色的同时,更要创新推进,永葆文化的新鲜和活力。面对不同文化之间的不断交流与冲击,大学生要坚持中华优秀传统文化的自主传承,塑造对民族文化的强烈认同感,培养对外来文化的理性客观态度,理解对待文化交流,主动学习外来文化的优秀成果并为我所用,最终传承并创新优秀传统文化,永葆中华优秀传统文化的勃勃生机。

第四节 从严从实做好大学生教育管理服务

"三严三实"是党员干部的谋事之基、成事之道。学生工作干部作为高校立德树人的重要力量,要以"三严三实"精神为指导,抓住服务大学生成长成才这个关键,从积极回应大学生发展诉求入手,进一步提高认识,转变思路,提升自身素质和能力,从严从实做好大学生教育管理服务工作。

"三严三实"是习近平总书记为全体党员干部提出的修身律己的基本要求,也是党员干部为政用权、干事创业的基本遵循。大学生教育管理服务是高校人才培养工作的重要组成部分,是落实立德树人根本任务的重要支撑。学生工作干部作为这项工作的主要承担者,要深入学习习近平总书记有关重要论述,全面领会精神,准确把握实质,以"三严三实"为标尺和准绳,进一步转变工作理念,完善工作体系,不断提升自身素质和能力,为服务好学生成长成才、完成好肩负的历史使命奠定坚实基础。

一、牢固树立服务大学生成长成才的基本理念

对高等学校来说，立德树人是学校的根本任务，人才培养是学校的中心工作，这是学校最大的"实际"。学校的教学、科研、管理各项工作都要围绕这个"实际"来开展，学校的干部教师、教职员工都要为这个"实际"服务，学生工作干部想问题、办事情都要以这个"实际"为出发点和立足点。

（一）将全心全意服务大学生的成长成才作为工作的基本定位

理论是实践的指南，认识是行动的先导。正确把握工作的基本定位，是谋事创业的基础和前提。高校学生工作涵盖教育、管理、服务等多个领域，包括思想政治教育、心理健康指导、就业指导、行为管理、党团组织建设等多方面工作，无论是思想引领还是事务管理，其核心都是完成党和国家赋予的根本任务，本质是服务学生成长成才。由此，学生工作干部要以服务大学生成长成才为中心，实现工作理念的确立和方式方法的完善。同时需在精神状态、事业心和责任感方面下功夫，树立正确的事业观和政绩观，在谋划工作时以服务为着眼点，从大学生的成长成才实际出发。唯有如此，才能推动学生工作蹄疾步稳、健康发展。

（二）将大学生满意度和受益率作为衡量工作成效的根本标准

学生工作是为学生的成长成才服务的，服务质量高不高，服务效果好不好，必然要由服务对象来评判。同理，学生工作干部的工作成绩如何，要以大学生的满意度和受益率为衡量标准。学生工作干部工作在教育管理服务一线，要知道学生需要什么、盼望什么，把学生的诉求当作谋事创业的核心内容，把学生的所思所盼当作谋事创业的关键要素，求真务实、戒浮戒虚，把精力集中到最需要、最管用的、取得实效的地方。尤其是着力解决好学生最关心、最现实的问题，下大力气解决好学生不满意、反映最强烈的突出问题，多做雪中送炭的事，这样学生就会满意，工作就会取得成效。

（三）让从严从实成为学生工作的新常态

"三严三实"是全党上下凝聚党心民心的行动指南，是谋事之道、成事之基。学生工作内容广泛、任务繁重，事关党的教育方针的落实，人才培养目标的实现，事关每一名学生的成长成才。学生工作干部作为学生教育管理服务工作的具体组织者、实施者，必须将"三严三实"作为根本要求贯穿于各项工作中，把纪律和规矩挺在前面，成为手中的标尺，随时丈量自己的所思所想、所作所为，提醒自己时刻保持严谨的作风、严正的形象；把求真务实作为毕生恪守的行为准则和人生追求，在心里始终装着一杆秤，随时衡量工作中的虚与实、浮与沉、利与害，不受虚言，不听浮术，不采华名，

不兴伪事，跟学生谈实情、讲实话，为学生办实事、求实效，让从严从实成为各项工作的新常态。

二、构建以回应大学生发展诉求为核心的工作格局

综合社会发展趋势和个体成长成才规律的相关研究表明，新时期大学生发展诉求主要体现在以下方面：以学习为中心，既重视全面发展，又注意创新创造，具有基础厚、方向宽、特色新三个特点，符合坚持学习、思考与修养并重，坚持传承、创新与实践结合，坚持基础、专业与特长协调，坚持知识、能力与素质统一四个要求。学生工作应当以积极回应学生的发展诉求为核心，完善工作体系，构建以服务学习为主要切入点的工作格局。

（一）坚持以服务大学生的学习为中心

学习是学生的天职，特别是大学阶段，学习是学生实现全面发展、顺利走向社会的重要基础。学生工作要把主要精力放在服务学生的学习上，把教育管理服务的重心放到为学生创造好的学习环境、营造好的学习氛围、解决学习中遇到的困难上。

（二）将"从严治学、以仁爱生"作为工作的基本原则

"从严治学"即"严"字当头抓学风。学生工作干部要和任课教师一起承担起学风建设的责任，通过严明学习规章、严格学术规范、严肃考风考纪，进一步完善导向激励机制，培育起良好的学习风气。"以仁爱生"就是要以"仁"为本，用"仁"爱之心，给学生以深切关怀。学生工作的"仁"主要体现在"用心服务，落实责任"上。学生工作干部尤其是辅导员要经常进课堂、进宿舍、进操场、进网络，与学生亲密接触、深入交流，及时掌握学生学习、思想动态，了解他们的所思所盼，帮助其解决实际困难。

（三）切实履行好"教育、管理、服务"职责

随着高等教育大众化进程不断发展，特别是新形势下国家对人才培养提出了更高要求，学生工作在立德树人工作中的地位日益凸显、职能进一步拓展。一个突出表现是"服务学生成长成才"已经成为一项重要职责，并与教育、管理一起构成学生工作的三个基本模块。

大学生思想政治教育事关社会主义办学方向，事关全面贯彻党的教育方针，事关中国特色社会主义事业后继有人。这是学生工作干部的首要职责，是学生工作体系中一项核心性工作。伴随形势不断发展变化，当前大学生思想政治教育要注意利用校内外多种资源，进一步拓展育人平台，丰富教育载体，在提高针对性、实效性上下功夫。没有规矩，不成方圆。大学生正处在世界观、人生观和价值观形成、发展、完善的重

要时期，学生管理工作既要重视思想引导，又要重视行为约束，既要靠制度管人，更要靠目标激励人。要充分运用好综合评价这个杠杆，从大学生成长成才诉求出发，通过设置荣誉体系，完善奖惩机制，引导大学生在思想道德修养、业务学习成绩、科技创新实践、文化艺术特长、身心健康表现、组织管理服务等领域创先争优、做出成绩。做好服务是学生工作的重要职责。学生工作干部要牢固树立"全心全意服务学生成长成才"的工作理念，既要服务好大学生的学习创新、身心健康、素质和能力提升、就业与创业等多种需要，还要当好大学生权益的维护者、代言人，当好大学生相关事务的推动者、协调人，推动学校相关部门为大学生成长成才提供更优质、更高效的服务。

（四）将人格培育、身心健康、集体教育、就业指导等作为学生工作的主要着力点

第一，人格培育。人格完善是每个社会成员的共同目标，大学生处在人格不断完善的阶段，开展大学生人格培育既有其自身的迫切需要，也是社会发展的必然要求。学生工作干部应该努力为大学生提升人格素养营造良好环境，搭建丰富平台，并针对学生个体需求，提供有针对性的指导和支持。

第二，身心健康。大学生身心健康是一个国家综合国力强弱的客观反映，是现代化建设成败的关键因素，是一个民族兴旺发达的重要标志。全国学生体质与健康调查报告显示，身心素质下滑问题日益威胁大学生的成长成才。身体状况和心理状况互为表里、互相促进，促进大学生的身心健康应该成为学生工作的重点。

第三，集体教育。加强大学生集体教育是由我国的社会制度决定的，是增强民族凝聚力、迎接国际竞争挑战的需要。随着全球化、网络化和市场化的发展，大学生集体主义教育面临前所未有的挑战。学生工作干部要高度重视大学生集体主义教育，充分利用班集体这一有利平台，充分发挥共青团、学生社团的组织优势，努力构建班级与社团结合、教师引导与学生自主结合、传统方法与现代技术结合的工作机制，不断增强集体主义教育的有效性。

第四，就业指导。当前大学生就业工作越来越受到国家和社会各界的高度关注，加强就业指导日益成为学生工作的重要职责。学生工作干部在工作中要注重五个着眼点。一是尊重学生意愿，把工作精力放在帮助有就业诉求学生的顺利就业上。二是提升就业层次，通过多方努力为学生提供更多更好的就业单位和就业岗位。三是帮助大学生端正就业观念，选择与自己能力相匹配的岗位。四是拓展学生就业领域，不断提高学校的影响力、吸引力。五是选准工作重点，明确主推方向，如重点城市、重点部门、重点行业、重点企业等；服务好重点人群，主要是家庭困难群体和优秀学生群体。

如前文所述，学生工作的基本理念是服务学生成长成才，满足学生的发展诉求是大学生工作的着力点。从大学生现状和社会需求来看，大学生成才愿望更加强

烈，发展诉求日益多元。从大学生教育管理服务角度，主要包括如何完善人格、保持健康身心、培养集体观念、实现满意就业四个方面。对此学生工作者应当予以积极回应。

（五）着力构建科学、完善、规范的工作体系

从积极回应大学生发展诉求及其成长成才角度出发，结合学生教育管理服务的实际，学生工作总体格局主要包括思想引领、发展指导两个方面，在具体支撑上应当建立五个工作体系。

第一，建立大学生思想政治教育工作体系。大学生思想政治教育始终是学生工作最本质、最核心、最重要的内容，高校学生工作干部要做到坚定举旗、用心铸魂，以理想信念、社会主义核心价值观、传统文化为主要内容，以提高教育实效性为着力点，以提高大学生的主动性为突破口，着力构建思想政治教育工作机制、平台体系、活动体系。

第二，建立大学生自我完善指导服务体系。自我完善是主体意识增强的必然结果。作为一种自我教育手段，其在推动社会发展、人类进步等方面都发挥着重要的作用。大学阶段是个体自我意识急剧增长、迅速发展和趋于完善的重要时期，也是开展自我完善指导服务的黄金阶段。高校应该针对大学生发展诉求，深入研究其成长成才规律，以科学理论为指导，建立教育引导、激励推动、素质拓展和支撑保障工作体系，着力培养大学生自我完善的意识和能力。

第三，建立立体育人体系。学生工作是一项服务学生成长成才的系统工作，是"为了每一位学生的终身发展的工作"，不能简单理解成"学生工作干部的工作"。做好这项工作需要学校、社会、政府、家庭各个方面的关注、关心和支持，高校应该充分挖掘社会、学校的育人资源，将各类资源整合成立体化的育人网络，不断完善相应体制机制，为学生的成长成才提供全员、全方位、全过程服务体系。

第四，以大学生满意度、受益率为标准建立学生工作部门、学院的工作考核评价体系。建立有效的考核评价机制是检验工作成效、促进作风转变、推动事业发展的重要手段。要实现考评内容的系统化，明确"考什么"；促进考评方法的科学化，明确"怎么考"；推进考评主体多元化，明确"谁来评"。高校应该着重在建立学生满意度、受益率测评机制，畅通学生、家长及社会对学生工作发表意见、投诉渠道，完善工作考核指标体系方面下足功夫。

第五，建立学生工作全员问责体系。长期的理论和实践都充分证明，工作目标责任制与工作绩效考评制度的合理运用是提升工作效能的有效方法，而考核结果的正确运用和问责体系的有效运行，是保持这一体系生命力的关键所在。学生工作是全员育人的重要体现，为保证这项工作取得成效，高校应该以目标责任制为主体、以考核评价制为抓手、以追责问责制为保障，从职能部门到学院，从机关工作人员到辅导员，进一步细化职责、明确分工、责任到人，建立有效、可操作的责任追究机制。

三、着力提高辅导员服务大学生成长成才能力

辅导员是大学生健康成长的指导者和引路人，是做好大学生思想政治教育工作的骨干力量，也是连接党与大学生的重要桥梁和纽带，是大学生成长成才服务的直接承担者、组织者。工作中要以"三严三实"精神为指导，以严为镜照思想，做到思想认识要严，制度规范要严；以实为尺正行为，做到服务措施要实，行动落实要实，真正将从严从实的理念贯穿到学生教育管理服务工作中。同时，辅导员还要在集中精力、提升能力、增加魅力上下足功夫，使自己成为大学生成长成才过程中的好导师、好榜样、好朋友。

（一）明确工作职责，集中精力服务大学生成长成才

辅导员是高校全员育人体系中的重要组成部分，应该明确自己的职责，把主要精力放在学生教育管理服务各项工作上，把努力方向凝聚到学生成长成才服务上，从学生的满意度、受益率上求政绩，在提高人才培养质量上寻找事业的闪光点，在落实立德树人根本任务中实现自己的人生追求。

（二）提升工作能力，推动各项工作深入开展

"能力"包括"能"和"力"两个部分。辅导员要提高自己的"能"，借用物理学上的概念，就是要增加势能、释放动能。要通过加强理论研究，丰富实践经历，不断提高自身的综合素质，使自己站在更高的平台，达到更高的层次，形成居高临下的工作态势。学生工作涉及方面多、领域广，为了有效提高自己的工作水平，可以重点聚焦某个工作领域，成为大学生思想政治教育、大学生发展指导、大学生事务管理与服务等某一方面的行家里手，形成自身的特色优势，由此形成工作中的巨大动能。从物理学的角度理解，"力"是一个矢量，包括大小、方向和着力点三要素。对应到辅导员工作中，就是要遵循矢量法则，选准工作着力点，明确工作方向，并充分运用拥有的势能，形成巨大的工作推动力，从而取得更大的工作成效。

（三）增加人格魅力，在言传身教中带动大学生共同进步

辅导员面对来自五湖四海、具有不同特点的大学生，开展工作需要得到他们的拥护和支持，得到他们的信任、理解和友谊，做到要这些不仅要讲究工作艺术和工作方法，更要靠辅导员的人格魅力。辅导员的人格魅力不是凭空产生的，首先要有高尚的道德品质，具有较高的思想素质、政治觉悟和道德水准。其次要有良好的工作态度，

始终保持积极健康、敬业勤勉、严谨务实的工作态度，并通过日常工作传递给学生，为学生树立良好的榜样。最后要有崇高的职业精神，在工作中体现出高度的社会责任感和不懈的职业理想追求，切实做到言为士则、行为世范。

第二章 大学生管理的内涵及外延

第一节 大学生管理模式的概念及分类

高校学生管理是高等学校管理工作中的重要组成部分,是指高校在一定思想理论的指导下,经过长期实践而定型地开展各项学生工作的思维方法和操作方法。高校学生管理的基本含义:高等学校通过非学术性事务和课外活动对学生施加教育影响,以规范、指导和服务于学生;丰富学生校园生活,促进学生发展成才的组织活动。

高校学生管理是高校对学生在校内外的学习和活动进行计划、组织、协调控制的总称,它是高校管理者组织指导学生,按照教育方针所规定的教育标准,有目的、有计划、有组织地对学生进行各种教育、管理和服务,使学生在德、智、体、美、劳方面都得到发展,成为中国特色社会主义现代化事业的建设者和接班人的过程。学生管理工作是一项系统工程,它的具体内容包括众多方面,概括地说,它是以德育为主导,以智育为核心,以学风为重点,以党建带动全面工作;具体地讲,它涵盖了学生的学习、生活、思想教育,规范学生的日常行为、扶贫解困、就业指导等诸多方面。

高校学生管理的内容多种多样,从学生活动形式上可归纳为学生思想品德管理、党团组织管理、学习管理、生活管理、学生自我管理、班级管理以及行政管理、教育评价管理等。

第二节 大学生管理模式的发展阶段

一、学生工作体制的建立阶段(中华人民共和国成立初期—20世纪70年代)

中华人民共和国成立初期,学生工作的内容主要是突出政治、组织学生学习国内外形势及党的路线方针政策。这一时期，学生工作者称为"学生政治思想工作者"。在组织结构上，校领导中有一人负责政治思想工作，党、团组织及行政领导负责学生的全面发展，在各系中有专人负责学生工作。学生管理者的主要任务：负责学生在校期间的政治思想教育工作，组织党、团活动，监督学习纪律，评定并发放人民助学金及国家补助补贴。

在中华人民共和国成立以后的17年中，高校学生工作的主要特点：

（1）学生工作的内容以学生党团活动为主，突出政治，其工作由校党委组织部、宣传部和校团委承担。

（2）学生工作没有独立的地位，也没有设置专门的机构，它只是作为学校政治工作的一部分而存在。

（3）招生和毕业生分配工作分别由教务处和人事处负责。

二、学生工作体制的恢复与调整阶段（改革开放初期—20世纪80年代末）

1977年恢复高考制度后，为了适应新的高等教育目标，贯彻德、智、体全面发展的教育方针，培养具有专业知识的人才，高校相继在20世纪70年代末至80年代初设置了专门机构负责学生工作，有的高校称之为"党委青年部"，有的高校称之为"党委学生部"。学生部成立后，专门负责全校学生工作，组织实施对学生进行党的方针政策、形势任务和思想品德的教育；分析学生的思想动态，研究学生思想政治教育的对策，负责配合校党委组织部做好学生入党积极分子的培养教育工作，指导团委和学生会的工作。

20世纪80年代以后，随着招生规模的扩大和向正规化管理方向的发展，一些新的学生行政事务工作应运而生。在不断加强学生教育工作的同时，部分高校成立了学生处，负责学生行政管理工作。该时期，多数高校将原党委学生部与学生处（学生科）合并，成立了学生工作部（处），实现了二元结构向一元结构的转变。在此基础上，高校陆续将与学生切身利益密切相关的毕业生分配工作划归到学生工作部（处），设立了毕业生分配办公室，使毕业生分配与毕业生教育长期脱节的问题基本得到解决，通过把住出口关，对规范学生行为、促进教育管理起到了一定的作用。

三、学生工作步入新的发展阶段（20世纪90年代—21世纪初）

20世纪90年代，随着招生就业制度改革，要求学生交费上学，这就要求建立合理的学生助学体系和毕业生的自主择业体系，要求结合改革发展中出现的新情况、新问题，注意发挥引导、服务和保证作用，学生工作也因此要在结合渗透上下功夫，学生工作的职能进一步由管好管住向服务、渗透转变。对此，各高校分别成立了独立的或不独立的就业指导中心、勤工助学中心（办公室）、心理咨询中心等，一方面引进竞争机制，促进学生自立、自强意识；另一方面完善服务体系，化解学生在成才、就业及生活等方面的矛盾，有的高校将招生划归到学生工作处，有的高校将学生宿舍管理划归到学生处管理，而后又划归到其他部门（采取后勤社会化），有的高校成立了学生工作指导委员会，有的高校实行学生工作处与相关部门"合署办公"等。

进入21世纪，随着我国社会主义市场经济体制的建立和不断完善，面对高等教育开始进入"大众化"阶段的现实，高校学生工作的内涵不断丰富，步入新的发展阶段，并不断形成了现阶段的学生工作模式：国内多数高校的学生工作采取学校、院系二级管理模式，院系在学校的领导和宏观指导下开展工作；校党委、校行政均设分管学生工作的校党委副书记、副校长；校党委职能部门中设立学生工作部，校行政职能部门中设立学生工作处，实行合署办公。有的高校将党委武装部也与学生工作部（处）合署办公；校内各教学院（系）通常设分管学生工作的党总支副书记兼副院长（系主任），领导本院系学生工作办公室及辅导员开展工作；一般按学生年级配备辅导员（年级主任），各班级由业务教师担任班主任配合辅导员的工作；学校设立以主管校领导为主任的学生工作指导委员会，负责协调处理全校学生工作的重大问题，其办公室设在学生工作部（处）并由学生工作部（处）长兼任办公室主任，便于协调学校党政对学生工作部（处）的领导；学生工作不仅包括对大学生进行学生日常管理工作，还包含就业指导、助学扶贫（包括国家助学贷款）、心理健康教育、成长成才咨询、"两课"教学辅助等诸多工作和内容；许多高校在校学生工作部（处）下设立了一些学生服务与管理机构，如大学生助学办公室、大学生心理咨询中心、毕业生就业指导与服务中心、大学生活动中心等。

在这个时期，高校的学生工作队伍也逐步形成了专、精的专职人员和较多的兼职人员组成的人员结构，并按照相对独立的德育教师系列或教育管理系列评聘专业技术职务。随着国家对高校毕业生工作的高度重视，近几年，有些高校将毕业生就业中心作为机关职能部门直接在主管学生工作的校党委副书记兼副校长的领导下开展工作。

第三节 大学生管理模式的载体研究

高等学校面临三大任务，即人才培养任务、科学研究任务和社会服务任务。人才培养任务因而成为高校学生工作的一个主要目标。高校学生工作面临的问题复杂多样，要得以有效展开和推进，必须寻找和依托合适载体并有效运用。

一、何谓高校学生管理工作的载体

"载体"最初的定义是一个化学名词，是指能够储存、携带其他物体的事物。现在的"载体"一词则被广泛地运用到了各个学术领域。对高校学生管理工作而言，载体主要是承载和传递素质教育的媒介。

二、高校学生工作载体的分类

高校学生工作的载体包括很多内容，并随着社会的发展变化而不断创新，大致划分如下：

（一）理论学习型的载体

理论学习型的载体包括课程班、课堂教育、会议等。它们的共同特点是对大学生的成才培养提供理论基础，通过交互式的学习，掌握素质教育的一些基本原则和理论。

（二）主题活动型的载体

主题活动型的载体包括学生社团、党团活动、校园文化创建、社区活动、社会实践、军训、首日教育等。它们的主要特点是依托外在不同的活动内容，将教育理念的精髓贯彻其中，通过广大青年学子喜闻乐见的形式进行有效传输，从而达到人才培养的目的。

（三）信息网络型的载体

信息网络型的载体包括BBS、即时通信工具、电话、博客、电子邮件等。这类载体的共同特点是充分利用信息社会、新兴网络的便利条件，占领教育的新领地。

（四）"点对点"型的载体

"点对点"型的载体包括心理辅导、谈话谈心、家访等。此类型载体的主要特点是针对性强，获得的信息较为准确和完整，有助于解决学生工作中的重点问题和难点问题，有助于根据学生个体的差异采取差异化的教育方法。

三、高校学生工作载体的时机选择

高校学生工作载体的选择应遵循有利于解决学生工作中的问题、有利于学生工作的长远发展、有利于完成人才的培养的原则。

（一）因高校学生工作的对象不同而异

高校学生工作的对象主要就是大学生，而当代的大学生具有不同类型的特点，分层、分类教育作用显得格外突出。差异化的个体要求我们提供个体的解决方案，这在一定程度上对工作载体的选择也提出了更高的要求。

1. 了解工作对象的特点

当代大学生思想主流积极、健康、向上，他们热爱党，热爱祖国，热爱社会主义，坚决拥护党的路线方针政策，但也不同程度地存在理想信念模糊、社会责任感缺乏、心理素质欠佳等问题。而具体到不同的高校中，大学生的状况也不尽相同，这就要求我们必须充分掌握工作对象的特点，研究面向不同工作对象的不同应用规律来选择教育载体。

2. 把握工作对象的诉求

在实际工作中，我们必须掌握工作对象的需求，既要掌握群体性的需求，又要了解个体性的需求，进而选择相应的工作载体，在事态的不同阶段，或不同的事态过程中，工作对象的诉求也会有相应的调整和变化，我们一方面需要重视和尊重这种变化，并相应地调整载体的运用和选择，另一方面对不尽合理的诉求需要加以控制和引导。

（二）因高校学生工作的侧重不同而异

高校学生工作的总目标是人才的培养，但具体到不同的阶段，有不同的任务，在工作中的重点便有所不同，而对待学生的教育是常态的，因此，要求我们在不同的侧重工作范围下选择适当的工作载体，完成对学生的常态教育。

1. 明确学生工作阶段性任务

学生工作进程中面临不同的阶段，或在某件工作的过程中，任务会因变化有所调整，重点任务也不尽相同，因此，载体选择必须具有针对性，且以服务于不同的工作任务为目的。在学生工作的特定阶段，载体所负担的意义和承载的功能会有相应的变化，适机选择工作载体和运作方式有助于各阶段任务的完成。

2. 保持学生工作的整体连贯性

学生工作是一个有机整体，具有系统性和连续性，这也要求相应开展工作的载体间要保持有机协调性和连贯性。这种协调性一方面需要人为地加以合理选择和充分运用，另一方面要服从于学生工作整体属性和特点，背离这种统一协调性的载体运作只能与工作背道而驰。

（三）因高校学生工作的时效不同而异

无论从教育的内容、教育的效果上看，还是从教育对象的发展情况上看，高校学生工作都具有典型的时效性。因此，选择适当的工作载体有助于在有效的时间或有限的时间内完成学生工作。

1. 整合优化学生工作的效率

学生工作过程中要注意把握不同的时间节点在时效阶段内通过工作载体的变换与应用，完成学生工作。在不同的时效作用下，应充分利用已有的、可行的工作载体，深入挖掘和充分整合学生工作中的各种可用资源，提高运行效率，实现工作效果的最大化。

2. 找准学生工作中的黄金切入点

要重视学生工作中有效时机的掌握，根据时间和形势的变化，做出充分的判断，寻找适当的时机介入有效的工作载体，进而全面推进学生工作。值得注意的是，学生工作中的黄金切入点是动态而非静态的，是随着时间的推移、工作形势的发展而不断变化的。

（四）因高校学生工作的环境不同而异

这里的"环境"不是狭义上的实体建筑等学校环境，而是软性环境。例如，学校的规章制度、社会的宏观政策、学生思想动态的变化波动等。这些工作环境上的变化是个人无法控制和左右的，因此如何选择工作载体以适应环境及环境的变化就显得尤为重要。

1. 保持工作中的大局观

学生工作在本质上必须紧紧把握主流的社会价值，紧扣时代的主旋律，在工作背景上受政治、经济、文化和社会发展的影响很深，这就要求学生工作必须保持大局观，站得高，看得远，有利于统一筹划工作；在载体的运用中要充实更多、更新的理论及实践成果。

2. 工作中以"不变"应"万变"

外在环境的变化因素固然难以控制，但学生工作仍需坚持"以我为主"的工作方式，这主要缘于学生工作的根本任务和主要目标即人才的培养没有发生变化。在此情况下，面对纷繁的外界变化，学生工作一方面要继续探索新的工作载体，另一方面也需要在工作的形式、方法和内容上与时俱进。

四、高校学生工作载体的运用方式

高校学生工作载体的运用方式没有固定套路，没有统一模式，只要站在较高的思想高度，统一认识即可，所谓条条大路通罗马，有效运用高校学生工作的载体，可以行之有效、事半功倍地完成工作。

(一)"连贯持续"式的运用

一方面,教育无时不在,无处不在,这也为载体的持续使用提供了可能性;另一方面,载体的连贯持续使用也有助于工作更快、更好、更有效地完成。

1. "连贯持续"式的运用条件

载体较为成熟,具有类似性,随时间推移,变化不大的情况下可反复使用则较为实用,如运用理论学习型的课堂教育、主题活动型的军训等。

2. "连贯持续"式的操作方式

在相当长一段时间形成一种固定模式或以制度化的方式固定下来,在学生工作中不断使用。如在年级中成立年级管理委员会,在班级管理中建立固定班会制度和不定期班委会制度就是对群体学生管理和教育的一种有效模式。通过这种模式下的持续工作,年级管理委员会成为各个班级之间沟通的一个桥梁,也成为反映问题的一个总出口,可以有效改变各个班级间信息不畅、各自为政的局面。同时,在这种情况下,班会也可以被更加有效地利用来进行各类文件、时事政治等的学习。不定期的班委会制度由于机动性强,应变灵活,利于解决各类突发事宜,最终有利于班级工作的整体开展和有效推进。

(二)"组合拳"式的运用

"组合拳"是拳击运动中的一个术语,其本意是不同拳法的一个组合。在学生工作的载体运用中,通常指运用不同的载体组合来完成一件或一个时期内的工作。

1. "组合拳"式的运用条件

单一载体效果不佳,多种载体具备操作条件,在相对固定的时间和阶段内要求学生工作绩效时较为实用,如运用理论学习型和主题活动型相结合等。

2. "组合拳"式的操作方式

充分利用各种载体的优点和长处,在某一特定情况或固定阶段下,依据工作完成的最大效率和效果的要求,而不断组合各类工作载体,组合的方式依据载体的选择不同而异。如在对学生进行诚实守信的专项教育中,可以有效组合理论学习型、主题活动型和"点对点"型的载体来进行工作。首先可以通过班会来进行学习讨论,并在课上进行专题理论阐释。例如,以开展以诚信为主题的演讲或小品比赛,考前可进行诚信签名活动等,让更多的诚信观点形象化地深入人心;在诚信教育中,对个别同学还应采取谈话谈心的方式,让他们认识到不诚信的危害,督促他们诚实守信,避免因小失大。

(三)"全覆盖"式的运用

"全覆盖"一方面是针对工作对象而言的,另一方面则是指尽量使用更多的载体,并不断寻找一切可能的载体来运用于学生工作之中,使之更加完善。

1. "全覆盖"式的运用条件

学生工作内容较多,涉及面较广,常规性工作、日常管理性的工作或以按部就班型的工作为主时较多采用,如考虑到一段时间内的工作时,综合考虑多项工作载体。

2. "全覆盖"式的操作方式

利用各种载体的不同特点和特性,有针对性地完成整体工作的特定部分,从而在全局中有效地推进整体工作的完成。如在学年的工作计划中,既要考虑学年工作中不同学期的阶段性,又要考虑各项工作的持续性,同时要保证各项常规工作的顺利完成,并择机推出特色亮点的工作,还要防范危机和突发事件,这其中不仅包括年级、班级这些整体的工作,还包括具体到每一位学生个体的工作,因此非常繁杂,必须有的放矢,未雨绸缪。在工作中充分利用各种载体,开展相应的工作,消除学生工作过程中的盲点,实现学生工作的全覆盖。

(四)"重点突击"式的运用

在工作中要善于运用自己所擅长的、事实证明行之有效的载体方式,作为重点工具,使其在关键时刻发挥作用,达到预期的效果。

1. "重点突击"式的运用条件

学生工作的时间有限,工作的要求较高,任务较重,面对突发性事件或个体面临较为严重的问题等情况下使用较为频繁。

2. "重点突击"式的操作方式

高效、合理地选择载体,刚柔并济地运用载体,在有限的时间和规定的阶段内实现学生工作的目标。

各种载体的运用方式不是唯一的,也非一成不变,是随着形势和要求的不同而不断变化的。高校的学生工作任重而道远,在培养人才这个中心任务的指导下,整合利用各类有益的工作载体,并不断探索学生工作的新载体,针对实际工作中所面临的各类问题,不断开创高校学生工作载体新的运用方式,真正实现学生教育和素质能力教育的双提高。

第三章 高校教学管理探索与研究

教学是学校工作的中心环节。学校教学管理是各级各类学校根据国家教育目的、培养目标，以及国家颁行的课程标准和教育内容，通过一定的组织机构和制度规范对教学工作所进行的科学的组织、指导和监控，以达到提高学校教学质量和教学效率的目的。认识教学内容管理，分析学校教学的组织管理和质量管理的运行机制，对于优化学校教学管理工作、提高教学质量、更好地实现学校所担负的职能，以及促进教育管理工作的科学性，都具有重要的价值。

第一节 教学内容管理

以颁布课程计划、课程标准和审定教科书的方式对学校教学内容进行管理，通过教学视导和教学评价的方式监督、考核、指导学校的教学工作，是教育行政部门的重要职能。教学内容管理包括课程编制、课程体制、教科书制度以及中小学课程的设置与安排等。

一、教学内容的定义

教学内容即课程。广义的课程是指学校给学生传授的知识和技能、灌输的思想和观点、培养的习惯和行为的总和，包括学校各门学科和有目的、有计划、有组织的各种活动（教学计划），以及对内容、进程和时限的安排（教学大纲和教材）。狭义的课程指一门学科。从类型上，课程又可以分为学科课程、活动课程和潜在课程。课程编制指依据一定的课程理论，对学校课程进行的分析、选择、设计、实验、评价等的整体研究过程。

（一）课程编制的具体内容

课程编制主要涉及课程计划（教学计划）、课程标准（教学大纲）和教科书的编订三方面内容。其中，国家课程计划具有最高效力，是编订各科课程标准和各科教科书的依据，是学校课程的总体规划；课程标准是在遵循国家课程计划的基础上制定出来的，是各级各类中小学教科书编制的直接依据；而教科书则是课程计划和课程标准的具体体现，是学校开展教学活动的基本材料。

1. 课程计划

课程计划（以往称教学计划）是学校课程的总体规划，形式上是国家关于学校教育教学内容的指令性或指导性计划，内容上是国家制定的学校教育教学标准，性质上是教育行政法规文件。课程计划主要包括：培养目标、制订该计划的指导思想和原则、学科设置及要求、学科教学时数和开课顺序、学年编制、考核要求。

课程计划体现着国家对学校的统一要求和质量标准，在现阶段的课程体制下，它对各级教育行政部门和学校都具有法规性质。因此，课程计划的编制工作是一项影响教育全局的重要工作。

2. 课程标准

课程标准（也称教学大纲）是根据课程计划，以纲要形式编订的有关学科教学内容的指导性文件，具体规定学科知识的范围、深度及结构、教学进度、教学法等基本要求。课程标准分课程标准总纲和各科课程标准两部分，前者是一定阶段课程总体的纲领性文件，规定着各级学校的课程目标、学科设置、各年级各学科每周的教学时数、课外活动的要求和时数以及团体活动的时数等；后者具体列出本学科教材的篇章节目、内容要点、上课时数、实际作业（实验、练习、实习）的内容与时数以及其他教学活动的时数等。在中央集权型课程行政体制的国家，课程标准具有较强的约束力；在分权型课程行政体制的国家，课程标准的约束力有限。

3. 教科书

教科书是指根据课程标准编写的系统表述学科内容的教学用书，即课本。教科书是使学生掌握各种科学概念、原理和法则所必需的事实、现象和素材，是学生发展的主要媒介。教科书编写得好坏直接影响学生的发展水平。

目前，我国小学各科教科书由县级教育行政部门负责选用，初中由省或地（市）教育行政部门负责选用，对有条件的小学和初中可赋予其选用教科书的权力。但是选用的教科书必须是经过国家和省内教材审查委员会审查通过的，列入全国和本省内教学用书目录的教科书。

（二）各国教科书编写、发行与认定制度

教科书制度是伴随公共教育制度的建立而形成的，是公共教育制度的一部分。关于教科书的编写、发行、认定（审定）与供应，许多国家都建立了完备的制度。政府通过干预教科书的发行、审定与供应，以保证公民在一定程度上平等地接受最基本的教育，并保证本国基础教育的水准。

在建立了公共教育制度的国家，学校使用的教科书一般都是由专门的部门或机构

根据国家或权威教育机构制定的课程标准以及学术研究成果，有计划地进行编写、出版和发行，而且它主要以活字印刷物的形式呈现。比起其他教材，教科书在一定程度上具有公共性、统一性和权威性的特点。世界上教科书的编写、发行与认定（审定）主要有以下几种模式。

1. 国定制

国定制是国家教育行政部门按课程计划和课程标准统一组织编写适用于全国各地学校的教科书，各地方和个人不得自行编辑出版教科书的制度。采用国定制教材编审制度的国家有苏联、东欧各国和朝鲜等，这些国家的教材编写、发行与认定权力隶属中央，地方和学校没有编辑出版教材的权力。如苏联的教科书是以教学计划和教学大纲为基础，由联邦教育部和各加盟共和国组织编写的，各加盟共和国编写的教科书要有地方特点，内容要确保联邦教育部规定的水平。苏联所有的语言教科书由地方政府组织出版，教科书在观点和内容取舍等方面要受政府部门、教育部门的严格控制，并要得到国家或地方教育部门负责人的批准。

2. 审定制

审定制是民间编辑的教科书，经过中央或地方教育行政部门根据教学大纲审查合格供学校选用的制度。如日本教科书的审查经过"申请审查—审查初稿（一审）—审查校对稿（二审）—审查样书（三审）—公布审查结果"五个阶段。日本教科书由私人或出版社以文部省公布的学习指导要领为标准编写。出版前，将原稿送交文部省审查合格后才能正式出版。文部省将教科书原稿转交"教科书检定调查市议会"审议，以判定其是否合乎规定标准，然后向文部省提出答询，文部省依据答询决定是否给予核准，经核准后的教科书才能正式出版。经审议合格的教科书有多种版本，教科书的选用权在地方教育委员会和学校。

3. 自由制

自由制指由民间自行编辑出版发行供各学校自由选用的教科书，无须教育行政部门审查或认可的制度。如英国历史上长期没有全国通行的课程和教学大纲，但有统一性阶段考试。因此，传统的教科书编著常常会受到统一性考试的试题或其出题要目的影响，选用则主要是由教师决定。在英国，教师一直享有比任何其他国家教师更大的在课程设置、教科书和教学方法选用等方面的自治权。由于英国根本不存在官方对教科书的限制，教科书的编辑、出版完全自由。教科书的编写不是为了满足规定的教学大纲和所开设课程的要求，导致教科书的内容、结构和论述方法等方面存在很大差异。而且教科书的种类繁多，规格不一，为此，学校选用教科书时，必须要在校长和教师商榷的基础上决定。

有人担心采取自由制的国家教科书内容难以保证教育水平和质量，但实际上由于官方考试制度的制约，以及视学官（督学）和学校教育委员会的指导，这种担心是不必要的。视学官一旦在教科书上发现问题，便及时同校长、教师进行商讨，对使用的教科书提出意见从而施加影响。

4. 认可制

认可制是民间出版的教材经国家或地方行政部门认可，地方或学校才能选用的制度。认可制与审定制的区别在于认可制的教科书内容不受官方的制约。采用这种制度的国家以法国为代表，法国虽然有全国统一的教学计划、教学大纲，但在国家层面不实行教科书审定制度，没有中央级统一的教科书编写机构来进行教科书的编写、出版与审定，完全由民间出版社自由发行。但公立小学的教科书，各县每年都要修改教科书目录，送交大学区总长认可。各公立小学从获得认可的教科书目录中进行选择使用。在法国，教师和家长对教科书的使用都有发言权，但相比较而言，教师的权力更大一些。

5. 选定制

选定制是由国家或地方教育行政部门从出版的各学科教科书里挑选出若干科，制成用书一览表，供各地区和学校选用的制度。荷兰和美国的许多州均采用此制度。美国没有统一的课程标准，各州自己制定本州的标准。美国的教科书由私人或书商依各州政府的有关规定编写和出版。美国没有全国性的教科书评审机构，教科书出版前，无须经政府审核，教科书的采用办法因州而异。除个别州是自由发行外，大部分州与地方都实行选定制。各州一旦认为选定后的教科书不理想也可立即宣布停用。根据各州规定的情况，教科书的选定有三种方式：①地方学区教育委员会选定，不受州的限制，这样的州有纽约等15个州。②地方学区教育委员会从州里认可的书目一览表中选定教科书。如阿拉斯加、得克萨斯等34个州。③地方学区教育委员会根据州里规定的教科书标准选择教科书。如密安那等9个州。从教科书的供应来看，美国主要实行教科书无偿出借制度，也有个别州部分无偿或有偿使用，这主要由各州根据情况自己决定或个别由学校决定。

二、教学内容管理体制

教学内容管理也称课程管理，具体来说就是"在一定社会条件下有领导、有组织地协调人、物资和课程的关系，指挥课程建设与课程实施，使之达到预定目标的过程"①。教学内容管理是对课程的编制、实施、评价等工作的组织与控制。教学内容管理体制是指国家进行教学内容管理的机构设置、权力分配和运行制度。

教学内容管理在不同的教育行政体制之下有不同的形式。纵观世界各国，教学内

---

① 廖哲勋. 课程论［M］. 武汉：华中师范大学出版社，1991.

容管理体制主要有以下四种类型。

（一）集中管理体制

课程管理权力集中在中央最高教育行政机关，并由其对全国课程管理的各个方面进行统一的指导和领导。其基本特点：国家制定和颁行全国统一的课程计划（教学计划）和课程标准（教学大纲）；由国家组织专家决策、统一编制或统一审定教材；举行全国性和区域性的毕业统考和升学考试，考试结果作为评价课程教学效果的指标。这种课程管理体制的主要优点：能够加强中央教育行政机关对课程规划和课程改革的领导，有全国统一的教育标准、课程计划，有利于全面提高教育质量。其主要缺点：过分强调统一，不能适应全国各地复杂的具体情况，易于造成课程体系的僵化。采取这种课程管理体制的国家有瑞典、韩国、苏联和法国等。

（二）分散管理体制

实行分散型课程管理体制国家的课程管理权力分散于各地方的教育行政机关，并由其对辖区内各类学校的课程管理进行分级指导和领导。其基本特点：全国没有统一的课程计划、课程标准（教学大纲），由地方自主决定；课程开发由地方自主决策，全国没有统一的教材；没有全国性的统一考试制度，由地方自行组织考试与测验。地方分散型课程管理体制的优点：能够根据不同地区的特点，发挥地区的优势，使课程设置丰富多彩，以满足不同地区的教育发展需求，有利于因地制宜地进行课程建设和改革。其主要缺点：各地经济与文化发展不平衡，在课程计划、课程标准、教材编订等方面的水平参差不齐，难以保证大面积高水平的教育教学质量。采用该体制的典型代表国家有英国、德国、美国、加拿大等。

（三）标准统一、管理分散体制

这种体制也被称为混合型课程管理体制，是指先由某一层机构（中央、省或州）确定课程最低标准，再由地方机构或学校根据标准决定本地本校的课程设置。这种体制把国家统一性同地方分散性结合在一起，保证了全国有统一的课程水准、课程结构，又允许地方或学校依实际情况自主决断，既统一又不死板；既放开课程管理又不使课程越出大范围；既保证了教育水平又使地方学校办出了自己的特色。日本等国家属于此种模式。

（四）学校自主型

实行学校自主课程管理体制国家的课程管理权力在学校，由学校自主对课程进行管理。其基本特点：学校根据自身实际情况和对社会需要的预测，自行制订本校的教学计划和课程方案；课程开发由学校自主决策，学校可以自由选择教科书；没有全国性和地方性的统一考试制度，由学校自行组织考试和测验。学校自主制的主要优点：能够根据不同学校的特征和发展水平设置丰富多样的课程，使课程满足不同学校和不同学生的发展需要，其主要缺点：由于缺乏全国和地方的课程计划和课程标准的约束，各个学校的办学水平和办学层次差异较大，不利于学校之间的均衡发展。英国曾经是学校自主型课程管理体制的典型代表，但20世纪70年代以后学校的课程权力逐步受到国家和地方教育行政部门的限制。

由于对教育平等和教育质量的认识不同，当人们侧重于其中一点或想兼顾二者时，就会导致他们选择不同的课程管理模式。集中管理注重整齐划一，追求整体的教育质量和表面的教育平等；地方分权体制侧重于因地制宜，追求实质的教育平等，但是忽略了整体的教育质量；而混合型的课程体制正是为了弥补以上两种模式的缺陷而提出的。

这四种课程管理模式实际上都有着各自的弊端，最理想的课程管理模式是融合型课程管理体制，融合型课程管理体制是指集权与分权有机结合，合理配比，达到最佳整体优势，发挥系统功能的体制类型。融合型并不等同于混合型，二者是有区别的，即融合型是一个有机整体，是一个系统，而混合型只是二者的简单相加。但如何把分权和集权融合到一起，二者的结合度达到多少为最佳水平仍需要不断探索。即使各国课程管理模式都在向融合型靠拢，但其中的具体内容、结合方式也不应该是一致的，因为各国的国情不同，都有自己国家的烙印，所以，各国只可相互借鉴，不能照搬照抄。

三、我国课程管理体制改革

（一）我国课程管理体制

1. 集中管理体制

2001年教育部颁布的《基础教育课程改革纲要（试行）》对我国课程权力的分配做出了明确规定。国家制定课程发展总体规划，确定国家课程门类和课时，制定国家课程标准，宏观指导课程实施。省级教育行政部门根据国家对课程的总体设置，规划符合不同地区需要的课程实施方案，包括地方课程的开发与选用；学校在执行国家课程和地方课程的同时，开发或选用适合本校特点的课程。自此，我国逐步建立起国家、地方、学校三级课程管理模式，在中央总体规划的基础上充分发挥地方和学校的课程自主权，从而使基础教育阶段的课程最大限度地满足学生发展的需求。

2. 课程编订权

自中华人民共和国成立以来，我国就实行高度集中统一的课程编订权，主要包括教学计划、教学大纲和教科书，课程的编订权一般属于中央。但随着经济的发展，这种高度集中的课程编制权弊端逐渐显现出来。近年来，我国各级政府推进了课程的管理体制改革，通过建立课程机构、下放课程编订权、制定法规、推行"三级课程制"（国家、地方、学校）等措施，课程管理体制逐步走向中央与地方适度分权，统一与多样相结合的局面。

（二）我国课程管理体制改革

从现实来看，传统的课程管理模式已不适应我国教育的发展，过于分散的课程管理模式又不利于保证课程的基本水准。即便是实行分权制的英国、美国也在探索克服分权制本身存在的弊端的方法。纵观当今各国课程管理制度可以发现，国家、地方、学校三级课程管理模式成鼎足之势。"三级课程管理"也是我国课程管理体制改革的方向。三级课程管理指国家制定课程发展总体规划，确定国家课程门类和课时，制定国家课程标准，宏观指导课程实施；省级教育行政部门根据国家对课程的总体设置，规划符合不同地区需要的课程实施方案，包括地方课程的开发与选择；学校在执行国家课程和地方课程的同时，开发或选用适合本校特点的课程。

我国三级课程管理体制的着眼点在于处理集权与分权的平衡。历史证明集权与分权各有利弊。新课程体制下国家课程体现的是课程管理体制集权的一面，地方和学校课程体现的是分权的一面，其出发点是既发挥国家统一管理的优势，又发挥地方和学校管理课程的灵活性。中央集权的课程管理体制具有强大的历史惯性，权力下放不可能一蹴而就，而是一项长期系统的工程。因此，下放课程的权力是三级课程管理体制运行的核心任务。在三级课程管理体制的运行过程中，要加强国家、地方和学校在课程决策方面的协调和合作，也同样要给教师、家长、社区代表和学生提供参与课程决策的机会。

第二节 教学组织管理

教师是学校教学的基本执行单元。学校教学工作的目的是促进学生全面发展，但是具体的教学工作却是由一个个教师在课堂上完成的，所以，实现国家教育目的和学校培养目标需要将教师组织起来，形成一个完整的系统，只有全体教师相互配合、相互促进，形成教学工作的合力，才能提高教学质量。这就需要进行教学组织管理，在学校教学管理中，建立有效的教学组织指挥系统，加强教导处和教研组的建设和管理，并合理配备教师资源，提高教学管理的有效性。

一、教学管理组织系统

现代教学管理组织是随着教学规模的不断扩大、班级授课制的出现和现代学校的产生而逐渐构建起来的。"教学管理组织一般是指学校按照一定的教学目标,运用机构、人员、职权、制度和文化等组织要素,进行有机组合并进行动态管理的一种专门性社会组织。"[①]

(一)教学管理组织系统的类型

1. 垂直型教学管理组织

这种教学管理组织的特点主要是靠强制性维持。学校通过设置若干级正式的教学行政管理机构来形成本校的教学管理组织系统,以行使教学管理的基本职能,维护正常的教学秩序。一种模式是四级管理机构,即教学校长—教务处—教研组—教师;另一种模式是三级管理机构,即教学校长—学科组—教师。这样有利于常规教学的落实,缺点是容易导致教育风格雷同,最终导致学生个性发展单一。

2. 咨询—监督型教学管理组织

这种教学管理组织的特点是主要靠教师的自觉性维持。学校设教学咨询、监督机构,请家长和社区知名人士参与其中,以便改善学校的教学工作质量。这种教学管理组织的好处是管理灵活,利于教学创新,不足是教学质量不能得到有效保障,对责任心和能力不强的教师缺乏帮助,导致这部分教师容易敷衍了事。

这两种组织系统是并行不悖的。学校教学管理既要充分发挥垂直管理的功能,又要充分发挥咨询监督的作用,实现教学管理的合理分工和责任制,形成渠道畅通、制度完善的教学管理组织系统。

(二)建立有效的教学组织系统

教学组织系统是学校教学管理得以运行的基础。一个有效的教学组织系统能够发挥上情下达、下情上达的功能。

1. 充分发挥教导处的职能

教导处是学校教学管理系统的中枢。其职能主要有:一是协助校长贯彻中国共产党和国家的教育方针政策,具体组织学校日常教学工作,制订学校教学工作计划,并进行定期检查和总结。二是根据国家课程计划、课程标准编排课程表、作息时间表和课外活动表,提高教学效率,减轻学生的课业负担。三是了解全校教师的思想动态,了解每位教师的业务水平和专长,依据教师的特点安排相应的教学任务。四是通过业务培训和研修,提高教师的业务水平和教师队伍素质,造就一支业务精、水平高、爱

---

① 夏建国.高等技术教育学[M].上海:上海交通大学出版社,2011.

岗敬业的教师队伍。五是组织开展教学研究工作，通过集体备课、教学观摩、校本研究、撰写论文等方式，提高教师的教学反思和教研水平。六是对学校教学工作进行监控和评估，包括检查备课、上课、作业和考试的情况，了解教师教学和学生学习的动态，并对教师工作进行考核与评价。七是做好学籍管理工作，具体负责招生、编班、休学、转学等工作，并做好教学表格如学籍卡、健康卡、成绩总册的统计、汇报、报表的管理工作，同时负责教学图片、图书、仪器、教学工具书、教学刊物、考试样卷、教学质量分析等各种资料的整理、装订、保管、借阅工作，防止散失，保证教学所需。八是具体负责课外活动的指导与管理、学校教学仪器设备的管理等各项工作。从以上八点职能可以看出，教导处的教学管理工作非常细致，涉及学校教学工作的各个方面。

加强教导处的建设，需从两方面着手：首先，做好教导主任的选拔和任用。教导主任是校长管理教学工作的主要执行者，上对校长直接负责，同时直接组织各学科教师、教研组开展教学工作。教导主任的业务素质直接影响到学校教学管理的成效。教导主任的选拔和任用要坚持公开公正的原则，并充分听取教职工代表大会和全体教职员工的意见和建议，通过公开招聘的方式将有能力、有意愿、有群众基础的优秀教师选拔到教导主任的岗位上来。在实际的工作中，要明确教导主任的工作责任和职权范围，为其开展教学管理工作创造良好的内外环境。其次，建立一支精干的教导处管理队伍。学校教导处的工作范围十分广泛，既要协助校长保证学校教学符合国家教育方针和课程计划，同时又要组织好日常教学工作和教研工作，而且还要组织好教师考核和学籍管理等各项工作，任何一个环节出问题，都可能影响到学校教学管理的全局。因此，建立一支精干的、权责明确、合理分工的教导人员队伍，对于强化教导处的职能，具有重要的作用。

2. 强化教研组的建设

教研制度是具有中国特色的一项学校教学管理制度，始于中华人民共和国成立之后。1952年，教育部颁布了中小学工作规程，提出学校各个学科都要设立教学研究组，其任务为组织学科教师讨论及确定各科教学进度，研究教学内容及教学方法，总结教学经验，研究教学中出现的各种问题，最终提高教师的业务水平，改进学校教学工作。强化教研组的建设，首先要选好带头人。教研组长一般由校长或教导处任命，也可由同教研组的教师推选产生。教研组长应当是学科的骨干优秀教师，能够带领任课教师开展深入的教研工作，并对学科教师进行相应的教学指导工作，帮助教师解决教学中遇到的问题。教研组长更多地具有专家型教师的特点，在教师中发挥模范带头作用。在教研组中，教师之间就某个教学问题所开展的讨论或者研究实际上是一种带有学术色彩的探讨，在探讨的过程中，教师之间是平等的，都有发表意见或建议的权利。同时，教研组长还要采取措施，促进教师之间的知识共享，通过分享备课讲义、相互观摩、听课评课等方式，相互取长补短，共同提高教学业务水平，促进学校教学质量的总体提升。

3. 优化教师配备

教师是学校最为宝贵的人力资源，也是办好学校的基本依靠力量。教师之间在思想状况、工作年限、能力水平、业务专长等方面都存在差异。学校教学管理的一项重要工作就是依据上述方面的差异，根据实际情况合理配备各学科教师，充分发挥每个教师的业务水平，扬长避短，提高学校教学管理效能。同时，同一个学科的教师配备，要注意老、中、青教师的年龄搭配，发挥老教师传、帮、带的作用，促进中青年教师的业务成长；而中年教师具有一定的教龄，业务熟练，精力旺盛，是提升学校教学质量的中坚力量；青年教师刚刚入职，缺乏教学经验，业务也不熟练，这时学校要创造条件帮助他们熟悉业务，并对他们进行业务指导，给青年教师创造比较宽松的工作环境，加快青年教师的专业成长。

二、教学过程管理

教学过程包括备课、上课、作业布置与批改、学业成绩的检查与评定等基本环节。教学过程或环节管理也包括备课管理、课堂教学管理、作业管理和学业成绩评价管理等方面。

（一）备课管理

备课是教师根据学科课程标准和所教学科的特点，在了解学生学习情况的基础上，合理安排教学内容的呈现方式及顺序，并针对教学中可能出现的问题进行预先分析并提出解决对策，以保证教学有效性的过程。备课管理工作主要包括以下几个方面的内容。

1. 钻研教材

教材主要包括教学大纲、教科书和与课程教学相关的参考资料。学校一般都会要求任课教师系统性地研究教材内容，清楚所教学科的教学目的、知识体系以及教学方法方面的要求，在了解教材编写意图和知识结构的基础上分析教学重点、难点和关键环节，同时还要求教师广泛阅读与教学内容密切相关的参考用书，以充实教学内容。最终达到全面掌握教材内容体系，对教材融会贯通，进而转化为有效课堂教学的目的。

2. 了解学生

教师要通过谈话、家访、与班主任沟通等多种方式了解所教班级学生的学习态度和兴趣，了解学生已有的知识基础，了解学生的智力水平和健康状况，以确定教学的难度、进度，促进学生主动、高效地学习。

3.选择方法

常见的教学方法有讲授法、谈话法、实验法、演示法、读书指导法、参观法等，在一节课上不是采用的方法越多越好，而是要看教学方法与所教内容的匹配程度。学校会要求教师在备课过程中结合教学内容和学生学习的实际情况有针对性地选择教学方法，以提高学生学习兴趣和主动性。

4.设计教案

教案是对教学内容的整体规划。在研究教材、分析学生、选择教法的基础上，通过教案的写作，具体规划教学过程、明确教学内容主题、阐述教学目的和任务、分析教材及其教学重点难点、选择教学方法和教具、规划教学流程步骤、巩固教学内容和布置作业等环节，呈现板书设计。为了促进教师之间的知识和经验共享，很多学校都建立了集体备课制度，通过教研组组织教师集体备课，形成教学团队，整体提高教学水平。通过备课管理，可以提高教师教学的目的性和针对性，进而为提高教学效率、提高学生学习成效奠定基础。

（二）课堂教学管理

教学是学校的中心环节。课堂教学管理主要包括两个方面：听课、评课。

1.听课

听课是校长、教学主管副校长、教导主任、教研组长等人的一项重要工作。听课是学校领导了解本校教学质量、了解教师教学水平、分析学生学习情况和进度最直接、最有效的方法，也是帮助教师改进教学、提高专业化水平的有效途径。依照目的的不同，可以把听课分为了解性听课、指导性听课、研究性听课和总结性听课四种类型。

了解性听课是校领导为了全面把握学校的教学情况所进行的听课，通常范围会比较广泛，涉及语文、数学、英语、体育、音乐、美术等各个学科；指导性听课主要是聘请校内外的教学专家通过听课对教师进行具体的业务指导；研究性听课是为了解决某一方面的教学问题如学生学习兴趣低、班级教学成绩起伏过大等而进行的听课；总结性听课则主要是为了总结学校开展的教学实验、教师之间交流上课经验而进行的听课。

在组织听课之前，校领导和教务管理人员要仔细研究听课的目的，以确定听课的类型；同时，听课人员还需要对教学内容、教学目标、教师基本情况、学生情况等进行较为深入的了解，以有的放矢地分析课程内容和评课。

2.评课

在听课的基础上，要对所听内容进行评价，这就是评课。评课的目的不仅仅是考核评价教师的水平，更应以提高教师的教学能力为基本出发点。评课是指对课堂教学成败得失及其原因做中肯的分析和评估，并且能够从教育理论的高度对课堂上的教育行为做出正确的解释。具体地说，评课是指评者对照课堂教学目标，对教师和学生在课堂教学中的活动以及由此所引起的变化进行价值的判断。评课是教学、教研工作过程中一项经常开展的活动。评课的类型很多，有同事之间互相学习、共同研讨的评课；有学校领导诊断、检查的评课；有上级专家鉴定或评判的评课，等等。评课要坚持以下基本标准：

分析教学目标是否符合教育方针和教学大纲的要求，教学是否实现了提高学生道德水平、使学生掌握了知识及发展了能力的目的。

教学过程与结构的科学性和严谨性，包括上课时的检查复习、导入新课、引入新知识、课堂练习、课堂提问、教学内容总结、布置课外作业等环节，分析教学环节是否紧凑、教学内容的呈现是否合理、是否遵循了学生的注意规律、是否激发了学生的主动性。

教学思想是否体现了新课程标准的要求，主要分析和考察教学过程是否面向全体学生实施素质教育，是否整体设计目标并体现灵活开放，是否突出学生主体并尊重个体差异，是否拓展学用渠道，促进学生发展等。

教学态度，主要看教师的仪表仪容是否大方、端庄，教学感情是否丰富、真挚。

教学语言，主要观察教师的课堂教学用语是否规范、准确、优美。

板书和幻灯片呈现的清晰和美观程度，主要看教学板书的科学性、精练性、逻辑性和连续性，分析是否有利于学生理解教学内容。

实践证明，在学校教学管理中，通过科学评课，有利于促进教师转变教育思想，更新教育观念，确立课改新理念；有利于帮助和指导教师不断总结教学经验，形成教学风格；有利于及时反馈信息，调动教师教育教学的积极性和主动性。总之，通过科学的听课和评课，可以有效提高教师的业务水平，进而提高学校的教学质量。

（三）作业管理

作业是教师布置的学习任务，包括课堂作业和课外作业两种形式，前者要求学生当堂完成，后者则可以让学生放学后在家完成。从完成方式来看，作业包括口头作业和书面作业，前者是指朗读和背诵形式的作业，后者指抄写、默写、习题、课外调查研究报告等方式。作业的布置与批改，是教学过程中必不可少的环节，也是学生巩固教学内容、教师了解学生学习效果的重要手段。作业管理主要包括如下内容。

1. 提高作业的有效性和针对性

不盲目布置大量作业，摒弃无效作业。布置作业要做到针对教学内容并适当拓展，做到少而精，能够有效巩固所学知识，让作业真正成为补充和优化教学的重要手段。

2. 创新布置作业形式

在当前课程改革的背景下，布置作业不仅仅是让学生在课后做习题，还可以采取准备演讲、开展调查研究、手工制作等多种形式，通过作业提高学生的综合能力。

3.及时批改、反馈作业

作业的批改必须讲究时效性，学生完成并提交作业之后，教师要在第一时间完成批改，及时把批改情况反馈给学生。批改完成后，教师要对学生作业的整体情况进行分析，找出作业中的共性问题，并向学生集体讲解；对于作业中出现的个性问题，要采取面对面的方式帮助学生分析问题，促进学生了解和掌握所学知识。

4.家校合作，提高作业管理质量

家长参与学校教学是教学管理所采取的一个常见途径。学校通过家长会等方式让家长明白作业的重要性，争取家长的支持和配合；要求家长督促学生完成课外作业，在提交作业之前要求家长签字并评价作业完成的进度和质量，经常与家长沟通和交流学生的作业情况。这样，既能保证家长对学生作业的监督，同时还能与家长及时进行沟通，获得家长的支持和配合。

（四）学业成绩评价管理

学业成绩评价是通过一定的途径、方法来判断学生的学习是否达到或在何种程度上达到了教学目标的要求。教学目标是对学生进行学业成绩评价的基本依据。教学目标包括思想品德、学科知识和实践能力等方面的要求，是对学生学业成绩进行评价的基本标准。学业成绩的评价要贯彻素质教育和课程改革的要求。学业成绩评价的方式主要包括两种基本类型：一是考查，二是考试。

1.考查

考查是指对学生的学习情况和成绩进行的一种经常性的小规模或个别的检查与评定，也就是在平时的课堂教学、课外作业以及课外小组活动中对学生的学业成绩所进行的过程性评价，具有经常性和及时性的特点。考查的目的在于及时了解学生学习的情况，获得教学反馈信息以改进教学。考查的方式主要有口头提问、检查书面作业、书面测验等形式。考查的结果由各学科教师记入学生成绩档案，体现教学评价的发展性。

2.考试

考试是指对学生学业成绩进行的阶段性或总结性的检查与评定，一般由教育行政部门或者学校统一命题，统一批阅试卷和评分，目的在于对学生的学习质量进行全面的检查与评价。依据时间安排的不同，可以将考试分为期中考试、期末考试、学年考试、毕业考试和升学考试（如高考、研究生入学考试）等类型。

依照考试的内容，可以将考试分为闭卷考试、开卷考试、口试、实际操作考试等类型。在教学管理中，正规考试通常采用闭卷考试的形式，目的是检查学生学习和教师教学的总体质量，也有利于在单位时间内通过统一命题和评改选拔人才。同时，为了避免闭卷考试的死记硬背，通常还会采用开卷考试、口试和实际操作考试的形式，通过多种方式，全面检测学生的学业水平。在教学管理实际中，要根据考试的目的和功能采用不同的考试形式，做好试卷的密封工作，保证试卷批阅的客观性以及成绩评定的准确性等。

三、教务行政

教务行政是执行教学计划的一种教学行政，它的基本职能是根据全校教学计划对各项教学活动中的人力、物力、财力、时间、空间、信息等进行科学的、合理的组织、指挥、调度和控制，以达到建立正常的、稳定的教学环境和教学秩序，提高教学质量的目的。其主要内容包括招生管理、学籍管理、编排课程表、资料管理。

（一）招生管理

招生是学校办学的基础，是一项计划性和政策性很强的工作。不同类型的学校招生政策各不相同。

1. 义务教育招生政策

义务教育阶段实行就近免费入学政策，也就是学生应在父母户籍所在地的学校就近入学。但是由于办学质量存在校际差别，同时还存在差异化的入学需求，因此客观上还存在择校的问题。

2. 高中教育招生政策

根据教育部等部委的规定，高中阶段招生基本上以成绩为准，严格控制招收择校生，对择校招生实行限制性政策，即招收择校生比例要严格控制在本校当年高中招生计划数（不包括择校生数）的30%以下；公办高中招收择校生，收取择校费后一律不准再收取学费；同时规定了择校的最低标准，低于一定成绩的考生不得择校。

（二）学籍管理

"学籍管理是教学管理者根据国家对学生德、智、体、美、劳全面发展的要求，按照一定的原则、方法和程序，对学生学习和各方面的表现，进行阶段和全程的质量考核、记载、评价和处理，并按照有关政策、规章的要求，对学生入学、变迁、毕业等进行控制。"[1]

学籍管理在义务教育阶段和非义务教育阶段的内容、作用和要求既相同又有区别。在义务教育阶段，按照教育行政部门的规定，要建立适龄儿童、少年的学籍档案，供当地政府、教育行政部门和学校管理者了解情况，进行决策之用。到了高中和大学阶段的学籍管理十分严格。学籍管理主要包括对学籍卡片、学生健康卡片、入学登记表、

---

① 张士昌.高校管理改革研究［M］.济南：山东人民出版社，1999.

毕业登记表等的管理。

"学籍管理是一项极其严肃的学校管理工作，任何教师或班主任都不得违背或变通有关程序中的任何环节。涉及任何一个学生的学籍变更或借读都需由学校领导研究决定。在分管校长签字后，应及时到教务处办理有关手续。"①

（三）编排课程表

课程表规定了教学科目的安排、实施程序与节奏，是进行正常教学工作的依据。编排课程表的主要方法包括人工排课和机器排课两种。课程表是固定的，是提前安排好的，但在必要的情况下可改动。在日常教学中，教师应尽量避免调课。教师调课牵涉学生利益，应制定针对学生的个性化课程表，保证学生正常地进行学习，提高学生的学习效率。编排课程表并不是机械地分配教学计划所规定的课程，课程表要合乎学生生活情况和师生学习、工作规律。

1. 关注学生学习时间和精力

学生精力旺盛的时候，学习能力强，效率高；学生精神疲倦的时候，学习能力弱，效率低。

2. 合理使用教师时间

编排课程表时要考虑到教师能否较好地利用时间。比如，在编排课程表时应尽量给教师一些完整的时间来备课、参加教学研究活动，或进修提高，也要考虑到同科教师互相听课的可能性。对一些有特殊困难的教师也应尽可能地给予照顾。

3. 充分利用教具、场地、教学仪器

学校在编排课程表时要充分利用理化科的实验室、体育科的场地和器械等，可是安排不要冲突，以免影响教学质量。

（四）资料管理

1. 工作资料管理

全校性的资料。如上级有关教学工作的文件，学校的工作计划、总结、全校性的规章制度等。

教师教学资料。如课程标准，教科书，教学参考资料，教研组和教师个人的教学计划总结，研究成果，观摩教学教案，各科期末复习提纲、试卷，班主任工作计划、总结等。

学生资料。如学籍册，毕业登记和去向情况登记表，体检资料，转学、退学、休学登记表等。

统计表。如各学年（学期）学生各科成绩统计材料，升留级、升学统计材料，学

---

① 张士昌. 高校管理改革研究［M］. 济南：山东人民出版社，1999.

生学习质量分析统计材料等。

上述四类资料属于要积累保管的材料，应及时收集，分别装订成册，编目登记，由专人保管。

2.图书资料及教学仪器管理

现在学校一般都设置有图书馆和大量的教学仪器，这些都是学校公有的，需要登记在册，委派专人管理。

四、新课改背景下的教学管理

新课程改革要求课程功能由知识与技能的传授向态度和价值观的形成转变；课程结构由单一性向多样性、综合性和均衡性转变；课程内容由脱离生活向与时代和生活相联系转变；课程管理向国家、地方、学校三级课程管理转变；学生学习方式向主动探究转变；学生评价向与素质教育理念一致转变。反思现阶段中小学的教学管理，很多方面不能适应这些要求。因此，教学管理工作要在观念革新、过程管理、课程与教材开发等各个环节上做出相应的转变，以更好地推进新课改。

（一）更新教学管理观念

新课程改革的核心理念是"以人为本"，更新教学管理观念需要从人本的角度出发，不断更新管理目标、管理过程、管理主体和管理方法。具体来说，要求管理目标从"唯分数论"向全面提高教学质量、促进师生全面发展转变；管理内容向全过程、全方位、多角度开放性转变；管理主体从领导、权威垄断向多元参与和家庭、社会、学校共同参与转变；管理方法向灵活性、多样化转变。

（二）注重教学过程监督

要管理好教学工作，保证教学工作坚持"课改"方向不动摇，必须抓好教学工作的全过程。教学工作的全过程可分为备课、上课、布置和批改作业、课外辅导、考试和考查以及教研活动的开展等环节。

在备课环节，新课程改革在教学内容和教学方式上都对教师提出了全新的要求。鉴于新课程改革提高了备课难度，教师可采取集体备课的方式，通过先集体讨论形成预案，再自己设计形成个案的方式，集大家的智慧形成最优的教案。

在讲课环节，要求教师转变课堂教学内容和教学方式，让学生在课堂教学中不仅学到知识，而且学会学习。

在作业的布置上要弱化死记硬背性知识，强化与生活实践相联系的知识；在作业的批改上要注重质性评价而抛弃以往单纯的量化评价。

在课外辅导上要紧紧抓住学生的需求，根据不同学生的需要有针对性地进行辅导，并且加强对学生学习方法的指导。

在考试和考查上，要弱化考试选拔和评价学生的功能，强化教师促进教学反思、改进教学效果的功能。

在教研活动的开展上，要促进教学研究规范化，建立各种规章制度以规范教研工作的开展，开展评"三优"活动，即评优质课、评优秀论文、评优秀教案，以科研课题为抓手，提高生成性教学成效。

（三）加强课程管理和教材开发

新课程改革背景下的课程管理必须从落实国家课程标准、充分利用地方资源和开发特色校本课程三方面入手。

坚决贯彻落实国家的新课程标准，在"新课标"的落实上不能产生丝毫的懈怠，各门课程的开设都要按照国家"新课标"的要求开足开齐，为促进学生的全面发展打好基础。

充分发挥地方优势，结合地域特色开发特色课程，为学生的特色发展提供有利条件，例如，沿海地区的中小学可开设海洋知识相关课程。

注重校本课程的开发，充分利用周边社区和学校自身的各种资源，结合学校教师的优势及学生的特点，开发为本校学生量身定做的校本课程，使地方课程、校本课程规范化、体系化，切实提高课程的实效性。

第三节　教学质量管理

教学质量指通过教学，学生对于学科教学内容的掌握程度、应用知识解决实际问题的能力水平。教学质量是一个过程性概念，在每一个教学阶段学生都会达到一定的知识和能力水平。所以，对教学质量的管理必须要考虑到教学的过程性。

一、教学质量目标及标准

教学质量目标就是学校在教学管理中最终追求的可测量的学生知识与能力水平，以及教师、学生、家长等相关群体对教学的满意度水平。学校教学质量目标按时间可分为中长期质量目标、年度质量目标和学期质量目标；按层次可分为学校质量目标、各年级质量目标以及班组和个人的质量目标。

学校教学质量目标的落实离不开具体的教学质量标准。学校教学质量标准主要包括教学效果质量标准、教学过程质量标准和教学时间质量标准三个方面。

（一）教学效果质量标准

这是学校教学过程的产出标准，主要看学生掌握学科教学内容的知识水平，学生所具备的将理论知识运用的实践能力水平以及学生在思想道德素养方面的提升程度。一般来说，在每个学期、每个学年后及毕业和升学时，教育行政部门和学校都会组织考试，对学校进行督导和评估来分析和判断学校的教学质量效果。因此，考试命题、督导与评估指标的确定对于评价学校教学质量效果的科学性至关重要。在素质教育和课程改革全面推进的背景下，考试和督导工作不仅要考查学生对知识的掌握情况，更要从学生的能力水平和思想道德修养的提升等方面全面考查学校的教学质量。

（二）教学过程质量标准

没有严格的教学过程质量作为保证，是不可能有良好的教学效果的。在学校内部管理过程中，校长、学校教学主管副校长、教导主任、年级组长等人面临的一项最为重要的工作就是制定一系列的规章制度来规范教师的备课、课堂教学、作业批改、考查、考试等教学环节，确保在上课之前教师能够充分熟悉教材、组织教学内容和了解学生，通过科学、合理地设计教学方法来提高课堂教学效果，提高布置作业的质量并减轻学生学业负担，以科学命题动态衡量学生的学习成效。

（三）教学时间质量标准

学校整体教学进度必须以国家课程计划、学校培养目标为基本标准，各学科教学的进度也要符合课程标准、教学大纲所规定的基本要求，科学分配教师讲授时间、学生自修时间、完成作业时间、考试与试卷批阅时间、课外活动时间和其他作息时间。各种时间的分配要符合教育规律、教学原则、学科特点以及学生的身心发展阶段的特点。同时，学校教学质量的提升和改进也需要制定出具体的时间进度，以某一个时间为节点，到节点后即分析教学质量改进所取得的成效和问题。这样，能够很好地把握学校常规教学和教学改革的时间节奏，使教师、学生都对自己所承担的教与学的任务有一个清晰的时间认知，这对于保证和提高教学质量都具有重要的价值。

二、教学质量管理模式

根据质量方针、质量目标、质量标准及其实施策略的不同，质量管理有多种模式。对学校教学质量管理来说，常见的质量管理模式有目标管理、质量控制、走动式管理、全面质量管理等。在实际的教学管理中，要根据学校发展的基本状况、学校教学所亟待解决的问题、学校发展战略和办学理念等方面，来选择适合学校特色的教学质量管理模式。

（一）教学目标管理

实施目标管理，可以为学校教学工作确定一个总体方向，使学校形成一个较科学的教学质量目标系统和实施流程。

1. 教学目标管理特征

20世纪六七十年代，目标管理的概念被引入学校教育领域。学校教学目标管理就是以学校教学所设定的最终成果为标准，通过目标责任制的方法对学校的教学工作的量和质进行科学的考核和有效的监督，以激发学校领导者和广大师生的工作积极性，最终提高学校教学质量。教学目标管理的核心是设定教学目标，重点开展九项工作：论证决策、目标分解、定责授权、咨询指导、检查控制、调节平衡、考评结果、实施奖惩、总结经验。相比于传统的教学管理，学校教学目标管理有以下几方面的特点。

重视教学质量管理过程中人的因素。教学目标管理是一种参与的、民主的、自我控制的管理制度，也是一种把个人需求与组织目标结合起来的管理制度。在这一制度下，上级与下级的关系是平等、尊重、依赖、支持，下级在承诺目标和被授权之后是自觉、自主和自治的。

重视建立目标体系和责任制。从层次上看，教学目标主要包括四级：第一层次是国家的培养目标，即培养全面发展的、符合社会发展需要的人才。第二层次是各级各类学校的培养目标。第三层次是各个学科、学段、学年、学期的培养目标。第四层次是单元、课题、课时的教学目标。教学目标管理是指通过设计将学校整体目标逐级分解，转换为各班级、学科、各个教师的分目标。在教学整体目标分解过程中，要明确教学过程的权、责、利，各个分目标之间方向一致，环环相扣，相互配合，形成协调统一的目标体系。只有每个教师都完成了自己的分目标，整个学校的总目标才可能完成。

重视教学成效。教学目标管理以制定目标为起点，以教学目标的完成情况为评价的终结，根据每个教职员工完成任务的情况进行考核与奖惩。学校教学的整体目标以及各个教职员工的分目标一旦设定，至于完成任务的具体方法、途径等，学校领导者不过多干预，主要由分目标承担者依据自己设定的标准主动完成工作目标。

2. 教学目标管理的实施

建立学校目标系统。学校目标管理的实质在于学校所有的部门及所属成员致力于实现总体目标，在实现总体目标的过程中同时实现各个部门目标和个人目标。在教学管理中，要明确教师的教学职能，以贯彻实施国家课程计划、教学大纲为基础，吸纳教师参与到目标制定的过程中，设定备课、课堂教学、作业布置与批改、课后辅导、考试评价等教学过程各个环节的具体目标，并制定出相应的工作规范和工作质量评价方法，使教学工作得以制度化、规范化和标准化。

加强监督反馈，不断完善管理机制和管理方法。目标管理的一个基本原则是以所设定的目标为参照，适时监督和反馈教学任务的完成情况，实施动态教学管理。因此，学校管理者要建立高效、公正的管理机构，对教师完成任务的进度和质量进行公正的考核。同时要建立立体交叉、多维的信息网络，随时关注学校目标管理活动的运行状态是否与确立的目标体系相符。

实施人本管理，实现理性与非理性管理的融合。目标管理非常重视教学过程中人的因素，既注重设定科学、客观的教学目标，同时也非常重视在目标实施过程中的人本管理，调动教师依照目标进行自我管理的主动性和积极性。心理学研究证明，人要在心理上维持认知的平衡，需要解释自己行为的合理性。在实施目标量化评估的过程中，学校管理者要做好细致的思想工作，积极引导教师的内在需求，让教师产生"我要这样做"的愿望，不要让教师变成量化分数的奴隶。在实施刚性管理的同时，努力探索情感优化的有效途径，积极探索一种刚柔相济、以人为本的管理模式。

实施发展性评价。学校在实施教学目标管理的过程中，不应只看行动的结果，更应看重行动的过程，强调实行发展性评价对教师和学生成长的价值。鼓励教师进一步发展完善自己，同时，针对不同的教师应有不同的评价标准，一个特级教师、教学能手、学科带头人绝不能和一个新毕业生使用同一个评价标准，只有这样才能形成不同层次的教师自信、自律、自强的良性循环。学校还要采用工作过程中的日考查、周积累、学期统计的方式，动态跟踪教学过程，并运用所收集的动态数据资料来调控教学过程。对学生的学习来讲，目标管理十分强调教学过程要面向全体学生，通过教学来促进所有学生的发展，对于教与学的考核评价不仅要看学生学习的总体情况，更要具体分析哪些学生在哪些方面取得了进步，即针对每个学生实行增值性评价。因此，教师要从学校教学的整体目标出发，遵循因材施教的原则，通过分层教学，使得不同学习水平的学生在知识、能力、品德等各方面得到发展。

（二）教学质量控制

学校教师的整体素质情况、学校教学的过程管理水平以及教学与学校其他内外环境的处理等都直接影响和决定学校的教学质量。因此，实施学校教学质量管理必须控制每个环节，必须实施学校全员管理、教学全程管理和学校工作全局管理。

1. 学校全员管理

学校管理的要素包括人力、物力、财力、时间、空间、信息等方面，其中，人是最为重要的因素，离开了教师素质的提高和教师提高学科教学质量的积极性和创造性，学校教学质量不可能得到提升。所以，实施教学质量管理，要求学校围绕教学这个中心环节合理配置学校人员和教师力量，围绕教学目标协同活动。在"教"与"学"的过程中充分发挥教师的主导作用和学生的主体作用,尊重教师的教学专业自主权,激发教师工作的积极性和创造性,同时为教学过程提供充足的物质资源和经费保障。

2. 教学全程管理

学校教学的整体质量是由各个教学环节的质量决定的。教师的备课情况、上课情况、作业布置与评改情况、考试考核情况等都可能影响到学校的教学质量。因此,要提高学校教学质量,就必须建立一套完善的激励和监控制度,根据教师的能力与专长、所教学科的特点以及生源质量等方面的因素,有针对性地提高教师在教学过程各环节的工作积极性和工作质量,实现教学过程的最优化。

3. 学校工作全局管理

学校工作的全局管理包括在学校内部管理中要处理好教学工作与德育工作、后勤工作、课外教育工作、班主任工作等各方面的关系,在以教学为中心的前提下,妥善安排好其他各项工作,建立教学工作协调机制,避免工作中的冲突和摩擦,减少教学管理中的内耗等。同时,学校还要综合分析社区背景、家长状况以及地方教育行政管理状况等因素,争取社区、家长和行政的理解和支持,为提高学校的教学质量提供良好的外部环境保证。

(三)走动式教学管理

走动式管理是当今世界上流行的一种新型管理方式,近年来被逐渐应用到学校教育领域,丰富了学校教育教学管理的途径和手段。

1. 走动式管理定义

走动式管理(Management By Wandering Around,MBWA)的概念起源于美国管理学者彼得斯(T.J.Peters)与瓦特门(R.H.Waterman)在1982年出版的《追求卓越》[①](*In Search of Excellence*)一书。走动式管理主要是指管理者不应再局限于办公室,而应该身先士卒,深入基层,到处走动,以获得更丰富、更直接的员工工作问题,并及时了解解决所属员工工作困境的策略,最终提高组织的工作绩效。

对学校管理者来说,走动式教学管理是通过自己直接与一线教学的接触和了解,收集最直接的学校教学信息,以弥补学校正式组织渠道的不足。学校教学管理系统本质上是一个层级的结构,因此,上情下达与下情上达都要经过一系列的组织环节,而每经过一个环节,信息都可能会衰减。走动式教学管理利于解决正式组织中信息传递的衰减、过滤和扭曲的问题;利于学校管理者在第一时间发现学校教学中存在的问题,通过及时沟通尽早发现并解决问题,改进教学质量。

2. 走动式教学管理原则

直接接触原则。这一原则要求学校管理者直接与教师、学生接触,不仅要出现在

---

① 汤姆·彼得斯,罗伯特·沃特曼.追求卓越[M].胡玮珊,译.北京:中信出版社,2008.

办公室，还要在教室、食堂、宿舍、操场等处出现。走动式教学管理实际上是一种"看得见的"教学管理方式，学校管理者与教师、学生面对面接触、交谈，及时了解一线教学的动态情况，对教学工作进行现场管理。管理者在走动时随身带个笔记本，记录观察到的现象，发现存在的问题，避免因事杂遗忘而酿成严重后果。

倾听原则。在走动式教学管理中，学校管理者和教师、学生之间是一种建立在相互尊重基础上的平等关系。学校管理者不是凌驾于师生之上的视察和考核，而是要以一个服务者的身份倾听意见和建议。要赢得教师、学生的信赖，这就需要学校管理者做一个耐心的倾听者，而不是一个口若悬河的人。在与师生沟通和交往的过程中，学校管理者要体现出热情的关怀和和蔼可亲的态度，消除教师与学生的戒备心理，这样才能获得第一手的真实信息。

不定期原则。学校管理者进行"走动"要有一个大致的周期，但又不固定时间，一有时间就下去走走，观察课堂教学、体育活动、实验教学、社会实践活动的开展情况。走动式教学管理不是一种应付检查式的工作模式，而是在教师常态教学的情况下，学校管理者走进课堂听课，课后与教师一起分析上课情况、收获和存在的问题，更为深入地了解常态教学的状况。

3. 走动式教学管理策略

实施走动式管理，必须坚持"走走，看看，听听，问问"，坚持做到注重倾听、注重指导、注重协助，遵循多巡视、少干预的原则。

倾听策略。成功的学校管理者应该把倾听作为走动式教学管理的第一要务，倾听让教师觉得自己重要。通过倾听，学校管理者可以从教师、学生那里得到学校教学的第一手准确信息。

指导策略。走动式教学管理要求学校管理者从一个居高临下的领导者变成一个教学工作的指导者和好朋友。在走动式的巡视中，学校管理者发现一些教学问题是必然的，关键是如何处理所遇到的这些问题。如果不分事件性质和起因，一味责怪、批评，甚至训斥教师，只会引起教师的反感。假如学校管理者能换位思考，平心静气地帮助教师查原因、找症结、并给予必要的指导，教师在今后的工作中必定会将功补过，有所作为。因此，走动式教学管理是通过有意识的指导和引领的方式来进行的，而不是以粗暴的命令、评价来干涉甚至是剥夺教师的教学自主权的方式来解决问题。

协助策略。在走动式教学管理中，学校管理者要遵循以人为本的原则，为教师提供服务。走动式教学管理不是校长越俎代庖代替教师来做决定，而是通过平等沟通，提高教师解决所遇到问题的自信心和能力。在走动式教学管理中，学校管理者是教师的参谋，走动式管理不是缩小了教师工作的自主权而是在充分信任和发挥教师自主权的前提下协助教师解决问题。因此，走动式管理不是一种礼节性的拜访或者恩赐式的关怀，其本质在于通过获得真实信息，共同分析和解决问题，从而提高学校教学管理的效能。

三、教学视导

教学视导是指各级政府教育视导或督导机构、教育行政部门及各级教研机构对学校教学有关事项进行视察、考核和指导。广义的教学视导是指一切与教学有关的观察、评估与指导工作，包括评估课程编制、观察教学过程、安排业务进修、评价教学成效等方面；狭义的教学视导是指对教师的课堂教学过程进行的观察、评估和指导活动，其目的在于促进教师的专业发展。这里的教学视导，包括了广义和狭义的教学视导。

教学视导是评价和指导学校和教师教学工作的基本手段。在实际的视导工作中，依照不同的视导目的、内容、参加主体以及视导方式，可以将教学视导区分为不同的类型。依据教学视导的主体不同，可以分为行政视导、同侪视导和自我视导三种模式。行政视导是指教育行政督导人员对学校和教师教学工作的视导；同侪视导主要是来自本校或外校的教师对某个学校的教师的教学进行视导；自我视导是学校和教师针对政府所设定的视导标准所进行的自我评估，以发现问题，提出改进策略。在实际的教学视导中，为了获取全面的教学工作信息，对学校教学进行整体评估和指导，通常采用多种视导模式并用的方法开展工作。

（一）四种教学视导模式

为了更为有效地发挥教学视导引导教师专业发展的功能，从20世纪中后期至今，教学视导研究者提出了多种多样的视导模式，其中，"临床视导""合作性专业发展""个人化专业发展"和"非正式视导"四种模式对于视导工作实践产生了较大的影响。

1.临床视导模式

"临床"是一个医学术语，原意是指医生为病人诊断和治疗疾病。教学视导的临床视导模式是由哈佛大学戈德哈默（R.Goldhammer）和科根（M.L.Cogan）等于20世纪70年代初最先提出的。当时，提出临床视导概念的主要目的是视导哈佛大学开设的教育硕士研究生班的教育实习工作。后来，这一模式逐渐推广开来并应用于师资培训和中小学督学过程中。临床视导是指通过对教师实际教学的直接观察来获取资料的过程。在实际的教与学的环境中，通过对教师的教和学生的学的双边活动的观察，依据所获得的第一手材料，向教师提供课堂内的必要帮助，从而使课堂中的教学发生积极的变化，最终达到提高教师教学水平的目的。其特点是视导人员和教师建立面对面的联系，共同观察教学过程，分析教学行为，提出改进措施。这种模式特别适合于新教师。

临床视导模式对视导人员的素质提出了更高的要求。视导人员不但要精通教学论和课程论，熟悉教学内容和教学方法，同时还要具备较强的组织和沟通能力，能够在教师接受的前提下对其进行专业指导。实施临床视导大体分为五个环节：召开观察前会议、观察教学行为、分析资料提出改进策略、召开视导反馈会议和会议后分析。

召开观察前会议。在进入教师教学的具体场地之前，由视导人员和教师共同参加视导的预备会议。观察前会议的主要目的在于分析教材、了解学情、了解教师专业发展水平和教师的教学方式等。在观察前会议上，视导人员要与教师开诚布公地进行沟通和交流，建立良好的人际关系。视导人员要向教师说明教学观察的目的在于促进教师专业发展以消除教师的戒备心理，同时，视导人员要向教师说明观察的时间安排、观察的重点行为和事件以及收集资料的方法等，取得教师对视导工作的支持与配合。

观察教学行为。在这一环节，视导人员走入教室或其他教学场所，利用文字记录、录音、录像以及其他各种课堂观察表格等工具，对教师的课堂教学进行密集式的观察，做好详细记录，力求全面、客观、完整地收集教学过程资料。

分析资料提出改进策略。这是临床视导的中心环节。在这一环节，要对所收集到的教学行为过程资料进行归类、整理，运用统计分析方法如描述统计、差异性分析、相关性分析和图表分析等对教学过程及其结果进行分析和判断。在此基础上，帮助教师总结教学的有效做法，并分析教学中存在的问题，提出改进教学的具体策略。

召开视导反馈会议。教学视导人员把视导的分析和评价结果全面地呈现给教师，既要表扬教师教学的优点，同时也要明确指出教师教学的不足之处，鼓励教师通过自我诊断和反思自行提出改进策略，视导人员不要先呈现自己所提出的改进策略。如果教师自行提出的策略同视导人员的相仿，则今后可以直接照此操作；如果二者所提出的改进策略不同，则在尊重教师的前提下，视导人员和教师平等探讨，再依据实际情况修改教学改进策略。在视导反馈会议上，视导人员切忌以一种居高临下的姿态与教师沟通，这样只能引起教师的抵触甚至是反感。这就需要视导人员创设一种平等、民主、轻松、和谐的反馈会议氛围。

会议后分析。即视导人员对自己的视导行为进行适当的分析和评估，并进行自我反思。反思的主要内容包括：到目前为止我采取的教学视导措施是否有效？我的视导知识、目标有哪些需要修正？在视导过程中我对教师是否尊重？教师是否共同参与了制订视导计划和流程、提出教学改进策略的有关工作？在反思的基础上，视导人员要提出今后工作的改进计划。

2.合作性专业发展模式

这一模式由美国教育专家格拉特霍恩（A. Galtthorn）于1984年提出。这是同侪视导的一种表现形式，具体来讲是两个或两个以上的教师为了提高各自的教学业务能力，基于自愿的原则组成专业发展合作小组，他们依据一定的标准，采取定量或定性的方法相互观察课堂教学，互相指出对方教学存在的问题并提出改进建议，以共同达到教学专业成长的目的。合作性专业发展建立在调动教师发展的主动性和积极性的基础上，从学校和教育行政部门正式组织推动的发展转变为教师个人的"我要发展"，与正式的行政视导相结合，能够极大促进教师教学业务能力的提升。同时，以教师同侪互为主体的视导能够较容易地为教师所接受，而且也能够减轻视导人员、校长及其他教学主管人员的工作量，提高教学视导的效率。这种方法适合于有一定专业经验、比较成熟、愿意与同行合作的教师。

3. 个人化专业发展模式

个人化专业发展的视导模式实际上是一种教师的自我教学视导。在教师的整个职业生涯中，教育行政和学校正式组织的约束和管理始终是一种外在力量，如果不能转化为个人专业化发展的内驱力，教师依然不能获得专业水平的提升，这时需要教师对自己的专业发展主动负责。在个人化专业发展的视导模式下，视导人员要与学校合作，学校要通过教育、引导和激励，引领和鼓励教师采取独立自主的方式，参照视导标准制定自己的教学工作目标，并对照视导标准进行自我评估、自我反思。在此过程中，教学视导人员会给教师提供专业指导和帮助。这是一种由教师自行设定教学工作目标、具体执行，视导人员和教师共同评价教学工作并提出改进策略的一种视导方式。个人化专业发展可分为五个步骤：教师制订发展目标和计划、视导人员审核、召开双方参加的目标设定会议、进行形成性评价、完成终结性评价。这种视导方式经济、省时，能够最大限度地调动教师自我管理、自我发展的积极性。适合于专业发展比较成熟、愿意与视导人员合作的教师。

4. 非正式视导模式

非正式视导是相对于正式视导而言的，指视导人员对教师和学校教学所实施的非正式的、不定期的和短暂的观察和及时的反馈。教学视导人员在没有预先通知教师的情况下，到学校现场观察教师的教学过程以及学生的行为表现，也可以通过教室内的摄像设备在控制室中查看教师的教学过程。从行为方式上来看，非正式视导颇像前面谈到的"走动式管理"。非正式视导所观察的资料是一种最自然、最真实的常规教学资料，可以作为正式视导的补充，将非正式视导的发现同正式视导所收集的资料结合起来，避免正式渠道收集信息的片面性，全面分析和评价教师的教学工作。这种视导模式适合于任何一位教师。

在视导实践中，上述教学视导模式之间不是相互取代的关系，而是相互补充的关系。要根据视导对象的教学经验、工作能力、专业发展水平、个性特征等方面的因素有针对性地选择视导的具体方式。一般而言，对于初入职的教师或经验不足的教师，较适合采用临床视导的模式分析问题,提出改进教学的对策和建议;而对于有一定能力和经验的成熟教师,宜采用合作性专业发展或个人化专业发展的视导模式,以提高教师个人专业发展的责任感和主动性。

(二)教学视导的步骤和方法

依据教学视导的工作流程,可以将其分为教学视导前的准备阶段、现场视导阶段和教学视导的总结与反馈阶段。在每个阶段,因工作内容的不同,也存在不同的工作方法。

1. 教学视导前的准备阶段

教学视导之前,要做好一系列前期准备工作。主要的准备工作包括:准备好相关学校及其教学情况的资料,事先了解学校教学情况、教职工队伍构成情况、生源情况、家长和社区情况等;通过印发材料的方式,向视导人员明确视导工作目的和各项视导指标,以及视导方法等,提高工作的目的性和科学性,如果必要还需组织对视导人员进行业务培训;进校之前召开视导人员会议,拟定视导方案和具体日程安排,做好人员分工;与学校和教师沟通好现场视导的时间、地点等。

2. 现场视导阶段

视导人员进入学校之后,视导工作一般包括如下流程:利用课堂观察工具集中时间全面听课,把重点放在课堂教学上,要尽量听到每位教师和每一学科的课,或者按照事先约定的计划针对性地对教师和学科进行课堂观察;也可以对学校领导的教学管理和全体教师的教学常规活动进行深入细致的"看""查""访",视导人员可分头同时开展工作;视导人员集中汇总视导情况,进行量化评分,并准备交换意见的提纲和有关材料;与学校领导、教师交换视导综合意见,提出改进教学工作、提高教学质量的具体建议。

依据工作目的和方式的不同,视导人员进入学校后的现场工作方法主要分为观察、倾听、查阅、访谈、测量、评价、指导七个方面。

观察。其主要内容是观看学校教学的文化环境和学校氛围,观察师生的课堂互动情况,观察学生的学习情况和第二课堂的活动情况,查看学校教学设施及各种功能室的布置和使用情况,观察学校师生的教学活动和课外活动,等等。

倾听。在教学视导的过程中,视导人员一定要学会倾听,不要急于发表自己的观点和看法。倾听主要包括听取学校领导汇报教学工作情况,听取教学管理人员的情况介绍,进入班级听取各学科教师的上课情况,同时听取师生员工及学生家长对教学的反应、评价,等等。

查阅。查阅的主要内容包括:查看学校、教务处、教研组和教师个人的教学计划、教研工作计划,查阅学校课程计划、课时安排及落实情况,查看学校领导和教师的听课笔记，查阅教师的教案和学生的作业情况，查看学校各种教学科研活动记录，查看师生教与学的落实情况等。

访谈。访谈的对象首先是学校高层和中层管理者，了解他们对教学工作的安排和学校教学规章制度的实施情况；其次是教师，了解他们对学校教学工作的评价和建议；访谈学生，了解他们的开课情况、课业负担、思想动态、学习兴趣以及对教师、学校工作的意见；再次是家长，召开家长座谈会，了解学校的教学管理和教师的教学情况；最后是社区代表，听取社区各界人士对学校的教学评价等。

测量。根据教学视导的需要，对学校教师的教学能力及教学效果和学生的学习情况进行测评，所采取的方式主要包括闭卷考试、开卷考试、口试、实践作业的考试方式等。

评价。在全面收集、分析学校教学相关资料的基础上，根据教学视导结果，对学校的整体工作进行综合评价、量化评分，与学校领导和各科教师交换视导意见，听取他们对视导结果的看法。

指导。教学视导工作的最终目的是提高学校教学工作质量、提高教师专业化水平，这两个方面的目标是并行不悖的。视导人员一般由熟悉学校教学业务工作的行政官员、教学专家组成。在了解、分析和评价学校工作之后，视导人员和学校领导和教师坐在一起进行口头反馈，提出明确的改进意见或提供改进建议，指导学校对教学质量进行整改提高。

3. 教学视导的总结与反馈阶段

进校现场视导工作结束之后，视导机构和视导人员的工作并未随之结束，还要做好教学视导的总结与反馈工作。主要包括处理教学视导材料、撰写教学视导报告、正式反馈视导结果以及回访等方面的工作。

处理教学视导材料。经过进校开展观察、听课、查阅、访谈、测量等方面的工作，每次教学视导都会收集到大量的有关学校教学管理、教师课堂教学、作业以及学业成绩等众多资料。在教学视导结束之后，需要教育督导机构组织专门人员对有关视导材料进行数据分析、归类和整理。对于所收集到的视导的典型经验还可以在所辖范围内进行通报，推广先进的教学及管理经验。督导机构还要将视导过程中遇到的典型问题、先进经验等向上级政府或教育行政部门进行反馈，为政府和教育行政部门的决策提供支持信息。

撰写教学视导报告。教学视导工作结束之后，需要视导人员及时写出视导工作报告。教学视导报告是对学校教学视导工作的正式评价，既是考核学校教学工作的依据，也是政府加强教育行政管理的依据。教学视导报告的主要内容：视导的基本情况，包括视导时间、视导人员、视导对象、视导重点、视导方法、视导数据统计等；介绍视导学校的基本情况，包括师生基本情况、领导成员、教师的结构、家长与社区情况等；对视导学校的教学工作进行总体评价；总结学校教学工作的经验和成绩；指出学校教学工作中存在的问题，并分析产生问题的原因；总结分析视导的效果，撰写视导工作后记。在实际的撰写过程中，可以根据情况对上述方面的内容做出调整或增减。

正式反馈教学视导结果。主要的工作：将教学视导报告正式文本主送被督导学校，抄送主管教育行政部门、政府、上级督导部门，视导过程中发现的一些重要问题还要及时向有关领导单位做专题汇报。如果有必要，还可以将视导报告摘要印发给被督导学校的家长、社区代表。正式反馈视导结果时，一般需要召开正式会议，向学校讲明督导报告的主要内容，并听取学校的看法。为了进一步完善教学视导结果反馈工作，可以建立视导结果通报和公报制度，包括在教育系统内部通报视导结果，也可以通过互联网、报刊等媒体公布对学校的视导评估结果，增强教学视导工作的透明化和公开化，强化社会监督，而且也有利于形成推动学校发展的良性社会氛围。

回访。教育督导机构要针对学校教学存在的突出问题，下发限期整改意见书，具体列出整改内容，提出整改要求，明确整改时限。学校要在规定期限内完成整改任务，并向教育督导机构报告教学工作整改情况。教育督导机构要根据实际情况，进行必要的回访，主要是复查、检查和指导整改工作，督促学校改进落实。

（三）提高教学视导科学性的策略

教学视导是教育行政管理的重要内容，也是提高学校教学质量、促进教师专业发展的重要途径。为了促进学校教学工作高质量、高水平和可持续的改革与发展，加强教学视导工作势在必行，其中，提高教学视导工作的科学性和专业性至为重要。提高视导工作的科学性和专业性，应在如下方面进行积极努力。

1. 伙伴合作的教学视导观念

国际上教学视导发展的经验和趋势表明，从 20 世纪 50 年代至今，教学视导的工作重心已经发生了转移。传统的教学视导主要是一种行政行为，视导人员代表政府对学校教学工作进行考核与评价，主要是看纳税人所缴纳的税收在学校是否被有效利用，其主要指标就是考查学校教学管理和学生的学业成绩情况。而现代教学视导的基本观念已经由注重对学校的考核评估转向通过教学视导，促进学校主动改进教学质量，同时促进教师的专业化发展，因此更加强调视导人员对学校教学管理和教师教学工作提供有效的专业指导。视导人员不是高高在上的评判者，而是促进学校与教师发展的平等的合作伙伴。

2. 专项评估，指标体系合理

教学视导是一种专项评估，主要目的是促进教师专业发展和学校教学质量的提高。在明确了教学视导的目的之后，需要编制科学、合理、可测的教学视导评估指标体系。在指标体系的设置中，应该包括教学管理、教师教学和学生成长三个方面的一级指标和标准。在学生成长指标中，不仅包括学生所学知识，同时还要体现学生能力发展情况以及学生的学习态度和情感状况。通过明确视导目的的发展性，设立指标增强对教学过程和管理过程的观察、检查和评估，重点检验学校教学管理和教师专业发展的进步幅度与速度。同时，还要设立学校教学自主发展方面的指标，重点检查与指导学校教学通过规划、实施、自评与自我监控而不断地改进和发展的情况，以促进学校教学和教师个人自主、持续的发展。

3. 规范的数据分析

对于学校教学相关资料的收集一定要全面系统，收集资料的方法要科学，这就要求在视导之前的准备阶段，视导机构要系统编制一系列课堂观察工具和调查工具，包括学生学习态度、满意度、效能感等调查问卷，教师巡回路线图、教学程序观察表、学生学习小组观察表、教师提问与理答行为分析表等。对所收集的教学视导数据，利用社会科学统计软件和有关的统计量进行定性和定量的数据分析，进行编码、归类和分析，整理归档，为有效对学校进行全面、科学的评估和指导提供规范的方法和充足的数据。这就是用事实说话，用规范的方法和研究工具替代经验式、感觉式的评课，对于教师的教学改进和专业成长具有举足轻重的作用。

4. 提高教学视导人员的专业水平

建设一支数量充足、结构合理、素质优良的视导人员队伍，是实施科学教学视导的基础和保证。如果视导人员的专业知识不过关，不了解视导的目的和要求，不熟悉视导的指标体系，那么不可能对学校教学工作进行科学视导，也不可能为教师的专业发展提供有效的建议。因此，科学开展教学视导工作，首先要求教学视导人员具有较高的政治思想素质和较高的教育专业造诣，并有一定的教学工作经历和实践经验。在结构方面，可采用专职视导人员与兼职视导人员相结合、官员型视导人员与专家型视导人员相结合、老中青视导人员相结合的形式，保证评估队伍在年龄结构、知识结构上的合理性与科学性，同时也可以做到优势互补，深入而全面地开展视导工作。

随着教育事业的发展，视导人员的专业性变得越来越重要，实现视导人员的专业化也成为一项迫切的现实需求。所谓视导人员的专业化，是指明确视导人员独特的任职条件，建立专门化的视导人员培养和培训体制，并采取相应的管理制度和措施，实施视导人员的资格证书制度和职级制度等，使视导成为一项专门职业。视导专业化意味着视导人员应掌握渊博的教育理论及实践的知识，精通相关的法律法规及方针政策，不仅要掌握教学视导评估的基本理论，同时还应具备可操作性的技能，不仅要具有敬业奉献的道德情操，还应具有高度的责任感与使命感，树立公正客观与廉洁服务的专业操守。同时，视导人员的专业化还意味着，要加强对视导人员的教育培训和考核、指导与培训，通过立法确保视导人员的责权范围，不断地提高视导人员的社会地位和经济待遇；还要加强教育评估理论与实践的研究，开设教育督导评估的相关专业，建立相应学科等，促进视导人员的专业化成长，加快视导队伍专业化建设。

5. 充分利用教学视导结果

教学视导的目的是推动学校教学工作，不是为了视导而视导、为了评估而评估。视导能否达到目的，关键的一条就是结果如何处理。广义的教学视导具有行政用途和专业发展用途。通常情况下，视导活动结束后，督导部门（组）要向被视导单位和有关部门反馈督导评估情况，写出视导报告。视导结果应成为学校改进教学工作的依据。各级政府和教育行政部门要认真研究视导报告，对学校教学存在的问题要限期整改，并确定回访检查的时间。要在一定范围以一定的形式公布视导结果，如发公报、内参、通报等。要把教学视导结果作为学校评级、评先和考核校长及分配高一级学校招生指标的重要依据，并与学校有关管理人员和教师的利益挂钩等。但从目前的情况来看，我国各地学校的教学视导工作开展得红红火火，但对于结果的运用还尚不充分，不少地方呈现虎头蛇尾的情况。视导结束后，视导专家组通常形成一份总结性评价的报告，交由上级主管部门了事，至于与学校进行充分的沟通，进行及时的反馈，帮助学校有效地整改等还欠缺制度上的保证，常常被无意间忽略掉，这对有效推动学校工作、提高教育教学质量和管理水平等产生了不良的影响。

因此，为了提高视导结果运用的成效，需要建立视导结果的及时反馈制度，加强运用视导结果对学校进行专业指导，并将视导结果报送相关行政部门作为决策参考。同时，及时将评估结果向社会公开。要通过下发通报、网上公开等形式，借助新闻媒体向社会公布评估结果，以引导社会正确评价学校教学工作，引起社会各界对学校教学的关注和监督、重视和支持，从而增强评估的透明度，提高评估的效度。还要依法建立起依据视导评估结果进行考核奖惩的机制，上级人民政府应将评估结果作为对被评学校及其主管部门主要负责人政绩考核、责任追究的重要依据和晋级任职、评先奖励的重要条件。这样，对于提高视导工作的有效性和学校工作的紧迫感，都具有重要作用。

6. 重视教学视导的元评价

按照一定的理论框架和价值标准对教学视导活动本身所进行的评价称为元评价。在教学视导的具体实施中，由于各种原因而往往导致存在着这样或那样的不甚得当之处，导致教学视导工作可能不同程度地存有偏差和失误，这就要求对教学视导活动本身进行元评价。元评价可以对评价方案或评价方案实施过程进行评价。如教学视导的目标设置是否合理，评价指标体系是否科学、可操作，视导方法和程序是否科学，视导报告的写作与反馈是否及时有效等。通过元评价对既定的视导活动做必要的鉴定和监控，使它与所设定的视导目的要求更加吻合，进而提高教学视导工作的科学化水平。

四、教学评价

教学评价是指依据教育方针和学校培养目标，在系统、科学和全面地收集、整理、分析教学内容、教学过程和教学成效等方面数据的基础上，通过数量测量和质量描述的方法，判断教学过程是否达到了预定的目标，进而评价学校教学工作的整体质量。教学评价是教学管理的一项重要工作，也是教学视导的基本环节。教学评价是政府视导或督导机构或是学校自我评价教学工作、监控教学过程，保证和提高学校教学工作质量的有效手段。为了避免重复，这里重点介绍教学评价的功能、类型、指标体系、过程和心理调控五个方面。

（一）教学评价的功能

教学评价在评价学校教学质量、考核教师业务工作、提供建议促进教师专业发展等方面都发挥着重要的功能。

1. 教学导向功能

评价是教学的"指挥棒"。教学评价所设定的目标、指标、标准对被评价者来说，起着引导的作用，引导被评价者朝着设定的目标和评价标准而努力。教学评价的结果，实际上是树立了什么样的学生是好学生、什么样的教师是好教师、什么样的学校是好学校的标准，必然对教学及其管理工作产生导向作用。因此，在教学评价中，评价者要科学、严谨地制定评价目标、指标和标准，体现教学评价的科学性、全面性和发展性，引导教学工作确立正确的方向。

2. 教学诊断功能

教学评价通过收集学校教学工作各方面的数据，可以全面地了解教学工作情况，并运用科学的分析方法判断学校教学的质量、成效和不足；教学评价不仅能够评价学校教学目标的达成度，还可以解释未达成教学目标的原因，是对学校教学工作所进行的一次全面的、严谨的诊断。通过评价，判定了学校工作的好坏优劣，更重要的是通过揭示缺点和问题，为今后的改进指明方向。

3. 教学激励功能

教学评价对教师和学生都具有监督和强化作用，科学、公正的教学评价对师生都是一种激励。好的评价结果可以使他们看到付出的努力有回报，激发他们向更高目标努力的斗志，不好的评价结果，如果处理得当，也可以让师生深入反思问题之所在，找出正确的方向和方法，让他们继续努力改进教与学。教学评价既给学校、教师、学生带来了压力，也给他们带来了动力和活力，激励先进，鞭策后进。

4. 教学管理功能

评价是学校教师管理和教务管理的重要环节。教学评价中对教师的表现做出鉴定，可以使学校了解教师的工作情况，作为教师考核、晋升的依据，防止教学中的"大锅饭"。同时，教学评价中对学生学习等各方面进行考查和鉴定，也可以作为学生编班、分组、升学的依据。

5. 教学调节功能

教学评价反馈的信息可以使师生随时了解和知晓自己教和学的情况，教师和学生可以根据评价反馈信息及时修订计划，调整教与学的行为，从而提高教与学的目的性，更为有效地达到目标。

6. 教学促进功能

评价贯穿于教学的全过程。教学评价的主要方法包括测验、征答、观察、提问、作业检查、听课和评课等，而这些方面都与教学密不可分，在一定程度上可以认为，评价本身也是一种教学活动。在这个活动中，学生的知识、技能将获得提升，智力和品德也得以发展。因此，可以认为，评价是促进学生发展的重要手段，发挥着促进教学成效的功能。

（二）教学评价的类型

根据评价目的、内容和标准，可以将教学评价分为不同的类型。在具体的教学评价实践中，应结合评价目的综合运用下述评价方法。

1. 评价基准的角度

按照评价基准的角度，可将教学评价分为：相对评价、绝对评价和个体内差异评价三种类型。

相对评价。相对评价是以样本总体中的平均状况为基准，将对评价对象的测量结果与基准相比较，确定被评价对象在整体中所处的相对位置。在这里，评价对象既包括学生，也包括教师和学校。每一个评价对象都会在总体中处于某个特定的位置。这种评价方式有利于在评价对象之间进行横向比较，能够有效地甄别优劣，可以激发评价对象的竞争意识和成就动机，适用性广，能反映出评价对象之间的差异。但是，由于评价对象所在的样本总体的教学质量水平不一（不等质），所以，不能比较两个不同地域的学校、不同学校的教师以及学生的实际水平；而且，这种评价方式更加注重比较评价对象所处的位置，具有选拔性的特征，不利于考查评价对象是否完成了既定的教学质量目标，难以确定教学质量目标的达成度。另外，竞争性的优选评价，也可能会挫伤一部分评价对象的积极性。

绝对评价。评价主体根据学校教育目标制定教学评价基准，通过评价了解和评判评价对象的教学目标达成度，了解学校教学质量与教学目标的距离、存在的问题及面临的现实困难，帮助提出教学改进的对策。绝对评价的中心目的不是比较评价对象在总体中的相对位置，而是重点考查教学目标标准的达成度。这种评价方法的优点是鼓励评价对象向着所设定的目标前进，可以明确地分析和评价评价对象的发展状况与评价目标之间是否存在差距，以及存在多大的差距，把学校教学的关注点吸引到实现发展性的目标上来。但是，在现实的教学中，评价主体所树立的绝对评价标准与学校现实、教师能力和学生素质之间是存在差距的，这就意味着不是每个评价对象都能够达到评价的基准。同时，绝对评价需要制定一个科学、客观的评价基准，但是在教学评估实践中，制定一个客观的、科学的评价基准又是非常困难的，往往需要投入大量的资源、时间和人力，而且制定出来的评价基准也不一定能被所有的评价对象接受，这就增加了教学评价的不确定性。

个体内差异评价。这种评价方式不注重评价对象之间的对比，甚至也不注重评价对象与评价主体设定的客观基准的对比，而是在尊重个性、发展特长的基础上提出来的一种以评价对象的过去某个时间点（段）的素质特征为基准的评价模式。个体内差异评价更加注重个体自身发展历程的"纵比"。实质上，这是一种发展性评价或增值性评价，可以充分照顾到评价对象之间的个体差异，并反映个体的特征和发展变化成果与趋势。但是，个体内差异评价没有客观的标准，很容易使被评价者坐井观天，自我满足，反而使得其止步不前。要克服这一局限性，通常要将个体内差异评价与相对评价、绝对评价综合起来加以运用。

2. 评价功能的角度

按照评价功能的差异，可以把教学评价分为：诊断性评价、形成性评价和终结性评价。

诊断性评价。诊断性评价又称准备性评价或前置性评价，是在教学活动开始之前对评价对象的学习或教学工作准备情况以及可能遇到的特殊困难进行诊断，以便有针对性地开展教学和指导工作。诊断性评价一般在课程实施、学期、学年的开始阶段或教学过程中需要的时候进行。诊断性评价可以事先了解评价对象的学习、教学和管理工作准备情况，明确教学工作和学生学习的起点，为开展教学活动提供依据，并能了解评价对象的差异性特征以及遇到的特殊困难，以便在教学活动中采取特殊的补救措施。诊断性评价的主要方法包括：查询教学工作记录，分析学生以往成绩，对学生的学习进行摸底测验，进行智力测验和学习态度测验，观察和访谈等。

形成性评价。形成性评价也称发展性评价，它的目的在于了解教师的教学过程，考查教学内容的安排是否合理、教学策略的运用是否得当，随时了解和掌握学生的学习情况，分析教学实践中的长处和短处，以改进教学，促进教师专业发展。形成性评价能够及时了解学校的情况、存在的问题等,以便及时反馈,及时调整和改进学校工作。形成性评价在教学工作中会经常进行。形成性评价既注重判断前期工作达成教学目标的情况,又注重对教学过程的评价。评价结果不是为了实施奖惩,而是为了随时提供教学成效反馈来改进教与学。实践表明,形成性评价对于重视学校教学工作过程、提高教学的过程性质量,进而促进学校教学质量的整体提升,具有重要的价值。

终结性评价。终结性评价是对一个学年、学段的某个学科的教学工作质量的总体评价,如学年的期终考试、结业考试和升学考试等。其目的在于对学生的学习质量做出总结性的评价,同时也对学校和教师的教学工作进行整体评估。终结性评价注重的是教与学的结果,借此对评价对象的绩效进行全面鉴定,区分等级,评价结果通常对实施奖惩或升学至关重要。

3. 评价方式的角度

按评价方式的不同,可以将教学评价分为:定量评价和定性评价。

定量评价。定量评价是指运用数学的方法收集和处理教学评价的数据资料,对教学评价结果进行量化的描述、分析和判断,从而得出量化结论的评价方式。定量评价运用的方法主要包括教育测量与教育统计方法,对被评价者的特性用数值进行描述和判断。定量评价具有客观化、标准化、精确化、简便化的特征,在以甄别、选拔为主要目的的教学评价中是最为主要的评价方式。但是定量评价往往只能测量到评价对象的行为和特性中能够量化测量的部分,而容易忽略那些难以量化的重要品质和行为,如思想态度、非智力因素和内隐的思维过程等,并不能完全反映评价对象的整体素质水平。

定性评价。定性评价侧重于根据评价对象平时的表现、反映教与学的整体状况或状态的文献资料、文字材料进行观察和评析,在此基础上对评价对象做出定性结论的价值判断。通常采用的方法有评语法、评定等级法等。定性评价更加强调评价主体自身所拥有的经验、知识基础和专业判断力,更加关注对教与学的整体过程进行系统的考查和评估,并对个体的独特性做出质性的分析与解释。但是,定性评价的标准有时比较笼统,主观随意性较大,易受评价主体个人好恶倾向的影响,难以做到精确和客观。

应当指出的是,定性评价与定量评价之间并不是截然分开的。事实上,定量分析指标的设立也要建立在定性预测的基础上,而现代定性分析方法同样也可以在对文本资料进行归类、编码的基础上用数学工具计算。因此,定性评价与定量评价是相辅相成的,二者结合起来才能取得最佳的教学评价效果。

4. 评价主体的角度

按照评价主体的不同,教学评价可以分为自我评价和他人评价。自我评价是指评价对象既是评价主体又是评价客体。这个自我可以是个人或集体。学校自我评估的主体就是学校自身及其教职员工。他人评价指由评价对象以外的人或组织进行的评价，可以是政府督导部门，也可以是大学专家团队或研究人员。

（三）教学评价指标体系

评价目标既是教学评价的出发点，也是教学评价的最终归宿。教学评价指标体系是指教学评价各项指标所构成的总体或集合，其主体框架是各级各类教学评价的具体指标和标准。教学评价指标体系既是教学评价工作的基础，又是教学评价工作的核心。设计出一个有效、简明、科学的指标系统，将直接影响教学评价结果的科学性和可信度。教学评价指标体系可分三个层次建立：学校教学评价指标体系、教师教学行为评价指标体系、课堂教学评价指标体系。当然，不同时代、不同地域可以有不同的指标体系和标准，可以有不同的表述方式。但无论哪个层次的教学评价，其指标体系的开发过程都遵循如下步骤和方法。

1. 确定指标体系和标准

学校教学评价指标体系主要包括学校教学管理、教师教学过程、学生学业成就、教学研究工作四个基本方面。教师教学行为评价可从备课、上课、作业、辅导等方面去评价。课堂教学评价可以以教学目标、教学过程、教学效果教学基本功为一级指标。以上所列的各层次的几个方面可构成教学评价的一级指标。一级指标又可以再次细分为二级指标、三级指标……一般来说，一级指标具有较高的抽象程度，指标层级越往下分，指标就越具体，越具有可操作性。从理论上来说，指标等级越多，评价越细致，精确度就会越高，但是如果评价指标超过5个级别，一般人就很难掌握，反而不利于教学评价的有效实施。一般来说，评价指标体系以13级指标为宜。指标确定之后，再确立每个指标的标准，为教学评价决断提供依据。

2. 设置评价指标的权重

指标权重是指某项教育评价指标在其他因素保持不变的情况下，该指标的变化对于教学评价结果的影响程度。权重系统地反映出各个评价指标对于评价结果的影响因子。在实际的学校教学中，教学管理、教师教学、学业成就、教研工作等的变化对于教学评价结果的影响情况是不同的。但是，这个"不同"到底有多大，需要对评价指标体系实施预评价和试测，通过统计分析预评价和试测结果，运用回归分析、专家意见法（德尔菲法）、关键特征调查法、层次分析法等多种方法来计量不同的指标变化对教学评价结果的影响程度。在此基础上，设置教学评价的一级指标、二级指标、三级指标等的具体指标的权重。只有给各个各级指标都设置了具体的权重，各级各类评价指标才形成一个体系，才能保证评价的科学性。

需要指出的是，教学评价指标体系中各指标权重的设置，既是一个客观统计分析的结果，同时还体现了国家和社会对于学校教育的价值追求。在应试教育情况下，分数或升学率被视为唯一的或最为主要的指标，而这明显是偏离教育方针和教育目标的，也不利于促进学生的全面健康发展。而在素质教育和课程改革的背景下，学生的综合素质是教学评价的核心，教学评价目标的设置要体现发展性，因此，在评价指标的权重方面，会更多地赋予那些能够促进学生综合素质全面发展的指标以更大的权重。

3. 教学评价指标的试验与修正

确定各级评价指标，确定各项评价指标的权重，这样就制订出了一个教学评价指标体系的初步方案。这个初步的评价指标体系仅仅是书面的文字，它能否有效地反映学校教学工作的现状、问题和特征，还有待评价实践的检验。只有经过评价实践检验的指标体系才是有效的，才能被接受。因此，需要将所涉及的教学评价指标体系在一定范围的学校教学评价实践中进行检验。检验的主要内容包括评估收集评价资料的可行性、标准的全面性与互斥性、可比较性等方面。根据检验的结果对教学评价指标体系进行修正和完善。在得到验证和修改完善之后，才能够正式投入使用。在以后的使用中，还要不断根据学校教学的实际情况以及教育事业的改革与发展不断修订完善。

（四）教学评价的过程

教学评价是一项技术性很强的系统工作。从过程上来看，教学评价主要包括制订教学评价方案、实施评价方案、撰写教学评价报告、反馈教学评价结论四个基本环节。

1. 制定教学评价方案

制订评价方案是实施教学评价的第一步。教学评价方案的主要内容包括评价目的、评价对象、评价标准、组织实施、评价方法、实施期限、评价报告完成时间、评价报告接受的单位或个人、预算等方面。

判定教学评价方案应明确以下几个问题：第一，明确教学评价的目的依据。中国共产党和国家的教育方针和教育目的、培养人才的规格和要求、课程计划与教学大纲以及学校培养目标是制订评价方案的基本依据。第二，明确教学评价希望考查和评判的主要问题。教学评价可以是对学校教学的整体进行考核评估，也可以针对教学工作的某个具体方面进行评价，如教师备课情况、教师上课情况、学生学业成绩、教学管理工作等方面。第三，在明确目的依据和主要问题的基础上，确定教学评价指标体系。如果已经有了比较成熟的指标体系，可以直接拿来使用；如果指标体系不成熟，还需要经过试测、检验、修改完善后才能使用。第四，确定收集教学工作信息的方法和评价的具体方法。根据评价指标体系确定的项目来确定收集学校教学工作的数据和资料的方法，如观察、测量、访谈等，并制定信息收集流程图的各种表格，保证信息收集的完整性和客观性。根据评价基准、评价方式、评价功能的不同，选择适合的评价方法。

2. 实施评价方案

实施评价方案就是根据教学评价方案具体开展教学评价工作，即收集评价资料和数据，分析和处理评价资料和数据，最终得出教学评价结论。

运用学业成绩测量、作业分析、问卷、听课、访谈、观察、查阅学习档案袋等定量和定性相结合的方法，系统地、全面地收集教学工作相关信息。根据教学评价指标体系对所收集到的学校教学工作资料和数据进行归类、整理。

选择与运用合适的分析方法，对收集到的教学工作数据和资料进行定性和定量分析，在分析的基础上，对学生学习、教师教学、学校教学管理工作进行客观的描述。将教学工作情况与所设定的相对评价、绝对评价和个体内差异评价的各种标准进行比较，分析学校教学目标的达成度和教师、学生发展状况和存在的问题，揭示存在问题的原因。

汇总教学评价的各个子项目和各方面的评价结果，最终形成对学校教学工作的总体评价结论，同时针对存在的问题，提出教学改进建议。

3. 撰写教学评价报告

报告的撰写者是评价主体。无论是自我评价还是他人评价，教学评价报告的写法都没有差别，主要内容包括两大部分：封面和正文。

封面。为了提高评价报告的传递效率，教学评估报告的封面通常包括以下信息：评价报告的名称，评价目的，评价的组织者或评价者单位的姓名或名称，评价报告接受单位、部门或个人的名称或姓名，评价方案实施和完成的时间，呈送评价报告的时间，建议做出决策或指定教学改进工作计划的期限。

正文。正文是教学评价报告的主体部分，主要包括三个方面的内容。

描述教学评价方案的实施过程。具体来说，叙述收集和分析处理教学评价信息的过程；分析在评价实施方案中遇到的问题和处理评价信息遇到的困难；说明评价主体和评价对象有无违反教学视导或评价的工作纪律的情况。

教学评价结果分析。具体来说，叙述教学评价收集和分析资料、数据的方法；分析学校教学工作目标达成度和教师、学生的发展程度；分析学校教学工作的整体情况和存在的问题原因。

结论与建议。在组织评价人员讨论的基础上，将教学评价结果汇总，形成学校教学评价的最终结论，并提出改进的意见或建议。

4. 反馈教学评价结论

评价结束后就要把教学评价报告传递给报告的接受者，促使其采取行动做出改进教学工作的决策并实施具体教学改进。报告反馈一般有三种形式：将教学评价报告反馈给学校或教师，促使其改进教学工作，并听取其对教学评价报告的看法或意见；将教学评估报告反馈给教育行政部门或督导评估部门，为提高和改进教学工作提供支持性的信息基础；通过媒体公布于众。这样，既能够促进教育部门内部和学校之间的相互学习和借鉴，还能够获得公众对于教育工作的理解和支持，形成舆论监督的氛围，督促被评价主体改进工作。

在反馈教学评价报告时，既要保持评价反馈的严肃性，同时还要创设一种平等相待的气氛，当谈到学校工作的问题和不足时要考虑到学校或其他被评价者的心理承受能力，避免给评价对象带来挫折，产生焦虑情绪，甚至引起心理冲突。在平等、轻松的氛围中，通过形式灵活多样的沟通，使被评价者自然、自觉接受评价结果，并对评价结果提出自己的看法或建议，以提高教学评价报告反馈工作的可接受性和有效性。

（五）教学评价心理调控

1. 不良的心理现象

在对学校教学进行评价的过程中，评价者和被评价者的一些不良心理现象可能会影响教学评价的科学性和客观性以及可靠性。这些不良的心理现象主要有以下方面。

首因效应。首因效应也叫"第一印象"效应，是指评价主体第一次接触被评价者的印象会影响到其后对被评价者的总体印象，进而影响到教学评价效果。如果评价主体对于被评价者的第一印象很好，在其心中产生了强烈的印象，则即使其后被评价者表现得不够好，但是评价主体依然会给予高度评价。相反，如果第一印象不好，则后面无论被评价者有何表现，评价主体都不会给予高的评价。

近因效应。与首因效应相反，近因效应是指在教学评价过程中，在多种教学相关信息不断呈现在评价主体面前的时候，评价者印象的形成主要取决于后来出现的信息。即在教学评价过程中，评价主体对学校和教师提供的最近、最新的信息的印象占了主体地位，掩盖了以往形成的对教学的评价，因此也称为新颖效应。

光环效应。该效应是指评价主体从被评者某一突出特点或已有的印象出发而形成一个整体印象，影响到其他具体评估活动。也即是所谓的在教学评价中只看到某一突出的优点或特色而不关注其他，"一美遮百丑"，也被称为"晕轮效应"。

对比效应。该效应是指教学评价主体对不同的评价对象进行评价时，由于对他们之间的对比而影响评价主体评价的客观性的一种心理现象，因在这种心理影响下，主评者评价时已偏离了既定的客观的标准，因为参照的基准改变了，所以教学评价的结果也就不准确了。

先后效应。该效应是指主评者个体在评估过程中由于疲劳以及自身注意、情感、动机等心理变化，评估先后掌握标准不一致或不统一的心理现象。

求全效应。对学校教学工作求全责备，如果某一项或几项工作没有达到上级教育行政部门和学校所设立的评价标准，就认为学校工作一无是处，不能客观地看待学校教学工作所取得的成效。

刻板效应。刻板效应，又称定型效应，是指评价主体用刻印在自己头脑中的关于某类学校、某一类教师的固定印象，以此固定印象作为判断和评价学校和教师教学工作依据的一种心理现象。

趋中效应。趋中效应是指评价主体在教学评价时既不愿意给业绩优良的学校打高分，也不愿意给业绩低劣的学校打低分，导致对学校和教师的评价结果趋于向中间状态集中。评价结果没有区分度，大家一团和气，使得评价失去了应有的激励功能、诊断功能和导向功能。

评价恐惧。评价恐惧是针对学校和教师作为被评价者而出现的不良心理现象。因为知道教学评价结果可能会影响到自己的职位、职称晋升，津贴福利待遇，以及上级行政机关对学校的评价等，学校管理者和教师可能会对评价产生一种畏惧心理，不愿意接受评价，或者一听说评价就感到十分紧张。

2. 克服不良的心理现象

为了保证教学评价的科学性、客观性和可靠性，就必须采取措施克服上述不良的心理现象。从评价主体的角度来说，需要采取的措施有：

通过严格考核的方式选拔评价主体，选择思想觉悟高、经验丰富、能力突出、熟练运用教学评价方法的人担任学校教学的评估主体，同时加强对评价主体的业务能力、思想道德修养的培训和提升，形成一支高素质的教学评价队伍。

通过科学的评价指标体系设立、评价量表编制、建立回避制度、评价主体交换工作、流水作业等方面的制度建设，从管理上避免这些消极的评价心理现象。

交替采用多种评价方式，克服采用单一的评价方式所可能带来的不良心理效应。

对于被评价者的心理调控来说，需要采取的措施主要有：

提高他们对教学评价工作的认识水平，通过会议动员、主题讲解等方式，使他们认识到教学评价的主要功能在于通过评价提高教学质量，而不仅仅是简单地对学校进行奖惩。

在评价指标体系的制定、评价程序方面要听取被评价者的意见和建议，增强评价过程的参与性，打破评价的神秘性。

以通知、讲解的方式使被评价者知晓评价的具体日程安排和各项工作标准，做到心中有数，这样他们才能消除对评价的畏惧心理，积极主动地配合教学评价工作的开展。

第四章 大学生教育管理的创新研究

第一节 大数据与大学生教育管理

随着我国教育事业的不断发展，产生了大量数据信息。通过将大数据与大学生教育管理工作相结合，大力提升了教育管理质量与管理效率。本节将大数据与大学生教育管理创新作为研究对象，希望可以起到抛砖引玉的作用，并给相关工作者带来一定的启示。

依托现代化信息技术，以教育数据为基础，通过不断更新与优化创新型教育管理工作，使大学生教师的整体素养大力提升，并不断丰富大学生教育管理理论研究。然而，在现实中，大学生教育管理工作还在一定程度上延续着过往传统的管理模式。因此，新时期，加大大数据与大学生教育管理创新研究就显得尤为重要。

一、大数据与大学生教育管理概念

（一）大数据概念

早在20世纪80年代，就产生了大数据概念。随着信息技术与互联网技术的快速发展与不断普及，大数据概念才被大众所知晓。所谓的大数据是一种数据集合，它呈现出数量大、数据类型多、更新速度快、准确性高等诸多特征。各行各业的数据分析人员，通过一系列的数据整合与分析工作，可以充分发掘数据潜在价值，进而为社会进步与企业发展提供充足的数据信息支持。

（二）大数据与大学生教育管理的关系

随着我国教育事业不断发展，我国高等教育积累了大量教育管理信息。大数据时代的到来，使大学生教育管理工作者逐步认识到大数据技术的重要性，并将其与大学生教育管理工作紧密结合起来。为了将大数据的信息价值充分激发出来，大学教育管理逐步改变了传统教育管理理念，并通过搭建数据平台，不断创新与优化教育管理方法。通过科学合理地运用大数据，教育管理者可以全面了解学生的学习情况与课外活动情况等。同时，辅导员可以通过学校建设的大数据软件，来全面了解学生的日常动态，并结合学生的实际情况建立相对应的培养方案，进而全面提升学生的综合素养。另外，借助于大数据，可以为奖学金、助学金、优团优干等评选活动的顺利开展提供全面的数据参考，以此提升评选结果的精准性。

二、大数据对大学生教育管理的影响

（一）大数据为教育管理工作创造了良好的条件

首先，大数据时代下，教育管理工作方式逐步得到了更新与优化。借助于大数据，学校可以结合学生的个体性差异，制定出富有针对性的教育方法。通过将大数据技术应用于大学生教育管理工作中，突出了以学生为本的教学理念，并实现了教学形式的多样性，为国家培养出更多高专业素养的人才。

其次，大数据有利于创新大学教育管理方式。随着我国教育事业的不断发展，以往传统的教育管理方式弊端逐步显现。比如，管理效率较低、管理方法过于单一等。在传统的教育管理方式中，数据处理工作多数是依靠人工处理，一旦出现人为失误，将会直接影响数据处理质量。同时，人工处理方式往往采取层层分管任务的方式，这不仅降低了工作效率，也影响了教育工作质量。将大数据运用于大学生教育管理工作中，则有助于管理人员科学合理地调用数据库来高效地完成管理工作。

最后，大数据提升了大学生教育管理的预见性。依托收集的数据信息，学校可以提前预知可能发生的问题，并制定出适宜的解决措施。

（二）大数据给教育管理工作带来了诸多挑战

首先，由于缺乏充足的资金支持，高校教育管理缺乏科学完善的信息化管理平台，无法有效整合教育管理信息，并影响到数据信息的使用价值。其次，大学教育管理人员的专业素养有待进一步提升。管理人员多是依靠以往工作经验与传统的人工操作方式来展开教育管理工作。而大数据时代的到来，使得数据量逐步增加，也加大了教育管理难度，只有不断地更新与优化管理方式，才可以更好地满足现实发展需要。最后，数据安全性有待进一步提升。大学教育管理工作涉及多方面的数据信息，比如，学生的个人信息，一旦学生信息被泄露，就会给学生造成不可预测的侵害。学校在收集信息过程中，难免会涉及学生的个人隐私。为了充分保护学生隐私，学校就需要加大数据监管力度，并制定出健全的数据安全防范措施。

三、大数据时代大学生教育管理创新策略

（一）建立科学规范的大数据教育服务系统

首先，各个高校需要展开深入调查，来全面了解学生与教师的实际需求，并结合现实需求制定出健全的师生服务系统。此系统需要涵盖学生生活与学习各方面的信息，进而帮助学校全面评定学生的综合素养，并帮助学生对自己有一个清晰的认识。

其次，学校需要不断更新与优化服务系统。这不仅可以逐步简化教育管理程序，也可以将学生的个性化特征考虑进去。借助于数据统计软件，学校领导层可以全面分析数据信息，并制定出健全的措施，来进一步优化教学管理。

（二）加大数据安全管理力度

只有确保数据安全，才可以更好地促进学校管理工作的顺利开展。因此，新时期，高校需要逐步加大数据安全管理力度。具体措施：首先，提升基础设施安全等级。要确保数据系统与计算机等软硬件设施的安全性。对于一些关键信息的基础设施，学校需要严格遵守安全防护等级规定，并结合相应评估，来加强分层管理。其次，建立健全的信息安全预警系统。当信息面临被篡改、窃取等安全风险时，要及时启动预警系统，将风险扼杀在摇篮里。学校可以建立源头、环节与系统三个管理体系加密机制，大力提升信息的安全性。再次，要提升大学生与教育管理人员的安全防范意识。学生通过提高自身的大数据态势感知能力、事件识别能力、应急处理能力，来确保自身信息的安全性。最后，建立健全信息保护机制。当数据信息被滥用或者个人隐私被侵犯时，学校要给予责任人与侵权者严厉的惩罚。

（三）依托数据库，建立信息化校园

大数据时代下，各个高校都在积极进行探索，通过科学合理地利用大数据技术，形成了符合学校发展需求的教育模式，以此来促进学校与学生的共同发展。为了更好地促进学校教育管理工作的顺利开展，学校需要依托数据库，建立信息化校园。从学校层面来讲，学校需要不断地更新与优化教育数据库，进而为学生提供全面丰富的数据支持。借助于数据信息，学生可以更为精准地评定自身发展情况，学校则可以全面分析学生的学习情况，并结合学生个体性差异，制定健全的培养策略。

（四）加大新媒体应用力度

随着信息技术的快速发展，新媒体在人们的工作与生活中得到了广泛应用。比如，微博、微信等逐步成为大学生常用的社交平台。因此，学校需要加大新媒体在学校教育管理工作中的应用力度。通过建立学校官方微博，可以帮助新生更好地了解学校情

况。同时，借助于学校官方微博，便于学生了解一些时政新闻，并吸引更多的学生加入微博宣传活动中，进而提升学校微博的影响力与使用率。在官方微博运行期间，学生可以与校领导进行积极互动，并提出具有建设性的意见与建议，帮助大学生教育管理者不断完善管理工作，进而提升管理质量和管理效率。

（五）建立健全大学生教育管理大数据制度规范

首先，建立完善的大数据采集制度规范。各高校需要加大内部管理力度，确保收集到的基础数据的真实性与全面性，为大学生教育管理工作中大数据技术的应用提供强有力的数据支持。其次，学校需要结合信息存储情况，建立信息存储规范与使用标准。这样不仅可以为学校各个部门的学习信息采集工作提供强有力的工作标准，也可以提升信息共享质量，确保学生个人信息的安全性。

（六）加大管理人员大数据技术培训力度

大数据技术在大学教育管理中的应用是我国教育事业顺应时代发展趋势的重要体现。大数据技术在大学教育管理工作中的应用，逐步提升了教育管理体系的科学合理性，同时也简便了管理程序。然而，管理人员的专业素养将直接影响到管理质量。因此，学校需要结合现实需要，制定健全的培养策略，加大管理人员大数据技术培训力度，以全面提升管理人员的大数据运用技能。

大数据时代背景下，如何将大数据技术科学合理地运用到大学生教育管理工作中，就成了新时期高校教育管理工作亟待解决的事情。以上内容阐述了大数据与大学生教育管理的概念，以及二者之间的关系，并在此基础上阐述了大数据对大学生教育管理的影响与大数据时代大学生教育管理创新策略。希望可以给相关工作者带来借鉴参考。

第二节 微时代下大学生教育管理

以微博、微信为代表的微时代，具有微规模性、创新驱动性、开放生态性和交互民主性的特征，其改变了社会的生存状态、高校学生的思维认知和行为方式，冲击着传统高校教育管理模式。围绕微时代的"小""微"思维，从大学生的学习生活、制度设计、学术发展、专业技能、社会实践、互动平台等环境要素出发，探讨大学生教育管理生态系统的运行逻辑和组织功能，以构建和谐、多元的教育管理生态系统，强化服务育人功能。

随着信息社会的不断发展，社会生活进入微时代。微时代是以移动互联网技术为基础，以智能手机、平板电脑等便携式移动终端为核心媒介，以微博、微信等应用软件为基本载体,以微内容、微传播、微公益为表现形式,以短小精悍为文化传播特征,充分体现了移动互联网技术和文化的高度融合。在互联网推动的微时代,人们的思维方式、行为方式在跳跃,周边的各种事物和社会管理方式亦在被"微化"。知识青年的认知和行为因此更加多元化,为大学生教育管理工作带来机遇与挑战。

一、微时代的特点

微规模。微时代以"微"见长,微言大义。伴随着社会节奏不断加快,交往频率不断加大,话语长度却越来越短,于是微缩化的传播方式和网络语言流行起来。以微博、微信为例,"快速传播"表现在以下三方面:一是篇幅短小、字字珍贵。二是快速刷屏、吸引阅读。三是微中致广、有价值内涵。微规模的信息和内容方便获取、传播简易,这种微信息以小见大,汇聚一个个细微的思想、一条条短小精悍的消息,最终结合在一起形成强大的社会力量,进而影响大学生的思维方式和行为表现。

创新驱动。微时代促使信息技术和社会文化高度融合,创造新的发展生态,在上述过程中创新精神得以充分体现。微时代的创新体现在以下几方面:一是理念创新,微时代秉承开放、共享的理念,以"用户至上"为中心,强调"服务用户"而非"管理用户"。二是技术创新,宏观上,由于大数据、云计算、互联网的发展,海量信息通过各种技术手段及时传播,打破物理空间的障碍;微观上,手机、掌上通信、无线网络的技术发展,使不同背景、不同思想的个体可以随时随地接收信息、参与互动,用户思维更加活跃。三是内容创新,微时代的信息内容紧扣社会生活实际,增强用户体验感,将复杂内容转化成碎片化、扁平化的信息以吸引用户,用互动交流的方式推动传播。

开放生态。生态是微时代重要特征之一,而生态本身就具有开放性。以微博、微信为代表的微媒体具备产生信息生态圈的条件,其生活性、即时性、便利性大大降低了信息发布和传播的门槛,每个人都可以成为自媒体,参与社会热点事件、公共事务、相关政策的探讨,发表并传播自己的观点。在微媒体中,微博和微信的生态圈特征又是有所区别的:微博可以在信息加工的基础上进行主动传播,不受关系亲疏影响,在传播中有可能形成互粉、互顶的新关系;微信的信息通常发布在朋友圈,首先传播给强关系人群,再以"滚雪球"形式由强关系人群进一步传播。由此可见,微博的生态系统是放射树枝状,而微信的生态系统则是圆圈加点线状。无论哪种生态系统结构,微媒体都具有生态开放特征,有助于打破传统封闭格局,将孤岛式结构连接起来。

交互民主。微时代的充分交互性,推动了民主文化的发展。一方面,利用微媒体、微平台,学生通过私人化、个性化的语言诉说个体的情感和经历,真实表达自己对社会生活的观察理解，呈现"去中心化""消解大叙事"的后现代特质；另一方面，在网络公共空间，大学生也积极关注社会热点、国家大事，微媒体、微平台为大学生提供了参与社会事务、发表观点、表达诉求的途径和渠道，激发学生参与民主活动并表达民主意愿的动机和需要，为民主文化提供良好的土壤。在交互性充分发展的微时代，学生的公民素养得到提升，他们开始接触民主、践行民主，沟通机制的畅通便于消除误解偏见、增进理解和信任、化解危机困境，使社会关系更加融洽、人文关怀更加浓厚、民主意识更加凸显。在微时代之前，传统的高校教育管理过程是在良好的课堂、办公室环境中，通过教师讲授、学生静听这种自上而下的方式开展，具有指导性和管理性的特点，但师生互动较少。随着大数据、互联网技术的发展，微时代迅速到来。在整个教育系统中，高校作为思想活跃、知识密集、信息技术应用充分的前沿阵地，其受到大数据的影响更为深刻和全面，大数据甚至已经成为推动高等教育创新发展的重要战略引擎。微时代的微规模性、创新驱动性、开放生态性和交互民主性冲击着传统大学生教育管理模式：青年学生积极参与并推动微时代的发展，网络化生活已成为当代大学生的常态，给大学生思想和行为也带来了全方位、深层次的影响。因此，本节倡导立足于微时代的特征，构建大学生教育管理生态系统，以期对大学生教育管理的各方面起到积极启示作用。

二、微时代大学生教育管理生态系统的环境要素

生态系统论是由布朗芬布伦纳（Bronfenbrenner）提出的个体发展模型，该模型强调发展个体嵌套于相互影响的一系列环境系统之中，在这些系统中，系统与个体相互作用并影响着个体发展。由于生态系统的构成要素主要包含生物要素（学生）和环境要素（制度规则、资源环境），本节将以南京J学院为例，结合教育类专业，重点探讨教育管理生态系统中环境要素的构成，分析大学生教育管理工作如何依托"小""微"形式，以小见大、以点带面，实现全员、全过程、全方位育人。

（一）学习生活微格化

"微格化"组织管理模式是一种以小组为单位、组内成员协作学习的学习形式和管理模式，它突出地体现了学生组织的主体性、合作性和活动性。J学院包含教师教育、课程与教学论、学科教学等11个教育类专业。为加强组织凝聚力，各专业化整为零，从"小"处着手，根据学科方向成立小组，每组成员8人左右（一般为相邻宿舍），建立QQ群、微信好友群，提倡"微格化"的学习生活。每个小组由党员学生或学生干部担任组长和副组长，开展专业学习帮扶活动、思想教育引领工作，关心困难同学生活，了解小组成员精神状态和心理健康状况，对于特殊问题或紧急事件，及时上报

学院介入处理。学习生活的微格化管理。一方面可以增加学生的情感交流，提高内部凝聚力。另一方面也起到了学院"安全阀"的作用，化解矛盾、疏解冲突。

（二）制度设计精细化

1. 红色导师机制引领思想

建立红色导师机制，推动红色理论学习与专业科学研究，创新导师全程育人、全方位育人途径。成立红色导师团队，学生自由选择红色导师形成团队小组，以《红色导师"三育师心"学习记录手册》为抓手，一育党性：在导师带领下，开展红色书籍阅读、线上线下摘录全句、撰写思想感悟，开拓学生的红色理论库建设。二育德行：通过人物访谈、红色导师播报教育等活动，了解红色导师的师道精神、教育理念，共享导师的人生经验，弘扬师道的力量。三育创新：在导师引领下，开展红色沙龙、手绘党章、撰写微语录等活动，在经典中创新形式、启迪思维，加深学生对于科学思想的理解，认真踏实并具有创新性地坚持教育事业。最终从党性、德行、创新三方面达到教学相长、师生共进的目标。

2. 综合测评体系考核细化

构建和完善学生的综合测评系统，发挥综合测评系统的导向功能。根据目标管理理论，管理效能＝方向目标×工作效率，如果目标方向错误，效率越高，管理效能反而越差。因此，有必要建立起学生综合测评的总体管理目标及其之下的各子目标，从整体上把握目标管理的正确方向。正确发挥系统导向功能，在新生入学时就提出综合测评的考评指标和测评方法，制定具体可行的目标，激励学生采用自我指挥和承担责任的形式，引导其自身综合素质的提高。J学院学生综合测评分三级指标体系，包含宏观、中观、微观三个层次，运用定性和定量相结合的方法开展科学测评，评估过程录入网上综合测评系统，并进行动态监测。

（三）线上线下微学术

与传统学术讲座不同，在微学术"小而精"的形式下，学生成为学术主体。微学术从"朋辈交流""文理互融""名师对话"三个维度展开。第一，"朋辈交流"维度。各专业学生围绕教育内容，讨论与本学科紧密相关的沙龙话题；第二，"文理互融"维度。采取文理互融方式，文理科生互相交流，培养文科生逻辑思维、理科生人文思维，以文理联通的方式，使学生在学习方法、个人志向、职业规划等方面得到启发；第三，"名师对话"维度。邀请国内外教授、一线教学名师分享学术思想，让学生与大师交流对话，切身感受师风师德的力量。在沙龙过程中亦可利用微信上墙等网络形式开展师生实时互动，沙龙结束后将学术资源进行网络共享，最终通过微学术活动，促进学生发现问题、研究问题、解决问题等学术能力的提升。

（四）微课竞赛练技能

以训练和提高教育类学生的教学设计和授课能力为目标，开展微课竞赛。微课包含正常课堂教学的全过程，涉及情境导入、概念阐释、理论迁移与应用、课堂反馈、小结与反思等环节，授课内容往往只有一个知识点，"小而全"是其主要特征。10分钟左右的微课不仅需要将一个知识点讲透，使学生对授课内容有深刻的把握，而且对所截取的片段也要有所要求，应当能体现出重点、难点，同时具有亮点。对于比较优秀的微课讲解，录成视频后共享网络平台，推动普通学生利用网络资源开展学习，提高自身素质和技能。通过"小""微"形式，让学生在短时间内展现精华授课，提高教育类学生的教师技能，为学生的职业生涯打下扎实基础，同时利用微媒体的传播功能，推动学生整体共同进步。

（五）星火行动微实践

结合所学专业，学生于社区和学校两个实践主阵地展开教育实践和服务，主要包括四点钟课堂实践、小学科学社团培育和传统节日文化活动。第一，开展四点钟课堂实践，为社区留守儿童提供基础教育服务，推动素质教育和爱国主义教育有机结合。第二，培育小学科学社团，在学校社团课上开设以科学引领发展的一系列科学课程，在寓教于乐中提高儿童的科学意识、培养儿童的科学热情和兴趣，同时也培养高校学生的服务奉献意识。第三，举办传统节日文化活动，在清明节、端午节、中秋节等传统节日开展文化活动，让学生对优秀传统文化有更深层次的了解和学习，培养人文精神，坚定文化自信。通过丰富实践活动体系、创新"小""微"实践活动等形式，运用微媒体开展宣传和互动，辐射更多学生积极参与。

（六）小微平台资源共享

积极打造学院微信公众号、微博公众号、QQ群和学生教育管理的易班APP、一站式事务中心等。通过"小微媒体"，加大新闻和活动通知的覆盖面。第一，微媒体推广可以让各类新闻报道以及通知的形式更加生动，贴近学生生活，拉近与学生的距离，增加学生的关注度。第二，借助微媒体平台的强大聚合作用，吸引不同资源形成育人合力，将政策文件、授课内容、活动程序、测评反馈等教育因素融合到"小微平台"中，充分发挥网络媒体的吸引力和渗透力，实现多元化资源共享。第三，利用教育管理的"易班"APP和一站式事务中心让学生参与自我管理、自我服务，提高服务效率；利用微博、微信、QQ完成线上互动和答疑解惑，提高学生的民主意识，促进和谐校园文化的形成。

综上所述，微时代下以微博、微信等为主要传播媒介的微媒体、微平台正迅速占领学生群体，对高校学生教育管理工作的方方面面产生影响。高校需要结合学生实际情况，紧跟时代发展、主动创新，积极构建大学生教育管理生态系统。系统的构成要素主要包含生物要素（学生个体）和环境要素（制度规则、资源环境），结合微时代特征和专业特色，高校可以从学生个体维度（德智体美劳全面发展）、制度规则维度（学习生活微格化、制度设计精细化）和资源环境维度（学术发展、专业技能、社会实践、互动平台等）率先更新观念和载体，丰富内容和方法，从而构建大学生教育管理生态系统，创新"微时代"下大学生教育管理新思路、新局面。

三、大学生教育管理生态系统的运行逻辑

生态系统理论的核心要素包括个体和环境。该理论认为，环境是"一组嵌套结构，一个嵌套在下一个中，就像俄罗斯套娃一样"。换言之，就发展的个体而言，从直接环境（如同伴、家庭、学校）到间接环境（如社会文化），各环境系统彼此嵌套，每一系统都与其他系统以及个体交互作用，最终从不同方面影响着个体发展。该理论亦聚焦个体对环境的"适应性"，以及个体在适应环境过程中所运用的、与环境匹配的"动态均衡"及"互惠"的手段和方法。目前，国内关于生态系统论的研究大致集中于两类：一是从生态系统论的视角研究特殊群体，如针对自闭症儿童教育、老年人口照顾制度、反抗性儿童产生机制的研究。二是结合创新创业，探讨政府、高校和企业的"双创"系统构建。相比之下，对大学生教育管理生态系统的学术关注较少。

（一）大学生教育管理生态系统的三层维度

根据生态系统论的观点，把学生作为主体，置于一个多层次、立体化的教育管理环境系统中，学生与系统中的各要素在交叉互动中发展。J学院教育管理生态系统有三个维度和七个要素。首先是学生个体维度，关注学生成长需求，以培养德智体美劳全面发展的社会人才为目标，关注学生核心素养，关心学生身体和心理健康；根据学生的需求导向，有针对性地为他们成长成才创造条件、优化环境、配置资源、搭建平台。其次是制度规则维度，包含学习生活（微格化）、制度设计（精细化）两大要素，微格化管理对学校教育管理部门提供友好透明渠道，通过多层渠道体系实现信息有效利用和资源优化配置；而合理的制度设计在微时代动态复杂背景下，有助于实现多组织目标协同和导向驱动，降低学生管理和服务的复杂性，提高教育的有效性。最后是环境资源维度，既包含第一课堂的内容，如学术发展（微学术）、专业技能（微课），也包含第二课堂内容，即社会实践、互动平台；第一课堂是教育主阵地，体现专业性、学术性，第二课堂是第一课堂的延伸，体现实践性、开放性，两者围绕人才培养目标，有效对接、双向互动；第一、第二课堂的系统结合，能够有效增强学生自主学习能力，引导树立科学的人生价值观，培养创新创造精神，提升综合素质，发挥两种课堂协同

育人功能。系统中的学生个体、制度规则和环境资源三层维度由于组成上的差异，使不同维度的要素在系统中的地位、作用、结构和功能呈现等级秩序，形成不同质性的系统等级，对应体现了生态系统论中的微观系统、中观系统和宏观系统，而不同维度的子系统又有不同的功能。合理有效的制度规则要素同涵盖第一、第二课堂的环境资源要素围绕学生主体地位，以三维度立体化结构形成有机整体，共同构成教育管理生态系统。教育管理生态系统还呈现出学生和环境要素（制度规则、环境资源）之间的相互作用和影响，有效地将学生主体与外在环境要素的关系通过图示呈现出来，厘清了资源要素之间能量的流动和各要素的关系本质。七大要素相互联结、相互依赖，每一要素以弱关系的方式影响着其他要素的同时，又以强关系的方式影响着学生个体。

（二）大学生教育管理生态系统的自组织功能和服务功能

在学生与环境互动这个前提下，要满足学生德智体美劳全面发展的需要，以立德树人为根本任务，环境必须提供足够资源，并鼓励人与环境做"正面积极的互动"。因此，提升学生综合素质时，学生与教育管理生态系统环境要素的互动状态是我们关注的焦点之一，也就是说，学生的需要是否能有效地满足取决于学生与这些环境要素之间能否有效地协调互动。在现实运用中，我们发现学生的需求未能满足，或学习生活产生障碍主要出于以下几点可能的原因：环境中的资源不足；资源要素未能有效协调；因缺乏有关的知识和技巧使学生未能获得所需的资源；学生与环境之间未能成功进行"互动"。因此，我们要利用微时代的开放生态和交互民主的特征，着重整合互动平台（小微媒体），发挥系统的自组织功能和服务功能。

系统的自组织功能是指开放系统在内外因素的作用下自发组织起来，使系统从无序到有序，从低级有序到高级有序；生态系统各要素相异性的存在，导致非平衡态出现，并通过使系统与外界环境不断进行能量、信息交换，创新系统的自组织功能。大学生教育生态系统是一个动态结构模型，包含四个组成部分，即服务对象（学生）、教育管理部门、互动平台、线下资源；形成了七个渠道：一是信息发布渠道，二是信息反馈渠道，三是信息上报渠道，四是信息更新渠道，五是资源配置更新渠道，六是服务渠道，七是双向互动渠道。由此可见，教育管理部门与服务对象（学生）之间形成多层互动，包含直接互动和间接互动，其中起核心作用的是互动平台（小微媒体）。互动平台一方面为学生提供大量信息和资源，利用新媒体推动资源整合和信息矩阵传播，利用"易班"APP和一站式服务中心，简化学生办事流程，提高运行效率，发挥信息化优势；另一方面将学生的问题和需求及时反馈，上报教育管理部门，促进线上资源整合、优化配置，线下项目延伸、服务拓展，提高教育管理的质量，保障服务的可持续性，实现大学生教育管理生态系统的自组织功能。

大学生教育管理生态系统的构建是一种需求导向的"服务、效率与资源共享"，这与微时代的特征有高度一致性。大学生教育管理生态系统的自组织功能可以有效协调资源不足、资源配置不合理等问题，另外，通过互动平台和线下资源开展相关知识和技能的有效传播，为学生个体和环境进行"正面积极的互动"提供可能。基于学生的需求导向，除了常规的环境要素（制度规则维度、环境资源维度）可以开放共享以外，资源配置更新后的环境要素不仅能够为学生提供更多专业化服务、满足个性化需求，还能借助互动平台建立学生的利益表达机制和协调机制，自下而上地理顺教育管理中的师生纽带关系，方便教育管理部门及时掌握学生动向，有效解决管理难题。借助大学生教育管理生态系统，通过资源共享、快捷反馈和高效服务应对传统教育管理僵化和低效的问题，推动教育管理由机械的管控功能向积极的教育服务功能转变。

四、大学生教育管理生态系统的启示与建议

（一）倡导开放平等的教育理念，构建和谐教育管理生态系统

在微时代背景下，高校党政干部、专职教师、辅导员和班主任等大学生教育管理工作核心队伍要加强理论学习和技能拓展，不断促进自我思想认识转变和知识结构更新，同时加强小微媒体等互动平台的操作技能，倡导开放包容的教育理念，推动师生共同进步。在传统教育管理模式下，教师在教育过程中处于权威主导地位，是知识和权力的主要掌控者，而学生则处于被接受、被管理的地位，缺乏与教育管理者平等交流的机会。大学生教育管理生态系统创设了虚拟与现实共存的环境，其创新驱动和开放生态性的特征为发挥教育合力创造了条件。教育管理者由传统主导地位转型为引导服务者，发挥着积极性、主动性和创造性，教育者与学生地位平等，把数字化网络教育和传统课堂教育相结合，走入大学生群体内心，融入其生活，从他们的实际需要出发，提供引导和支持，增强教育管理的丰富性。小微媒体的互动平台一方面为教育管理者提供课堂之外融入大学生生活和真实内心世界的沟通交流平台，及时了解学生的思想动态、心理健康、学习状态、热点关注、需求评估等各方面综合情况。另一方面建立了全员育人的平台，所有教育管理人员都可以在互动平台上与学生互动交流，及时掌握网络舆情、化解矛盾，对大学生进行正面引导和教育，实现全员全程全方位育人，构建和谐的教育管理生态系统。

（二）引入微时代网络思维，构建多元教育管理生态系统

网络思维强调"用户至上"，将微时代网络思维运用到大学生教育管理中，就是要树立"以生为本，重视个体"的人本主义思想。个体的尊重需要位于马斯洛需要层次理论中的较高层次，能否满足学生需求是教育管理工作能否取得实效的关键。通过

互动平台的数据反馈和分析，综合了解学生思想状态和实际需求，为学生"用户"提供更加优质的教育管理"服务"和"产品"，具体有以下三方面要求：第一，遵循大学生成长规律和高校育人规律，利用小微媒体，把握教育管理的发展方向，在教育管理生态系统的教育内容、方法、制度规划、学术发展、实践环节、活动载体、互动平台、评价标准等项目的设计和实施方面，都要立足于解决大学生的思想和实际问题。第二，在构建多元教育生态系统的过程中要尊重学生在教育管理过程中的主体地位，在为学生提供系统的信息和教育资源基础上，要强调学生具有自身的特点和需求，重视情感因素、校园文化育人作用，不断充实和完善教育管理生态系统的层次和内容，与时俱进。第三，引导学生通过教育管理生态系统，开展自我教育、自我成长，最大限度发掘学生的主动性，积极参与教育管理过程，引导学生对网络信息自主收集查找、过滤筛选和实践应用，引导其做出正确的价值判断，推动民主文化发展，构建多元教育管理生态系统。

（三）整合资源开启"智慧微生活"，强化教育管理生态系统服务育人功能

大学生教育管理生态系统以信息化、制度化、层次化为手段，在关注广大学生的普遍需求基础上，借鉴"小""微"形式，把教育管理的焦点聚集到满足学生的差异化需求上，强化教育管理的育人服务功能。大学生针对大学生日常生活中大量"碎片化"时间和小微媒体实时传播、无缝衔接的特点，大力整合资源，推进教育管理生态系统建设和完善。合理开发教育生态系统的多层次内容，利用小微媒体整合学习生活、制度建设、学术素养、专业技能、社会实践等线上线下、校内校外资源，引入时效性强、具有指导性的教育内容，传递青春正能量。在微时代背景下，教育管理要将思想教育的引导性和微媒体传播的规律性有机结合，把"大知识"转化成通俗易懂、贴近学生实际的"小道理"，增加亲和力、针对性，嵌入学生"智慧微生活"，将传统教育管理的理论化知识以鲜活化、碎片化的信息形式吸引学生，用互动化、社区化的方式提高传播和学习效率；打造鲜活生动的小微媒体互动平台，搭建教育管理者和学生交流学习的互动空间，邀请高校领导、学术权威、教育专家、网络大V加入互动平台，营造积极向上的网络文化氛围；充分拓展网络平台，利用微博、微信、易班APP、一站式服务中心、QQ群等"微平台"，开展有针对性的舆论引导，积极回应学生呼声、答疑解惑，关注学生动态，循序渐进、螺旋上升式开启学生"智慧微生活"，加强服务育人功能。

第三节 "三位一体"大学生教育管理

辅导员负责学生的思想政治教育和日常管理事务性工作，班主任负责指导班风和学风建设及学生的个人发展和人生规划等，导师则主要负责所在课题组的学生的思想动态及学习状态，负责对自己团队内学生的学业知识和科研活动进行专业性的辅导。充分调动辅导员、班主任和导师的积极性，形成三位一体的大学生教育管理新机制，有利于提高教育管理水平。

辅导员队伍是目前高校本科生思想政治教育和管理工作的骨干力量，传统的单一由辅导员从事学生教育和管理的工作方式在目前的高校本科生管理中的不足和短板已经凸显。近年来，许多高校在学生教育和管理工作中提出了新的思路，充分发挥资源优势，先后引入了班主任制和导师制，从而形成了"辅导员—班主任—导师"三位一体的学生教育与管理的新模式，该工作机制能够有效弥补传统单一辅导员工作体制的不足，提高学生教育和管理的效率。建设以辅导员为骨干、班主任和导师为补充的三位一体的学生教育和管理队伍，实现"1+1+1>3"的教育和管理效果，仍然有很多工作需要探索。在新的形势下，需要分析辅导员、班主任和导师制工作机制面临的新机遇与新挑战，在此基础上，探讨三者合力协作的教育管理新模式，以提高学生教育管理工作的效率。

一、单一的辅导员工作制度的不足

目前，高校辅导员队伍大都比较年轻、有热情，方便与学生沟通，能够及时了解学生的所想所需。但是，现行的单一辅导员工作体制也存在着明显的不足，主要表现在以下几个方面：首先，辅导员受学校、学院、学工系统及团委等多部门领导，工作范围广、涵盖面大、任务重，大部分时间都在处理日常琐事，很难有精力和时间专门处理学生思想政治教育方面的问题和工作。其次，辅导员队伍不稳定，流动性大，而且由于工作量比较大，导致很多工作难以有效开展或深入实施，因此，导致辅导员难以专心地做好学生的思想政治教育和管理工作。再次，目前很多高校一般都是一名辅导员带一个年级中多个不同专业班级学生，辅导员自身专业很难和学生专业相同，因此，对于专业方面的问题，如学业指导、未来发展和职业生涯规划等，辅导员很难给学生提供合理的意见和建议。最后，现在大学生群体状况也逐渐出现了新的变化，由于高校相关制度和工作体制的改变及人才市场需求的变化，大学生比以前面临更大的经济、就业和学习等多重压力。

因此，如何解决高校规模不断扩大、学生问题不断增多与辅导员队伍力量相对薄弱的矛盾，是摆在很多高校面前亟待解决的现实问题。

二、三位一体的学生教育管理工作实践

（一）三者的职责及分工

在以辅导员为学生教育管理骨干的基础上，再为不同专业班级的学生配备一名班主任，为每一个科研小团队配备一名专业导师。其中各专业班级的班主任和科研小团队的导师均是从学生所在专业的教师中择优选拔。为了更好地完成本科生的有效教育和管理，以辅导员为骨干、班主任和导师为补充三位一体的工作模式，三者既分工明确，又相互协作。

辅导员是大学生日常思想政治教育与管理工作的实施者、组织者和指导者，发挥着"辅"与"导"的作用，是高校专职从事思想政治教育工作的教师，主要负责大学生的思想政治教育、日常教育管理，培养和促进学生全面发展，并完成学校所规定的各项管理工作任务。其工作职责主要包括：思想政治教育、心理健康教育、团学活动与组织建设以及学生就业管理等。但是，总体来说，高校辅导员工作日益繁杂，不仅包括大学生思想政治和理想目标等的指导教育，同时还包括人格品质的教育和帮助。因此，辅导员既要对学生内在心理健康进行清楚的把握，又要对学生所处的学习环境和条件给出正确的评估，同时还要处理好学生的日常事务和管理服务等多方面工作。

一方面，班主任在课堂上是教学工作的实施者。另一方面，班主任在学生教育管理上又是班集体的组织和引领者。在班级管理工作中，班主任工作重点：班风建设。班风是一个班级的风气、班级学生的思想和人际关系等多方面综合的反映，班主任要使班集体形成一种良好的学习风气和氛围，发挥好带头和指导作用。班级管理工作，班主任要树立"学生为本"的管理思想，营造民主的氛围，引入竞争合作机制，创建民主、和谐积极的班集体。学生成长成才职业生涯规划。班主任应当引导学生对大学期间的学习、生活进行总体的规划和设计。与以思想政治教育工作为核心和以情感为主的辅导员工作不同，班主任主要是以学生的学业发展指导为主。因此，如果说辅导员工作的重心是以情感教育为主的德育与美育，班主任工作则是以引导教育为主，更侧重德育与智育。

本科生导师制是高校借鉴研究生管理方式而引入的一种本科生教育管理新模式，在很大程度上弥补了辅导员在学生个人专业技能培养方面的不足和学生教育与管理中所缺少的个性化的东西，为培养创新创业型人才打下坚实的专业基础和提供可靠有力

的保障。与班主任制度相比，导师制的工作重点是解决学生的专业化和个性化发展问题，其任务是着重解决学生在个性化和专业化发展的过程中所遇到的方向性及学以致用和传承创新等更深层次问题。导师利用自身的专业优势，启发和引导学生去主动学习和获取与自身发展密切相关的专业性知识，导师的主要工作职责决定了导师不再局限于课堂上传授专业性知识，同时在学生管理中，也组织启发、引领学生自主发展。因此，如果说辅导员工作是以情感教育为主、班主任工作侧重以引导教育为主，那么导师制则体现的是以专业化教育为背景的因材施教。

（二）三位一体的协作模式

打造一支以辅导员为骨干，班主任和导师为补充，三者有机结合的强有力的学生教育和管理工作队伍，为提升大学生的综合素质而共同出力尽责，这一管理模式越来越受到各大高校的重视。这种模式的具体分工：辅导员主要负责学生的思想政治教育、心理健康教育和日常管理事务性工作，组织学生参与团学活动与建设等；班主任只管理一个行政班级的班风和学风建设、专业知识、学生的个性化发展、长远目标和人生规划等方面；导师则主要负责其课题组几名学生的思想动态及学习，负责对自己团队内学生的学业知识和科研活动进行专业性的辅导。辅导员与班主任、导师三者的工作重心不同，三者在工作上既有交叉，又互相补充。

首先，要建立完善相关选拔及考核制度。班主任应选拔工作积极性高和责任心强的专业教师担任；本科生导师应挑选科研能力突出的讲师职称以上的教师担任。同时在建立相应的考核制度时，应当注重工作的成效和学生的反响，要对辅导员、班主任和导师的工作给予公正和客观的评价，制定相应的激励和奖励措施，以提高他们在学生教育管理工作中的主动性和积极性。其次，明确各自的岗位职责。三位一体的学生管理模式要以辅导员为纽带，串联班主任和导师工作。在工作过程中，班主任和导师工作应以围绕与学生专业相关的问题为主。最后，建立三向沟通机制。良好的沟通是开展协作的基础。作为学生工作的主要管理者，辅导员掌握着最为全面的学生信息，这些信息不仅要传达给学校学生工作部和学院等上级管理部门，同时也应该及时地传达给相应学生的班主任和导师，方便他们有针对性地给予学生及时的辅导和帮扶。班主任和导师同样也应将掌握的信息和发现的问题及时传达和反馈给辅导员，有助于辅导员清楚地了解班级或学生的情况，方便他们能够更加有针对性和有目标地开展指导和管理工作。班主任和导师应定期召开班级和科研团队的会议，必要时邀请辅导员参加。辅导员与班主任、导师应定期进行工作交流和沟通。

大学生的教育和管理是一项重要、复杂而又精细的工作，在具体的工作过程中，应建立有效的工作机制，不断创新工作方法，切实解决与学生密切相关的实际问题；应充分调动辅导员、班主任和导师三者工作的积极性，只有三者各司其职、各尽其责、协同合作，才能更好地做好大学生的思想政治教育和管理工作。

当然，在具体的学生工作中，辅导员、班主任和导师不能分工过于细化，而应本着以学生为本的思想，尽力帮助学生解决问题。在实际工作过程中，辅导员、班主任和导师三者做好沟通和协调工作，发挥各自的优势，共同为学生思想政治教育和管理工作及高校的人才培养创造有利的条件和营造良好的氛围。

第四节　新媒体背景下大学生教育管理

信息时代，网络媒体已经普遍受到热捧，大学生已是"低头族"中的重要组成部分，无论是在校内还是校外都能看见大学生玩手机的身影。因此，高校工作者要加强在此方面的管理，结合大学生的爱好特点将新媒体的优势发挥出来，借助新媒体通道对大学生开展教育和管理，提高他们在新媒体氛围中的综合素养。

近年来，互联网覆盖范围越来越广，再加上智能手机的普及，为新媒体盛行提供了外在和内在条件，使它成为这个时代的新宠。大学生是社会中最特殊的群体，大学校园又相当于一个微型社会，很容易受到外界信息的影响。在当下大学生的生活中，新媒体已然成为大学生生活的主阵地，成为大学生接收信息的主要来源，在一定程度上实现了"足不出户，尽知天下事"，但也占据了大学生大部分时间和精力。他们越来越依赖各种媒介，并通过各个新媒体获取信息来丰富自己的生活。作为高校教育者，需要紧跟时代潮流，结合新媒体的特点，对大学生进行个性化教育。

一、新媒体在大学生生活中的应用现状分析

（一）新媒体的应用现状

新媒体充斥着大学生的生活，虽在一定程度上丰富了他们的生活内容，但是也造成了许多不良的影响。大学生每天利用新媒体浏览信息的时间在三小时左右。新媒体使用方便、信息丰富的特点赢得了大学生的依赖。无论是通信还是信息浏览，新媒体一直是最受大学生欢迎的选择。

大学生喜欢追求新奇，因此在新媒体上浏览的信息主要包括明星舆论、生活娱乐和各种知识，同时对社会热点主动关注程度也有一定的提升，大多数学生会在新媒体上浏览社会新闻或者关注国际事件。尤其在社会热点问题探究上一般不会盲目跟从形形色色的评论，而是尊重已有的媒体态度。有的大学生会利用网络查询资料，获取校园动态，甚至通过新媒体分享自己的兴趣爱好和生活动态，又或者在此平台上宣泄自

己的情绪。

（二）大学生在新媒体应用上的态度

新媒体是建立在网络环境中的虚拟世界，规避了人们面对面交流的尴尬和拘束，因此颇受人们的喜爱，特别是大学生对新媒体的应用更是达到极致。微信、微博等已经成为大学生日常交往的有力工具。他们认为智能手机拉近了彼此之间的关系，朋友圈点个赞、微博互相关注是一种别人在乎自己的表现。为此较多人热衷点赞和大面积关注他人。生活实用类 APP，如美团、滴滴等，也成为大学生生活中离不开的工具，大学生甚至将社交视频类作为一种日常消遣。有相关调查显示，大部分学生在新媒体利用上会保持理智，注重隐私保护，尊重他人权益，只有一小部分学生会沉迷于此，在思想和行为上出现偏差。此时就需要高校教育工作者落实管理，帮助大学生科学、合理地应用新媒体。

二、新媒体给大学生带来的影响

（一）新媒体应用给大学生带来的正面影响

首先，新媒体中信息来源广泛，丰富了大学生的认知，在很大程度上提升了其知识的高度；其次，新媒体中的教育平台为学生提供了新的学习方式，学生不用再依靠教师的亲自传授，能够进行自主学习，还可以实现个性化学习；再次，新媒体中虚拟化的网络世界使学生在交流中放下顾虑，在思想表达上更直接真实，促进了学生之间的交流；最后，互联网的广泛应用也丰富了大学生的社交网络，有助于人际关系的拓展。

（二）新媒体应用给大学生带来的负面影响

首先，新媒体占用了学生大部分自主学习的时间和精力。其次，零碎化的新媒体信息会打破学生原本知识的完整性。再次，娱乐性新媒体容易让学生沉迷，不利于自制力的培养。另外，虚拟化交往特点减少了学生与教师面对面沟通的机会，长时间接触新媒体会弱化大学生的沟通能力，不利于社交能力的培养。最后，新媒体中许多虚假信息会影响大学生价值观养成。结合以上种种问题和原因高校教育者要进行大学生教育管理，利用新媒体独特的优势，采取科学合理的管理方法提高工作的实效性。

三、新媒体背景下的大学生教育管理措施

（一）借助新媒体打造教育阵地

微信、微博、微视等媒介，是大学生获取信息的主要渠道，大学生的思维比较活跃，

也喜欢接受比较前卫的、多种多样的教育方式，而新媒介的运用提供了活泼、新颖的教育元素，一方面管理工作者要充分利用新媒体打造教育阵地，如教育工作者可以建立为学生服务的微信公众号并开放图书馆自习座位查询、借阅查询、课表查询等功能，用大学生喜闻乐见的语言发布校园动态及学习生活指南。除此之外，定时推送一些网络热文，通过课堂或者班会进行交流和分析，从而提高学生的信息甄别能力。另一方面可以在公众平台上开展辩论、竞赛等活动，学生可以以团队的形式完成整个活动的选定、策划，从而锻炼学生的信息处理能力。当然，在借助新媒体平台打造教育阵地的同时也要注意引导学生学会合理使用，杜绝网络沉迷，同时还要注重现实生活中的教学，让学生明白信息化工具的使用只是对各个能力的提升起到辅助作用，并不是主导作用，能力的培养还是要线上线下结合。

（二）提高大学生的新媒体素养

新媒体不单单包括社交类，还有购物类、视频类、生活实用类、新闻资讯类以及当下盛行的社交视频类、游戏类等。丰富多彩的新媒体占据了大学生的日常生活，改变了大学生的交流方式。在此种环境下，"素养"一词在高校教育中显得尤为重要，它能够培养学生正确的感情认知，使学生树立正确的世界观、人生观、价值观，能够在新媒体背景下独善其身。因此，教育工作者要加强对学生新媒体素养的培养，可以从素养渗透入手，利用新媒体传播素养知识，让学生学习和思考如何正确看待媒介信息，学会抵制信息的负面影响，从而确保学生在新媒体应用过程中受到有益的教育。此外，也可以直接从新媒体内容制作的角度出发，鼓励学生将学习生活中有趣的事通过各种媒介传播出去，与别人进行友好交流，学会新媒体的正确使用。无论从哪个角度着手都要以新媒体素养教育为基础，引导学生学会对形形色色的信息进行甄别，感受新媒体带来的正能量，运用新媒体让自己融入社会，增强社会实践能力。

（三）利用新媒体创新管理工作方式

大学生的教育管理工作离不开新的管理手段和管理模式，只有不断进行创新研究才能着实提高管理工作的效率。新媒体蕴含了海量的信息，教育工作者可以筛选优质的教学资源，将好的教学视频放到学习网站上，让学生领略不同风格的授课方式，实现学生线上多元选择。另外，新媒体交互软件的使用为教师与学生沟通提供了多元化渠道，教师可以根据不同学生的性格特点、兴趣爱好打造"特殊课堂"。快手、抖音、微视、美拍等视频分享软件的普及也促进了学习方式的创新，可以从学生的关注点出发鼓励学生制作学习短视频，潜移默化地开展思政教育，从而提高学生学习的主动性。创新教育管理工作方式最主要的是利用新媒体特征丰富教育信息，使大学生教育管理工作做到与时俱进。

(四)加强监测及反馈机制的创建

新媒体在教育管理工作运用的过程中必须加强动态信息检测与反馈机制的创建,主要包括对论坛、网站、微信等各个平台的检测,确保信息的教育意义和传输通道的流畅。管理人员不但要具备监督职能,更要有一定的反馈职能,对上传的敏感信息进行甄别和筛选,尤其是对当下主流信息的采集,必须严格把控,本着实事求是的态度在教育管理工作中促进大学生的身心健康发展。这就要求管理人员分工明确,从上级党委到下级学生干部,各个部门及工作人员要做好协调,积极展开管理工作,从而形成一个完整的联动、协调机制,将学生在浏览和传播信息过程中的监测落到实处。

(五)正确引导校园信息,确保学生舆论

学生大部分时间还是在学校,所以教师需要对校园中的网络信息进行正确引导,充分发挥指导员及党团组织的作用,帮助学生正确甄别信息,保证新媒体发挥有益的教育意义,促进大学生"三观"的形成和心理健康发展。管理人员要深入大学生群体,与学生进行沟通交流,从而掌握大学生对待新媒体的态度和心理活动,以便有针对性地利用新媒体传播媒介引导信息的正确传播,使信息与学生的兴趣、生活、特点相贴合。最好的方式是管理人员建立自己的新媒体交流平台,如博客、论坛,鼓励学生关注信息动态并积极参与互动,这样就拉近了师生之间的距离,便于集中对大学生进行教育管理。

新媒体时代冲击着高校大学生教育管理工作,在管理过程中既不能断绝学生对新媒体的接触,也不能放任学生"遨游"在新媒体的潮流中,应该紧跟时代步伐,采取科学有效的管理方法,充分发挥新媒体的优势,加强学生新媒体素养的培养,树立正确的价值取向,保证大学生在新媒体背景下健康成长。

第五节 "互联网+"时代大学生教育管理

2015年7月,国务院下发的《关于积极推进"互联网+"行动的指导意见》明确指出,将"互联网+"纳入国家战略,以互联网为基本要素与经济社会各领域结合。这当然也包括教育领域,并鼓励高校深化"互联网+"行动,打造网络化大学生教育管理工作新模式。"互联网+"是一种新的经济运行和社会管理模式,它把网络和传统管理模式有机融合,创造出一个全新的发展领域。2023年,国家互联网络信息中心(CNNIC)发布的《中国互联网络发展状况统计报告》指出,截至2023年6月,中国网民总量达到了10.51亿人,同比增长了5.4%,占全球网民总量的23.4%,位居世界

第一。中国网民教育水平呈现提高的趋势，各教育程度的网民占比分别为：小学及以下为6.4%，初中为15.2%，高中为25.6%，大专为28.3%，本科及以上为24.5%。互联网已经成为大学生群体进行沟通交流的重要途径。网络上的信息良莠不齐，对大学生群体来说，这些信息不仅影响着他们的学习生活，而且会影响他们的思想和认知，所以引导大学生正确认识和使用互联网就成为大学生教育管理的重要工作之一。面对新的"互联网+"时代，传统的模式已经不再适应当前的形势，大学教育管理工作者需要创新教育管理模式，主动适应"互联网+"时代的发展要求，提高大学生教育管理工作的实效。

一、"互联网+"时代对大学生教育管理工作的意义

大学生教育管理工作从一般意义来说，就是高校的管理者通过管理组织和管理制度对校内的学生事务进行管理，协调优化高校教育资源，最大限度地实现教育管理目标的管理活动。随着高校的发展，传统的教育管理工作模式已经满足不了"互联网+"时代对大学生全面发展的需要，这就要求高校管理者要不断地进行研究，探索新的管理模式。"互联网+"时代的到来，对大学生的教育管理工作提出了更高的要求，大学生教育管理工作也迎来了新的机遇和挑战。打破传统的教育管理方式，创新探索新的方式方法，将互联网技术应用在大学生教育管理工作中，使教育管理工作更加科学化。

（一）"互联网+"为大学生教育管理工作提供了更便捷的信息获取平台

大学生教育管理工作需要了解学生的日常生活、学习和思想情况，了解学生的发展动向，并从中找出与教育管理目标的差距，然后对教育管理方式进行改进调整。互联网信息采集功能为大学生教育管理工作提供了更便捷的信息获取平台，对学生的学习行为及学习进程等进行全面分析，根据数据呈现的规律性，给予学生有针对性的指导，提升学生的学习效率。高校教育管理工作者通过互联网可以获取更多的关于大学生教育管理的工作经验和心得，学习新的工作方式方法，提高工作效能。

（二）"互联网+"提高了大学生教育管理工作的针对性

互联网可以为教育管理工作者在进行学生问题的研究探索中提供较为便捷的数据资料获取途径。高校教育管理工作者对大学生要有思想引领的能力，要了解学生的思想动态。互联网舆论对学生的影响越来越大，高校教育管理工作者必须运用好互联网，发挥好在学生教育管理中的作用。互联网提供的数据可以使教育管理工作者更清晰地了解当代大学生思想的波动状况，对大学生进行有的放矢的思想引导和教育，帮助大

学生树立正确的世界观、人生观和价值观。

（三）"互联网+"提高了大学生教育管理工作的实效性

电视报纸等传统媒介的传播能力弱化，大学生获取信息主要通过互联网的各大平台，同时互联网信息传播快捷和信息放大化的特点，使微小的事情也可能在互联网上广泛传播引起社会热议，这使学生更习惯于从互联网上获取信息。因此，高校教育管理工作者一定要把握住互联网信息传播可以使管理工作提高效率的特点，通过互联网与学生互动，提高教育管理的影响力和实效性。

（四）"互联网+"增强了大学生教育管理工作的感染力

互联网技术的快速发展，使互联网信息的传播方式不断发生改变，传播能力更强，传播方法更简单。互联网的信息传播方式从最原始的文字，发展到图文形式，再发展到现在的短视频形式，使内容更简洁，方式更容易让人接受，感染力更强。大学教育管理工作对网络技术的应用，不仅可以提高教育管理工作的效率，而且使大学生的教育管理工作由静态转变为动态，从单一的书面文字转变为丰富的图文、视频等多种方式，使大学生教育管理工作更加多样化，更富感染力。

（五）"互联网+"推进了高校素质教育的发展

高校素质教育的主要目标是使大学生在思想道德修养、专业文化学习、体育锻炼、美育欣赏等多方面得到全面发展，同时注重大学生的个性化发展和兴趣培养。互联网丰富的内容形成的网络文化深深地影响着大学生群体，主流的网络文化更符合当代大学生的文化需求，大学生在互联网上学习到不同的文化，开阔了眼界，增加了自身的知识储备。许多性格内向的大学生在互联网上可以更加自由开放地与他人进行交流，提高自身的独立性和交际能力。互联网在教育管理中，可以更大程度地推动素质教育的发展。

二、"互联网+"时代大学生教育管理工作存在的问题

"互联网+"虽然近几年发展迅速，但是发展周期短，在互联网应用的各个领域，包括大学生教育管理工作中存在着这样那样的问题。

（一）高校网络化团队水平不高

随着互联网技术水平的不断提高，在大学生的教育管理工作中，互联网技术的应用不再只是通过互联网进行通知下发，而是对大学生的教育管理工作有了更高的要求，但不少高校缺乏网络教育管理的专职人才，使得高校在大学生教育管理的互联网建设中存在滞后性。同时有的高校在互联网的使用规范等方面还存在诸多问题；互联网资

源整合与价值挖掘还处于学术研究阶段，实践探索内容很少；还有很多高校虽然建设了比较完善的互联网系统，但是缺乏互联网技术与实践操作的专业技术人员，导致很多设备和功能不能充分利用，大学生教育管理工作效率并没有得到多少提高。

（二）高校教师的网络素养不能满足整合各种教育资源的需要

在"互联网+"时代，做好大学生教育管理工作需要具备较高的网络素养。保证高校教师可以在"互联网+"时代在复杂的信息条件下对形势做出判断，同时通过掌握熟练的互联网技术提高工作效率。随着互联网设备的不断更新和技术应用范围不断扩大，与高校教学相配套的互联网教学设备已经相当完善，但是在高校教学中互联网技术应用并不广泛。任何制度和体系都需要人去维护，任何工作都需要人去操作完成，所以高校教育管理工作质量的提高最终还是要落实到人身上，但是当前高校优秀的网络管理人才缺口较大，教师还不完全适应"互联网+"时代形成的新的教学环境，没有及时更新教育理念，无法付诸实践，因此互联网技术即使被应用到实际教学当中，教师也不能灵活自如地运用，也很难达到预期效果。要增强大学生教育管理工作的实效性，这个问题必须得到切实的解决。

（三）互联网使大学生价值多元化

过去学生获得的信息都是通过课堂等主流渠道，而这些信息往往都是经过层层筛选的，多以弘扬社会正气、传播社会主旋律为主。互联网的开放性使得信息来源渠道广泛，传播得更广、更快，多元的思想文化和价值观念在互联网上不断传播、交会。"互联网+"时代的到来，使各个国家和民族的文化和价值观念以及思维方式都会在互联网上广泛地进行传播，大学生在新鲜感和好奇心的驱动下，将大量的时间和精力都放在手机和电脑上，大量庞杂的信息充斥着大学生的头脑。社会环境的复杂多变、多元文化的交汇，使大学生沉浸在网络的世界中很容易受错误思想的引导，对自己的人生观、价值观、世界观的形成产生不确定性。

（四）互联网使大学生沉迷网络

在"互联网+"时代，大学生在学习到新知识的同时，也让很多自控能力差的大学生沉迷网络不能自拔，严重影响了他们在学校的正常学习和生活。互联网虚拟化的环境容易让意志力和自控力不强的学生陷入其中无法自拔。网络游戏、视频、抖音对于大学生的冲击力是很大的，大学生更容易使自己沉迷于虚拟的世界中。互联网在信息传播快捷的同时，还形成了一种"快餐式"文化，"快餐式"文化使大学生在学习的过程中情绪浮躁，对于知识的学习浅尝辄止并且缺乏理性的思考。大学生在"快餐式"文化的影响下，不仅不能全面发展，反而失去了逻辑思维能力和对事物的探究精神。同时互联网信息的隐蔽性也使得大学生群体不知道用什么样的方式方法来维护自己的合法权益,造成很多学生被网络诈骗,甚至还有个别大学生因缺乏法治观念,在互联网上当黑客传播网络病毒。

三、"互联网+"时代大学生教育管理工作的创新途径

大学生教育管理工作的主要目的是培养人才。"互联网+"打破了传统的教育管理方式,对当代大学生的教育管理工作提出了挑战,同时互联网本身具有的特点也为大学生教育管理工作的发展改革提供了机遇。互联网开拓了大学生教育管理工作的新空间,提高了大学生教育管理工作的效率。

(一)构建高校专业化的网络管理队伍

如今互联网管理模式已进入校园,高校应培养大学生的互联网思维方式,接受互联网教育管理服务模式,高校教育管理工作者如何树立收集、整理、分析、利用互联网资源的思想意识非常关键。在"互联网+"背景下,高校要提高大学生教育管理工作能力和水平,必须对教育管理人员进行互联网技术的培训,提高教育管理工作人员的互联网思维意识和应用技能水平,同时完善高校教育管理工作网络系统及高校学生数据库,进而提升高校教育管理工作的网络化能力。因此,我们要制订培养专业人员的长远计划,培养专业的高校互联网教育管理团队,使互联网技术发展与大学生教育管理工作融为一体,为高校的可持续发展奠定坚实的基础。

(二)加强高校校园网络文化建设

高校首先要注重校园的网络文化建设,改变传统的教育管理理念。在"互联网+"背景下,高校学生与社会接触的机会越来越多,社会化程度也越来越高,注重校园网络文化建设,学校办学理念和教育管理工作方法通过校园网络进行传播引导,有利于提高校园文化对学生的影响力,对学生的学习生活起到积极的推动作用。高校网络文化建设要注重潜移默化的引导作用,应当渗透到每个学生心中,真正达到教育的目的,注重学生全面和个性化发展。

(三)创新高校网络教育云平台

高校在正常教学授课的同时,也要建立网络教育云平台,建设网络教学的主阵地,对学生进行正确引导。网络教育云平台的建设更适合当代大学生,在进行网络教学的同时,还要将政治思想教育融合进来,使网络教育云平台成为对学生进行政治思想教育的方式之一。让更多的正能量和主流思想占据网络空间的主导地位,对学生进行积极正确的思想引导,同时提倡、鼓励高校教师改变传统的教育教学模式,把更多的授课视频上传到网上,运用互联网技术进行视频授课,这样不仅可以增强教学的感染力,

提高学生在教学授课时的参与度，而且有利于使教学内容以网络化的形式传播，打破传统教育模式的局限性，如慕课、微课。大规模开放在线课程教学方式对高校教育具有深远的影响，这样有利于改善高校教学资源不均衡的现象，提高教学的整体效果。

（四）以"互联网+"为依托培育大学生的核心价值观

大学生应树立正确的思想观念，坚定走社会主义道路的信念，才能承担起中华民族伟大复兴的历史重任。"互联网+"时代改变了传统的教育生态，催生了新的教育环境，大学生能够接收到更加多元化的信息。针对当前"互联网+"背景下的大学生多元化价值取向，高校更应该把社会主义核心价值观的培育作为工作的重中之重，创造出"互联网+大学生思想政治教育"的新生态，促进高校思想政治教育工作改革创新。高校思想政治教育工作者应顺应时代发展，转变教学观念，统筹考虑，整合队伍，树立"三全育人"教育理念。利用"互联网+"的优势与思想政治教育进行融合创新，借助网络新媒体对大学生进行核心价值观教育，扩展知识分享范围，让大学生认真学习其中的意义和内涵，引导他们树立正确的价值观，以此培养出更多的优秀人才。

（五）构建线上线下相结合的大学生教育管理模式

"互联网+"时代，大学生教育管理工作者借助大数据手段对大学生进行充分的了解后制订教育计划，把教育管理工作的实效性发挥到最大。教育管理工作者需要通过线上教育宣传和线下宣讲相结合的方式，对大学生进行思想引导和心理疏导，培养学生的集体意识和奉献精神，同时引导学生进行职业生涯规划，让大学生通过线上的学习对自己有一个整体认知，线下与学生加强沟通，提供合理化建议，注重对学生的人文关怀，从以教学为本转化为以人为本，做到尊重关心学生、服务学生。开通高校法律安全宣传互联网端口，进行法治思想的传播也是大学生教育工作的一项重要内容。近几年，大学生被网络诈骗以及大学生网络犯罪的案件时有发生，主要原因是大学生法律意识淡薄、法治意识不强。所以，要加强对大学生的法治教育，以提高大学生的法律意识。

随着"互联网+"观念的不断深入，高校对大学生教育管理工作制度和模式进行改革势在必行，由于互联网的普及和高校学生对互联网的高频率使用，只有将互联网与高校的大学生教育管理工作创新相结合，才能不断提高大学生教育管理工作的效能。

第六节　柔性管理理念下的大学生教育管理

柔性管理是一种以人为中心的人性化管理。本节在反省当前学生思想政治工作中刚性管理弊端的基础上，提出了内在重于外在、个体重于群体、肯定重于否定等一系列柔性管理方法，旨在促进学生主动性、创新性和情感的发展，追求一种更完美的管理境界。

随着社会发展和科学技术的进步，以人为本的学生管理将成为一种必然趋势，它是深化教育改革和培养人才的需要。现代高校学生管理必须高度重视学生的主体地位，要在管理工作中处处体现和渗透"以人为本"的观念，强调情感管理和学生自我管理，这样才能真正实现以人为本的高校学生管理。

一、柔性管理的内涵和特点

管理学中的"柔性"一词，是以儒家文化为核心，强调以人为本、以德为先。所谓柔性管理，是相对于刚性管理而言的，指的是以对人的管理为核心，以"人性化"为标志，是"在研究人们心理和行为规律的基础上采用非强制方式，在人们心目中产生一种潜在的说服力，从而把组织意志变为人们自觉的行动"。它主张关心体贴、启发引导、循循善诱、耐心帮助，体现了以人为本的思想，带有浓郁的人文色彩。与刚性管理相比，柔性管理具有人本性、高效性、感应性、适应性和渗透性等优势。

在学生管理工作中应用柔性管理时要充分注意学生的差别，承认学生在智力、社会背景、情感和生理等方面存在的差异性，了解其兴趣、爱好和特长，并根据社会要求和其能力水平进行教育，使之得到发展，而反对强求划一式的教育。情感是影响人们行为最直接的因素之一，在现代管理中，情感管理是以人为本管理的重要内容，它通过情感的双向交流和沟通实现有效的管理。在大学教学管理中实行情感管理，就是要用管理者的真情去换取教师、学生的真情，树立强烈的集体意识，营造出一种互相信任、互相关心、互相体谅、互相支持的氛围，这样才能提高管理工作的有效性。

一般来说，柔性管理主要有教育、协调、激励和互补等职能，这是由柔性管理的特殊性所决定的。由于这些优势体现了人性化的特点，因此，对学校的师生而言恰似一种能深入人心、触及情感的"柔化剂"，在我们倡导以人为本、进行人文关怀、构建和谐校园的今天，柔性管理无疑是一种现代的文明智慧，是关注人的个性的高级管理。

高校是培养和输送人才的重要阵地，始终担负着为社会培养高素质的建设者和接班人的神圣使命。因此，高校历来十分重视学生管理工作，投入了大量的人力、物力和财力，并不断壮大学生管理工作队伍和建立健全学生管理机制和管理制度。虽然建立健全各种规章制度是强化学生管理的一个重要保证，是确保高校学生管理工作有序进行的前提条件。但现行的学生管理基本以刚性管理为主，管理者更多是运用规章制度去约束人，在教育管理中强调遵章守制，做沟通、理解的工作少；学生违规违纪后采取处罚手段的多，实施耐心教育的少；问题发生后才去重视的多，防患于未然的工作做得少；平时交流指导得少，批评、发号施令的时候多等。

高校学生管理工作与学校的其他工作目标是一致的，都是为社会培养人才。高校学生管理工作者制定统一的管理准则，然后用这个准则作为一把"标尺"来衡量学生、评价学生，而不去考虑学生的个性。刚性管理把学校当成一种"理性"组织，习惯用行政手段推动工作，过多地强调学校组织的权威性、等级性以及各种行为的规范性，忽视对学生情感、价值目标和行为标准等柔性因素的培育；刚性管理过多地强调一种自上而下的管理，忽视自下而上的管理和横向的沟通与协调，把学生当成了只靠组织制度、经济奖惩就能调动的"机械人""经济人"，忽视社会性、文化性、情感性等因素对学生自我教育、自我管理、自我表现、自我服务、自我激励的作用。

因此，在管理与被管理过程中，应该大胆放手让学生在管理过程中扮演重要角色，在一定框架内允许被管理者充分发挥自己的个性特长。一些知名的高校管理在这方面已经取得了较好的收获。

二、管理手段的简单化是约束高校学生管理工作的一个瓶颈

高校学生管理者直接面对的是学生，站在学生管理工作第一线，所面对的学生群体较为庞大，日常事务繁杂，尤其是随着高校的扩招这种凸显的矛盾愈加突出，工作应接不暇，很难去做周密细致的教育管理工作。再者有些学生管理工作者在制定规章制度时主观武断，从未把人性化作为基本出发点来考虑，为图方便、简单、省事，不想做过细的教育管理工作，采取容易操作的简单的行政命令手段，通过"管、控、压"的方式方法对待学生，至于学生想什么、怎么想、学生愿意不愿意、高兴不高兴、管理工作是否到位、管理效果是否明显，往往没有太多的兴趣去考虑。

三、柔性管理在大学生教育管理中的运用

（一）坚持内在重于外在的原则，充分激发学生积极性和主动性

对大学生的管理方法一般分为外在管理和内在管理两种。外在管理主要通过校纪校规等刚性制度对大学生的行为进行管理，这种管理带有明显的强制性和不可抗拒性。它对稳定校园环境、维护校园秩序无疑是必要的、有效的。而内在管理主要是采用潜在的、润物无声的方式，在学生中形成深刻、持久的影响，启发他们自觉的行动，使其明辨是非。这种柔性管理方式具有明显的感情色彩，能发挥情感的凝聚功能，关心爱护、尊重学生，使他们从被动的接受者转变为主动的选择者，不断扩大学生参与管理的渠道，发挥他们在教育管理中的主体作用，最大限度地调动他们的积极性和主动性。

（二）坚持个体重于群体的原则，充分尊重学生的个性发展

群体是指由若干个体组成的集合，个体则是这个集合中单个的人。柔性管理用于群体和个体的过程中，其方法和过程是不一样的。用于群体往往是一般号召，造成舆论，产生轰动效应，而用于个体往往是潜移默化的，要求点点入心，深刻具体。具体的教育管理面对的是群体，但出问题特别是出重大问题的往往是个体，而这种个体会对群体造成不可忽视的消极影响。因此，教育管理工作必须承认个体的复杂性和特殊性——他们有不同的志向、爱好和需要，有不同的性格、追求和态度，有不同的知识、技能和潜能，管理者若不从这些方面入手去厘清个体的复杂性、特殊性，就很可能会误用有关规章制度的一般原则，误用批评和表扬这些本来行之有效的方法，甚至因不能及时发现和处理的潜在矛盾而导致本不该发生的事发生。所以，尽管一切外在的管理措施的制定都是针对所有的人，但在贯彻落实的时候又恰恰不能用同样的力度去影响所有的人，否则，矛盾的主要方面就会转化为个体，虽然这一部分个体为数不多，他们却往往会成为组织实现目标的障碍，只有解决了他们的问题，一个和谐、融洽、同心协力的集体才会出现。

（三）坚持肯定重于否定的原则，充分运用精神激励的方法

在教育管理过程中常常会遇到评价人的问题，这是一件非常困难的工作。大学生处于特殊的年龄段，其心理与生理的特征，决定了他们的心与言、言与行经常表现出不一致性。但大学生都希望学业有成、人际关系和谐、自己的所作所为得到赞赏或至少认可，进而得到社会的接纳。因此，在评价一个大学生的时候，如能充分肯定其成绩，不仅会给他明确的是非观念，还会为他继续提高成绩增加信心。在此基础上再指出其不足，不仅合情合理，而且易于引起本人的思考和接受。因此，在日常的教育管理中，管理者应及时对一些进步学生做出肯定的评价，使学生每一次进步成为有形的事实，使他们在成功的快感中不断提高自信心和积极性，看到前进的希望和方向。

（四）坚持身教重于言教的原则，充分发挥管理者的榜样示范作用

在大学生教育管理工作中，管理者一般运用言教来正面灌输政治理论和思想道德观念，从而达到规范大学生思想行为的目的。毋庸置疑，作为宣传主张、灌输观念的言教在大学生的初始教育过程中是必需和有效的。但在完成了教育的初始阶段后，要让学生把各种观念付诸行动，做到知行统一，管理者的榜样示范作用更为重要。因为大学生普遍具有一定的理性思考和透过现象看本质的能力，最反感只会说不会做或说一套做一套的教师或管理者，对他们而言，效果最好的莫过于管理者在举手投足间的表率作用。为使身教发挥更好的效应，首先，管理者必须加强自身形象建设，不断提高自身的影响力，努力培养过硬的思想政治素质、高尚的职业道德素质，积极构建更

合理的知识、职能结构，树立起令大学生信服的形象。其次，必须时时提醒自己，尽可能避免影响形象的事情发生。

（五）坚持柔性管理与刚性管理相互影响、相互渗透的原则

柔性管理与刚性管理似乎是两个极端，但在教育实践中，两者是辩证的统一体、是相辅相成的。因为刚性管理强调的是外在的规范，是强制性的，它使学生管理工作过程有章可循，在评价时也有统一的标准，目标明确，可操作性强，但容易陷入机械化和简单化。柔性管理则弥补了它的不足，它是刚性管理的完善、补充，是在具备刚性管理框架的基础上，管理思想和管理方法的升华，它可以最大限度地发挥人的主观能动性和创造性。这两种管理模式虽然在外部特征上有所区别，但它们在实现思想政治教育目标的本质上是一致的。刚性管理是管理工作的前提和基础，完全没有规章制度约束的管理必然是混乱的，其柔性管理也必然丧失立足点；而缺乏一定的柔性管理，刚性管理亦难以深入持久。随着社会发展和科学技术的进步，现代高校学生管理必须高度重视学生的主体地位，在管理工作中应处处体现和渗透柔性管理，强调情感管理和学生自我管理，才能真正实现以人为本的高校学生管理。

第五章 高校学生管理模式创新分析

第一节 融入开放性的思想

我国现阶段的高等教育已经从原来的精英教育迅速转化为大众化教育，受教育者的求学情况、知识基础与以往相比发生了很大的改变。政治辅导员和班主任要指导学生正确面对竞争、面对择业、面对压力，引导学生规划人生，培养学生有宽广的胸怀和健全的人格，努力把德育渗透到学生成才、就业的全过程，要主动管理育人，提高工作效率和工作水平，创造更好的育人环境和氛围。

一、建立优秀的管理团队和制度

如何适应时代的要求，培养社会需要的人才，是从事学生管理工作者的永恒话题，同时对学生管理领导干部也提出了更高要求，必须加强队伍建设。学校高层领导应加强对学生管理工作的重要性的认识，挑选一批思想素质高、工作能力强、具有一定学生管理工作经验的工作人员担任学校学生管理领导工作；经常性地组织并开展对各分校、教学点学生管理领导干部的专业培训，邀请较高水平的专家讲座，全面提升学生管理干部的素质；通过各种方式组织开展校与校之间学生管理工作的交流，请学生管理工作突出的管理人士讲解、传授管理经验，并通过讨论交流，达到共同提高，共同进步；以校本部为载体开辟全校性学生管理工作专项窗口，广泛讨论发表管理体会，创建全校性学生管理专刊，组织系统内投稿，把学生管理工作真正落到实处。

学校应建立导学教师引进、培训、考核、交流的整套制度。完善引进程序，严把入口关，力争把有能力、责任心强的导学教师引进来。建立严格的导学教师培训、考核制度。导学教师应对以现代计算机网络为主的多媒体现代远程教育技术有较深的掌握，能熟练运用计算机网络等媒体技术获取教学资源，并能配合辅导教师进行教学资源的整合，组织和指导学员开展网上答疑、BBS 讨论、双向视频等网上教学活动，利用 QQ 群、微信、E-mail 等与学员进行日常沟通。完善导学教师的流动计划，打破以往导学教师队伍建设的封闭体系,激活用人机制,拓宽导学教师出口,加强导学教师的交流和提拔,解决导学教师的后顾之忧。

解决导学教师流动性较强、流失率较高的问题,必须加强导学教师的专业化建设,其中最主要的就是更新观念,尤其是更新领导的观念,全面提高导学教师的综合素质。导学教师在工作了一段时间以后就会积累一定的工作经验,也会认识到自身不足。如果学校能制定一套完整的培训机制,给他们提供更多的培训机会,不管是对学校还是对导学教师本人来说都是双赢的。另外,还可以加强导学教师之间的沟通与交流,使导学教师的业务能力不断提高,确保导学教师在工作中发挥应有的作用,保证学生的培养质量。

二、注重培养优秀的学生干部

好的学生干部不仅会给其他同学做出榜样,也会分担导学教师的工作重担,而且在这个过程中也锻炼了学生的工作能力,从而运用在自己以后的工作实践中。导学教师在选择班干部的过程中要一视同仁,不能因为个别小问题而否定他们的优点,应广泛听取同学和任课教师的意见,综合学生的平时表现民主或择优选拔;选出优秀的学生干部,要充分信任和尊重,减少个人干涉,使他们充分发挥工作主动性和能动性。

学生干部队伍应真正发挥先锋模范作用,真正发挥战斗堡垒作用。学校应健全团支部、学生会组织,主动让学生组织成为学校与学生、教师与学生沟通的桥梁,通过民主推荐、个人竞选产生学生干部队伍。结合开放教育类学生的生理和心理特点,通过学生干部开展广泛的思想交流。帮助广大学生树立和培养学习自信心,一方面,肯定他们在以往的学习和工作中取得的成绩和努力,使他们充分看到自己的优点和能力;另一方面,循序渐进一对一式辅导,将他们在现在的环境中遇到的问题总结归纳,然后反馈经验。在交流沟通过程中,要注意交流态度,避免出现僵局挫伤学生的学习积极性,要充分尊重学生。成人学生的自尊心相对来说更强,并且也更容易受到伤害,教师的教育手段要不断改进,积极与学生磨合,减少代沟的出现。在沟通的同时,鼓励他们学习之后要在自己原有的领域有所创新和进步,帮助他们做好职业规划和人生规划。在思想教育过程中,应尽量避免用说教的方式,毕竟这些学生都是成年人,强硬的教育态度只能引起学生的逆反心理,不仅不会配合教师的教育工作,甚至会放弃继续学习。对个别问题学生要单独关注,因材施教,明察暗访,找出学生学习欠缺的根源和影响因素,和周围同学以及同事努力解决问题,最大限度地激发他们的学习主动性。

三、通过加强校园文化氛围引导学生的学习和发展

通过加强校园文化氛围引导学生的学习和发展是教育管理中至关重要的一环。校园文化，作为学校的精神灵魂和独特标识，对塑造学生的品格、培养学术兴趣以及激发创新潜能具有深远的影响。在构建开放性思想的背景下，加强校园文化氛围的工作显得尤为迫切和重要。

首先，学校可通过丰富多彩的文化活动来拓展学生的学习视野。举办主题讲座、文艺演出、学术沙龙等活动，邀请优秀人士分享经验、展示才艺，不仅能够拓宽学生的知识面，还能激发他们对各类学科的浓厚兴趣。这种积极向上的文化引导有助于培养学生的自主学习能力，使其更好地适应未来社会的知识更新和技能要求。

其次，通过弘扬积极向上的价值观，学校可以引导学生形成正确的人生观和价值取向。在校园文化建设中，注重传递关于责任、团队协作、创新等方面的正能量，让学生在参与校园文化活动的过程中深刻领悟到这些价值的重要性。通过模范人物的事迹、学生先进个体的事例等方式，激发学生追求卓越的决心，使他们在成长过程中注重自身品德和社会责任。

奖励机制也是引导学生学习和发展的重要手段。学校可以设立一系列的奖励措施，包括学术类、体育类、文艺类等各方面的奖项，以鼓励学生在不同领域中取得优异成绩。这不仅激发了学生的竞争动力，更使他们在追求个人荣誉的同时，感受到学校对于积极发展的关切和支持。

社团活动是培养学生全面发展的有效途径。学校鼓励学生积极参与各类社团，提供平台让学生发挥特长、培养兴趣爱好，同时培养团队合作精神。社团活动既可以拓宽学生的交际圈，又能让他们在实践中学到与课堂不同的知识和技能，进而更好地适应未来职业发展的需求。

建立健全的导师制度也是加强校园文化氛围的有效方式。通过导师与学生之间的良好互动，学校可以更全面地了解学生的学习和生活状况，提供及时的指导和关怀。导师制度不仅可以促进学术上的交流，更能够在学生面临困难和挑战时，给予必要的支持和鼓励，帮助他们更好地完成学业和个人发展。

开展主题教育是促使学生形成开放性思维的重要途径。学校可以通过设置特定主题的教育活动，引导学生思考和解决实际问题。这种问题导向的学习方式有助于培养学生的创新能力、批判性思维和解决问题的能力，使他们具备更强的应对未来社会复杂性的能力。

最后，一个宜人的校园环境对于学生的学习和发展至关重要。学校应该致力于提

供良好的学习和生活条件,包括舒适的教室、丰富的图书馆资源、现代化的实验室等。一个令人愉悦的校园环境能够激发学生学习的兴趣,增强他们对学术和个人发展的投入感。

总的来说,通过加强校园文化氛围,学校能够在学生中培养出积极向上的学习态度和全面发展的品质。这不仅有助于学生个体的成长,更有助于整个社会的进步和发展。因此,在教育管理中,加强校园文化建设应被视为一项长期而复杂的任务,需要全体师生共同努力,共同促进学生更好地学习和发展。

第二节 提升教育服务意识

现代教育以促进人的现代化和主体的全面发展为中心。主体性、发展性是现代教育的本质规定。基于此,现代教育倡导"教育是一种服务"的教育管理理念。它强调教育者(教师)以满足受教育者(学生)个性发展,为受教育者创造全面发展和主体生成的情境和条件。它概括了当今教育的经营态度和思维方式。在如何开展教育管理和教育活动问题上,相对于传统的教育管理理念,它具有自身的特点:

第一,教育服务理念体现了现代教育以人为本的精神,突出了主体,突出了主体的生成和主体性发展,以培养现代主体人格为根本。它直接着眼于人,着眼于人的发展。

第二,教育服务理念下的教育管理活动是教育者与受教育者互为主客体、主体间的对象性活动;是在教育者的组织领导下,教育者与受教育者共同参与的活动;是教育者的启发、引导、指导与受教育者的认知、体验、践行的互动;是教育者的价值导向与受教育者自主构建的统一的活动;是教育者与受教育者的相互教育与自我教育、教学相长的活动。

第三,教育服务是现代教育管理的整体特征,它不是教育活动的某个阶段或某个部分、某个方面的特征。作为现代教育的根本指导思想,它是贯穿于教育管理活动的始终和教育管理活动的各个方面的。

教育服务的管理理念对于高校的改革、建设和发展有以下作用。

一、教育服务理念为改革高校学生管理提供内部驱动力

我们的教育理念是培养人、改造人、塑造人,这具有很大的合理性和教育价值,但是,怎样操作和实施,人们往往受一种片面的理念所指导。长期以来,人们一直将

学生作为工作对象来"加工",将教育完全观念化,以至于我们不能正确理解教育与社会、教育与个人发展之间的关系,使我们的许多教育政策与决策缺乏科学的基础。

树立高等教育服务理念,能够促使高校树立责任意识、市场意识和竞争意识,促使他们关注社会与受教育者的个人教育服务需求,推动高校自觉自主地进行改革,把握市场动向,完善服务体系,增强效益意识,提高服务质量。来自管理者自己对这种改革的需求和认同是改革高校学生管理最主要的动力。可以说,没有管理者对这种改革的深刻理解,没有管理者对学生管理的热情参与,没有管理者对学生管理的积极投入,学生管理理念要转变就十分困难。要求高校学生管理者树立教育服务管理理念,就是期望在形成教育服务理念的同时,一方面使管理者意识到自己与服务、服务与学生之间的密切关系,因而去尝试改变对学生的态度,尝试用一种全新的视角去看待学生;另一方面让管理者从根本上认识到传统管理的问题所在。服务理念首先是将服务对象当成自己一切服务工作的对象和焦点,将学生满意与不满意作为衡量管理业绩的重要指标,在客观上就迫使管理者去反思原来的管理理念并努力去接受新理念、新方法。这样,就能形成一种内在动力去推动他们进行改革。

二、教育服务理念为引导高校学生管理提出新的目标

传统教育理念培养人一般只要求听话、服从,教师培养学生追求"齐步走""整齐划一",对学生个体之间的差异和个体特征重视不够,因而很难适应时代发展的需要。学生是共性和个性的统一。共性是指学生的群体属性,个性则是指学生的个体属性。处于同一年龄阶段的学生,由于他们生命过程和生活经历的相似性,他们的身心发展在同一规律支配下,表现出某些相同或相似的属性和特征,即共性。但这些共性只是相对而言的,由于个体间遗传因子、家庭背景、社会环境及教育影响的差异,学生的身心发展无论是在内容上还是在水平上都是千差万别的,学生的性格、兴趣、爱好、智力、能力不完全相同,即具有个别差异。这种个别差异是绝对的,是不以人的意志为转移的。这是学生管理必须面对的事实。

树立高等教育服务理念,不仅能够让我们意识到学生共性和个性的差异,还能够让我们意识到,"高等教育服务的生产者是教育工作者,他们通过消耗智力和体力,而生产出适合不同教育对象需求的,具有多方面性能的教育服务,处在生产领域。学生则是高等教育的消费者,处在消费领域"[1],这种理念为高校学生管理实践提出了新的目标。作为提供教育服务的教育者,在学生管理中应以学生为本,尽量满足学生(作为消费者)的需要。不同的学生有不同的需要,同一学生不同时期的需求层次也不尽相同,需求的多样化就决定了教师工作的复杂程度。在提供教育服务时,教师不再是

---

[1] 姚丹,孙洪波.高校教育信息化管理与学生管理工作[M].北京:中国纺织出版社,2021.

以前高高在上的管理者，而是成了为学生提供服务的教育服务生产者。要生产出优质教育服务，以满足不同人的所有合理需求，教师就要自觉地树立"以人为本"的服务理念，掌握学生的思想动态，了解他们需要什么、喜欢什么、想些什么、关心什么、拥护什么、反对什么，兴趣何在，更要了解不同年龄学生身心发育的规律和特征。要深入课堂，深入食堂，深入学生宿舍，深入学生活动的各个方面，只有这样，才能从学生的角度制定出符合他们身心发展需要的管理规章，才能努力完善他们的个性，充分发挥他们潜藏在主体内部的创造潜能，才能受到更多学生的欢迎和喜爱。要"生产"优质服务，教师还要了解学生需求的变化。社会在变，时代在变，生活环境在变，学生的思想观念也会随之发生变化。这就要求教师要不断调整教育方式，随时了解以前的规章还是否符合发展了的实际，以前的教育方式、教育手段还是不是学生愿意接受的。

三、教育服务理念为高校学生管理创造新型师生关系

传统的教育理念认为，学生是教育的客体，教师是教育的主体。受这种教育理念的影响，在学生管理中，教师和学生之间是管理者与被管理者、指挥与服从的关系，学生是弱势方，学校是绝对的强势方，这种管理方法虽然也会取得一定的管理效果，但它付出了扼杀学生主体性、自主性和主观能动性的巨大代价。

树立高等教育服务理念，要求教育者重新审视以前的师生关系，树立起新型的师生关系：从高等学校教师方面来看，在教育服务生产过程的师生关系中，学生作为教育服务消费者，在教育过程中拥有重要地位，教师必须予以尊重，教师作为教育服务生产者，不能不认真考虑作为教育服务消费者学生的意见要求，这意味着教师必须改变角色意识，树立服务理念，从提高服务质量、保证消费者满意的角度出发来考虑一切，才能做到因材施教；从学生方面来看，意味着他们必须树立独立意识和自主观念，他们必须对自己的选择和行为负责，不能完全依赖学校和教师。这种新型的师生关系有利于学生管理中师生平等地、朋友式地、相互尊重地交流对话。管理者也只有从观念上意识到对学生进行管理就是对学生的一种服务，认识到尊重学生就是在尊重自己，放弃学生就是在放弃自己，学生的失败就是你的失败，失去了学生就是失去了你自己，教师才可能真诚地去爱，真诚地付出，新型的师生关系才可能得以建立。在这种新型的师生关系中，学生管理倡导以"爱"为核心的情感管理。爱是一切教育的起点，是开启学生心灵的一把金钥匙，也是教育引导和管理学生的一种精神动力。只有爱学生，管理学生才能做到十分耐心，了解学生才能非常细心，为学生服务才会一片热心。而爱学生的最有效途径就是和学生交朋友，成为学生的良师益友。这样，一方面可以唤

起学生管理者的友爱之心,使学生管理者乐于并善于与学生交友;另一方面可以使学生把学生管理者看成最值得信赖的人,向管理者敞开心扉,吐露心声,心悦诚服地、愉快地接受管理。

四、教育服务理念为高校学生管理评价提供新的依据

无论在什么条件下,任何一所学校的学生管理都有获得良好效果的预期。不同时期,人们衡量学生管理质量的依据不尽相同。传统的教育理念从管理者的角度出发,管理质量意味着管理特征对组织的规定与要求的符合程度。这一视角使组织更关注效率,即用最小的成本获得最大的收益。

树立高等教育服务理念,衡量教育质量的标准则主要是服务对象的满意度。这一视角更关注服务对象需要的满足。与传统理念相比,这一理念已经意识到了不同的服务对象会对同一产品感知到不同的质量水平。当学生或家长感知到满意的服务时,也就是他们对所有服务特征的期望都得到满足或超额满足时,他们把整体服务感知为优质,并因此对学校和教师保持忠诚,从而对学校产生归属感。用满意度来衡量学生管理,传统的强迫式的管理方法必然失去效力,这就促使学生管理者转变理念,认真研究学生,了解学生身心特点,了解学生需求,创新教育方法,来满足学生需要,从而为高校学生管理提供了新的衡量依据。

用满意度来衡量学生管理具体表现在要符合学校教育质量的以下几个特征。

第一,有效性。也就是能有效地发挥教育服务产品的功能和作用,满足学生学习的欲望,促进学生的发展。

第二,经济性。顾客为了得到教育服务所承担的费用是否合理,优质与廉价对顾客是同等重要的。

第三,安全性。学校保证服务过程中学生的生命不受危害,健康和精神不受伤害,人格不受歧视,合法权益受到尊重和维护。

第四,时间性。顾客对服务的时间上有需求,他们需要及时、准时和省时。

第五,舒适性。顾客需要舒适的学习环境,以及令他们感到舒适的服务态度。

第六,文明性。顾客需要学校有一个自由、亲切、受尊重、友好、自然和善意的、理解的氛围,希望教师有较高的知识修养、文化品位和幽雅的举止谈吐。

用满意度来衡量学生管理要以服务对象为衡量主体。学校应给予学生充分的评估权,学校应制定教育服务质量标准,并使服务者了解标准;研制学生满意度问卷调查,用以作为衡量学生管理的主要标准。当然,用满意度来衡量学生管理并不意味着对传统衡量标准的彻底抛弃。为了对高校学生管理做出更科学的评价,我们以为,可以建

立起高校学生管理满意体系。这种体系除了学生满意以外还包括管理者自己满意，包括上级对下级的满意、下级对上级的满意以及家长满意、社会满意等。这种系统化的满意体系有利于学生的健康成长，有利于学校的管理，实现师生共同学习、共同进步的良性循环。

五、在学生管理工作中树立服务意识的几点要求

（一）思想观念要转变

长期以来，传统的学生管理工作是以管理者为中心开展的，管理者对学生拥有绝对的权威，管理者与学生的关系是"管"和"被管"的关系，管理的内容主要表现为要求被管理者"做……""不做……""如果……"管理的基本方式是"要求""批评"（甚至是训斥、吓唬）和"处分"。这样的管理方式在特定的历史时期，对矫正学生的不良行为习惯是起到积极作用的。

伴随着社会主义市场经济的不断发展，社会竞争日益激烈，社会对大学生素质、能力的要求不断提高，传统的管理模式已经不再适合当前的高校学生管理工作，我们就应该结合新情况，用发展的思维去改进它、完善它。在管理中融合服务的思想，体现"以人为本"的管理理念就是适应新形势的有效方法，我们应着实意识到它的重要性，切实贯彻到管理工作的各个方面和环节中去。

（二）工作态度要转变

学生是整个教育过程的主体，在学生管理工作中要充分尊重学生的个性和人格，转变以前"高高在上""不俯身子"的管理者的姿态，带着管理就是服务的理念，不断提升自身工作对学生的吸引力和亲和力，主动深入学生群体，经常倾听学生的意见和建议，及时对工作不足之处加以整改，贴近学生生活，贴近学生实际，视学生为朋友，宽厚待人，主动去尊重、理解、关心和帮助他们，引导他们以主人翁的姿态投入学习、工作和生活，促进他们道德自觉自律意识的养成，最大限度地发挥他们的创造潜能。

（三）工作作风要转变

说得好不如做得好。树立落实服务意识，关键还是在工作作风上的转变。要把解决学生的思想问题和实际问题结合起来，主动观察学生关心关注的热点与焦点问题，及时高效、公平、公正地做好学生的评优评奖，党员的发展，贫困生精神和物质的帮扶，就业推荐和指导等工作，让学生感受到实实在在的服务效果。特别是在对待学习后进生和个别违纪同学的管理中，要学会感动他们，通过各种有效的帮助教育途径，如指导学习方法、多表扬他们的优点等，使他们觉得教师的工作是为他们着想，是为了实

现、发展和维护他们的利益，从而自觉学好、表现好，促进整个群体管理的顺利开展。

（四）服务意识的树立要与坚持制度相结合

在学生管理中，制度是工作的保障，服务是工作的理念，稳定和谐是工作的目的。强调树立服务意识不是抛弃制度的约束，而是增加制度落实的人性化，没有制度依靠的服务是无力和软弱的。对于个别纪律观念薄弱、思想觉悟低、道德品质差、屡次违反纪律的学生就是应该按照规章制度给予相应的处分和处理，这样才能维护绝大多数同学的权益，赢得绝大多数同学的支持。同时，规章制度的坚持与落实需要服务意识的体现，只有怀着服务好学生的思想，才能赢得学生的理解与配合，才会将外在的规定转化为他们内在的自我要求，学生管理才会具有实效性和持久性。

六、在学生管理工作中树立服务意识的几点建议

（一）建立一套科学、规范、完善的学生工作制度

高校应按照国家有关法律规定，依据本校实际情况制定完整的、可操作性强的程序、步骤和规章制度，并以此规范学生的行为，实施有效的管理。完善学校的规章制度，第一，应确定制定主体，不仅学校领导参与，管理者参与，作为被管理者的学生也要参与，这样才能充分体现学生的利益，实现"以人为本"。第二，学生管理制度应当完善，不仅要注重实体内容，还应当注意程序内容。比如，学生处分制度，应当列明学生在哪些情况下会受到处分，还应有学生辩护机制和申诉机制。在所有的程序都进行完之后，再由决策机构来认定处分该不该执行。第三，学校应有快速的反应机制，国家一项新的学生管理政策或者法规出台以后，学校应快速给出相应的实施意见。此外，除了这些强制性的规定，还应当有一系列的自律性的规定，使学生明确集体生活中行为自律的重要性而自觉规范自己的行为。

（二）发挥学生主体能动性，变被动管理为自我管理

在工作中要注意调动好学生自身参与管理的积极性，让学生积极参与学生管理工作，改变学生在学生管理工作中从属或被动的地位，不是单纯地把学生看作教育管理的客体，以利于消除大学生对于被管理的逆反心理，实现大学生的自我管理。学生管理中宜推行以学生工作处指导下的，以辅导员、学生干部为调节的，以学生自律委员会为中心的相对的学生管理方式，既能锻炼学生的能力，同时又达到了管理的目的。

（三）完善对学生管理者的选拔模式和培训机制

提高学生管理工作者的待遇，建立一支专业稳定的学生管理队伍。一是学生管理者的选拔模式要创新。如今有的毕业生为了留校做教师而将从事学生管理工作作为以

后成为任课教师的跳板；有的则是通过种种关系安排进来，在这样的情况下，学生管理工作者很难保持高度的热情，管理水平也不一定很高。而新的选择模式是要面向全社会，以完善的选拔机制来完成对学生管理工作者的选拔，这样能招募到各类人才，使学生管理队伍进一步扩大并提高质量。在选拔人才的时候尤其要注意他们在教育学、心理学、管理学方面的知识。在国外做家政服务都必须具备心理学、教育学相关证件，持证上岗。作为学生管理者的选拔就更应注重教育、心理、管理方面的知识，最好是应具备这方面的学历。二是学生管理者培训机制要创新。学生管理工作是一项很灵活多变的工作，需要管理者有足够的经验和专业知识来处理各种突发事件，因此，对管理队伍的专业培训显得尤为重要。在新型学生管理模式下，任课教师是一种了解学生情况和反馈情况的角色，宿舍管理者也是一个重要的角色，因此，原来这种专业性的培训机制针对的主要是校、院、班三级的学生管理工作者要改变，应面向专业课教师、学生辅导员和宿舍管理员，对学生辅导员、宿舍管理员要注重教育学、心理学、管理学方面知识的更新与培训，以及他们对突发事件的应急能力，让他们将"学会管理"与"学会学习"结合起来，使学生管理工作者能不断超越自我，从而培养出一支专业稳定的学生管理队伍。注重专业课教师对学生工作相关知识的了解程度的培训，使他们从被动到主动关心学生的成长，关心学生工作，从而在各高校树立全员育人的思想。三是关注学生管理者的待遇。学生管理工作需要管理者保持极大的耐性和工作热情，管理工作相当烦琐，使得很多管理者不能维持工作的长期性，而管理者的经常变动则影响学生管理工作的开展和完善，因此，提高学生管理工作者的待遇，使其能稳定地从事这一工作是必要的。

（四）加强学生的德育教育和心理健康教育

当今高校教育中的人才培养，不只是要使其获得专业知识和技能，也要培养其道德修养和心理素质。高等学校是培养主流意识形态的重要阵地，对构筑大学生良好的精神世界发挥着重要作用。高校学生管理者应通过各种渠道和方式，帮助大学生树立正确的世界观、人生观、价值观，形成高尚的道德情操和坚强的心理素质。所以，高校学生管理工作中的一个重要内容就是加强学生的德育教育和心理健康教育。这一点很多高校已经认识到并正在改进，特别要注意结合大学生实际，广泛深入开展谈心活动，有针对性地帮助大学生处理好学习成才、择业交友、健康生活等方面的具体问题，提高思想认识和精神境界。要制订大学生心理健康教育计划，确定相应的教育内容、教育方法。积极开展大学生心理健康教育和心理咨询辅导，引导大学生健康成长。

"以人为本"的管理模式是顺应当今形势行之有效的模式。学生管理者要结合实际情况积极运用这种模式，在管理中树立服务意识，充分调动学生自我管理的积极性和能动性，实现管理者和被管理者的有机融合，实现学生管理的时效性和持久性。

第三节　创新管理方式

创新是高校学生管理的灵魂,也是高校发展的关键。高校只有大力进行管理的创新,摒弃陈旧、落后的管理方式和方法,创建一种与时代发展相适应的新的管理机制,才能真正提高高校的管理水平,从而实现高校提高办学质量和办学效益,培养大批优秀创新人才的现实目标。尽管全面创新管理是针对企业的创新提出的,但对高校也同样适用。

一、高校学生管理工作创新的必要性

今日高校的功能已由单一走向多元,从简单趋向复杂,高校与社会的关系日益紧密。21世纪,人类社会正进入一个以智力资源为主要依托的全球化知识经济时代,伴随知识经济社会的到来,高等教育将在社会中发挥空前重要的作用。高校作为法人实体,必须有全面创新思维,否则将落后于历史前进的步伐。全面创新管理特别是其根据环境的变化突破了原有的时空界域和局限于教学管理部门和教师创新的框架,突出强调了新形势下全时创新、全球化创新和全员创新的重要性,使创新的主体、要素与时空范围大大扩展。

(一)管理创新是培养高素质人才的需要

当前,科技飞速发展,新技术不断涌现,要培养大批高素质人才以适应新时期的生产建设,必须不断推进教育创新,这不仅包括教育观念、教育制度的创新,在人才培养模式和学生管理工作上也必须探索出一条新的道路,才能提高人才的素质和能力。学生管理工作是高校育人的重要手段,其本身并不仅仅是一个简单的政策、制度、规章所能涵盖的,它是一整套理论体系和系统工程的反映。学生管理工作的创新过程必须不断与外界思想、政策、环境相匹配,适应时代的潮流和社会的发展,这样才不会被时代所淘汰。

(二)管理工作创新是高等教育大众化的需要

自1999年高校扩招以来,招生规模的不断扩大,学生人数的不断升高,以前的所谓"精英教育"渐渐被大众化的教育模式所取代,大学生的整体素质和层次也在发生着巨大的变化,这对大学生管理工作是一个不小的挑战。高校学生管理工作只有积极创新、不断探索,才能适应高等教育大众化发展的要求。

（三）管理工作创新是服务学生的需要

我国当前正处于社会转型期，社会生活方式逐渐多样化，大学生的思想观念、价值观念、生活方式都在发生着巨大的变化。随着网络技术的快速发展，大学生对于新知识、新技术的接受和学习速度变得更快，这使得他们被网络深深地影响着。在学生管理的层面上来看，互联网的确带来了新的技术和方法，但互联网也冲击着传统的管理方法和体制。对管理模式进行创新，这是加强学生工作的需要，也是提高高等教育质量的需要。

二、全要素创新在高校学生管理中的应用

（一）高校创新发展战略的制定为全面创新指明了方向

高校在战略措施的制定上，要找准切入点，突出特色，坚持特色办校，将有限资源用于战略性、关键性的发展领域，使之发挥最大的效用。高校的优势来源于管理者将内部所具有的专业特色优势、人才优势、学术科研成果、管理经验、资源和知识的积累、整体创新能力等多种因素整合。只有建立在现有优势基础上的战略，才会引导高校获取或保持持久的战略优势，推进特色办校战略，不仅在某一学科或专业上有特色，而且尽可能进一步在某一领域上有特色。

（二）创新文化的建设是实现高校全面创新的源泉

各种创新活动都离不开高校创新氛围的基础，如果高校中人们的思想僵化，思路不清，机械、呆板，满足现状，不思进取，缺乏创新欲望与动机，对创新举动不予理睬甚至百般阻挠，就不可能形成强烈的创新氛围。据研究，国内外的一些著名高等学校，其保持长盛不衰的活力之源就是独特校风的延续和更新机制的存在。

（三）技术创新是实现高校全面创新的手段

现代信息技术对教师的学科知识结构以及掌握现代化教育技术的程度也提出了更高的要求，引起教学方法和手段的现代化及课程内容的更新，影响教学过程和人才培养的过程，对大学生的思维方式、行为模式、价值观念、政治倾向等都产生深刻的影响。

（四）创新制度设计是高校实现全面创新的保障

任何一个制度和政策设计的终极目标都是要最大限度地激发人的积极性。高校必须承认个人在知识发展中的独特性，建立"以人为本"的有利于学生创新思维、创新能力培养的管理制度，既有利于充分发挥学生的学习积极性，也有利于充分发挥教师的教学积极性。

（五）学习型组织是高校实施全面创新的必然选择

随着我国高等教育向大众化阶段的迈进，高校办学规模不断扩大，管理幅度和管理层次也相应增加，高校实际上已经成为一个复杂的组织系统，传统的金字塔式的组织结构已很难适应知识经济的要求。因此，应改变组织结构，建立一种有机的、高度柔性的、扁平的、符合人性的、能持续发展的、充分发挥员工的创造性思维能力的组织。

（六）全时空创新在高校学生管理中的应用

全时空创新是指每时每刻都在创新，它使创新成为涉及学校各个部门和师生员工的必备能力，而不是偶然发生的事件。这就要求在课程体系中增加创新能力的训练和综合实践课程，提高学生在亲身实践中发现问题、解决问题的能力，进而激发灵感，教师要更新教育观，转变教育思想，改变常规教学方法，把知识的最新成果以及学术界正在争论的问题随时融进教学中去，身体力行地站在创新的最前沿。同时，在全球经济一体化和网络化的背景下，高校应该考虑如何有效利用创新空间，在全球范围内有效整合创新资源为己所用，实现创新的全球化，即处处创新。

（七）全员创新在高校学生管理中的应用

全员创新要求师生员工必须学习、学习、再学习，不仅要系统地学习，掌握基础的现代科学文化知识，而且要钻研某一专业方面的前沿领域，做到博与专、基础与特长的和谐统一，加强当前的阶段性学习，更要强调终身学习，不断增加新知识、新技能，保持良好的知识结构。高校学生管理人员再也不能像以往那样用传统的组织手段来指挥一群富有知识、渴望创造的教育工作者，而是必须不断探索高校学生管理中的新规律、新问题，研究现代化高校学生管理的新的方法论，寻求新形势下行之有效的管理方法，努力增强高校学生管理的科学性和艺术性，不断提高管理成效，用信息化管理方式取代传统管理方式，更要学习借鉴国内外先进的高校学生管理经验。

（八）全面协同在高校学生管理中的应用

正常的教学秩序需要稳定的教师队伍和部门间的协同管理创新。目前，高校规模的不断扩大使得高校学生管理创新呈现出纵向的多层次和横向的多部门性，并且相互依存。无论从高校教育和教学管理的主体还是从客体来看，都不可避免地会出现利益和要求的多元化局面。高校学生管理中的协同创新行为是高校多个部门创新的组合过程，必须让所有参与协同的部门了解当前高校组织创新的实际情况，这不仅有利于单个部门的创新，而且在创新的过程中能进一步增进相互的理解和信任，利用部门间相互协同创新，增强高校的凝聚力，提高高校的管理效率和创新能力，最终解决矛盾、化解纠纷，消除内耗，达到整体创新的目的。

三、高校学生管理工作创新的几点建议

（一）完善学生管理制度

高校学生管理制度是在全校范围内具有普遍约束力的各种规章、条例、制度等，是高校依据国家有关法律法规制定的行之有效的管理办法。若想改变高校的学生管理制度只是沿用老一套的管理办法是跟不上时代的发展的。因此，必须尽快制定出与时代和社会现状相符合的管理制度，弥补管理上的不足。

（二）学生管理队伍专业化

目前，我国高校的学生工作管理队伍普遍存在这样或那样的问题，比如，专业背景不同、理论基础不扎实，在学历水平和思想素质上也存在不小的差别，这对于高校的学生管理是十分不利的。因此，努力培养和造就一支学生工作的专家队伍是当前学生管理工作创新的当务之急。一支专业过硬、素质较高的学生管理人才队伍，不仅能够管好学生，更能服务学生、培养学生，提升学校的综合实力。

高校全面创新管理体系的建立是一项复杂而艰巨的工程，不仅需要对全面创新管理中的要素理解掌握，还应采取如下策略：在宏观上政府要明确在高校科技工作上的职能定位，加强对高校科技工作的战略规划，对高校实行分类指导，引领科研方向；中观上加强校内、校外，国内、国际的科技交流与合作，建立和完善科教经互动的合作创新体制，构建开放的人才培养体系和多元化、多渠道的科技创新投入体系；微观上各高校要实施高校科技管理体制创新工程，建设科技资源共享的创新基础平台，实施科技创新人才选培工程，培育科技创新文化，提高投入资金的使用效率。

第四节 坚持"以人为本"的理念

随着现代教育的发展和教育改革的深入，"以人为本"的学生管理将最终取代传统的学生管理，这是学生管理改革和发展的必然趋势。人是管理中的首要要素，因而提高人的素质、调动人的积极性、促进人的全面发展是提高管理效果的关键。科学发展观的本质和核心是坚持以人为本。坚持以人为本，不仅在人类思想发展史上具有重要的理论价值，更应成为当今高校一种新的办学理念。

一、什么是"以人为本"的管理

"以人为本"管理模式即以人为中心,在确立学生主体地位的基础上,围绕调动学生的主动性、积极性和创造性来开展一切管理活动,这种管理模式是高校学生管理模式发展的必然走向。"以人为本"的学生管理工作理念,就是要以人为出发点,充分尊重学生作为人的价值和尊严,充分尊重学生的人格、个性、利益、需要、知识、兴趣、爱好,力促学生全面发展,健康成才,并能可持续发展。这意味着要从那种把对人的投资视为"经济性投资"的立场转变为"全面发展性投资"的立场。"以人为本"的管理在处理人与组织的关系时,并不否定和排斥组织的目标,而是把人的自我发展和自我完善作为组织目标的组成部分。高校学生管理中坚持以人为本的管理思想,就是指高校学生管理工作必须以调动学生的积极性、做好学生的工作为根本。具体而言,就是要在高校学生管理过程当中坚持把教育和管理的对象——所有学生作为全心全意为之服务的主体。树立"以人为本"的高校学生管理理念,营造良好的服务氛围,对学生能起到潜移默化的作用。高校从教学到行政管理,从学生学习到后勤服务,都要不断深化教育改革,转变教育观念,转变过去那种以学校为主体、以教育者为核心的工作思路和工作方式,变管理为服务,树立"一切工作都是为了学生"的健康成长的管理理念。"以人为本"的高校学生管理就是以学生的发展为高校工作的出发点和落脚点,一切为了学生,使大学生德、智、体、美全面发展。具体而言,就是要理解学生、尊重学生、服务学生、信任学生。

二、实现"以人为本"的管理模式的必然性

高校是培养和输送人才的重要阵地,始终担负着为社会培养高素质的建设者和接班人的神圣使命。在现行的高校学生管理中,管理目标的抽象化和格式化也是高校学生管理的一大弊病。高校学生管理工作与学校的其他工作目标是一致的,都是为社会培养人才。

人性化管理是以情服人来提高管理效率的,人性化管理风格的实质就在于充分尊重被管理者的自由和创造才能,从而使被管理者愿意以满足的心态或以最佳的精神状态全身心地投入学习和工作当中去,进而直接提高管理效率。人性的管理是情、理、法并重的管理,而不是放任管理,也就是我们提倡的教育人性化。对高校学生实行"以人为本"的管理模式抓住了学生管理中最核心的因素,因为学生管理就是人的管理。人的需求、人的属性、人的心理、人的情绪、人的信念、人的素质、人的价值等一系列与人有关的问题均成为管理者悉心关注的重要问题。这是高校学生管理的出发点和

落脚点。

高校的基本职能之一就是为社会发展教育和培养人才，大学生已经具有了成为国家栋梁的基本潜质和条件，在教育和培养的过程中，要充分调动大学生的主动性、积极性和创造性，为他们营造能激发创造性和自主创新性的氛围。要实现这一目标，高校学生管理就必须是人性化管理，实施"以人为本"的管理模式。首先要转变教育管理观念，树立科学的人才观。切不可用一种人才模式去苛求学生，限制学生个性的发展。学生管理工作者要有着眼于未来的宽广眼光和不拘一格育人的胆略。其次是要着重提高教师的综合素质，强化管理者的人格魅力。

在新形势下，主观上学生群体已经逐渐不接受传统的高校学生管理模式，客观上高校管理所面临的形势也不能使这样一种模式维持下去。招生规模的扩大，个性培养和创新教育日益被高校所重视等，这些因素都要求高校学生管理必须抓住"学生"这一根本，转变管理理念，提高教师的综合素质，强化管理者的人格魅力。进行人本化管理，其实是对教师尤其是学生管理者提出了更高的要求。以人为本，促进高校学生管理和谐发展是时代的发展适应大学生全面发展和个性发展的必然要求。构建和谐社会和谐校园，新时期学生的思想特点等使得以人为本的管理模式成为必然的选择。

三、构建"以人为本"的学生管理模式

（一）加深对学生的本质认识

高校学生管理，无论是计划和任务的确定，还是内容和形式的选择，都源于对学生的认识和把握，源于对学生发展中各种矛盾的深刻洞察。实际上，任何个体都有其自身具体、独特、不可替代的需求。不同个体的需求在整个群体中又都不是孤立存在的，它们之间是相互联系和作用的。就高校学生管理而言，学生对自身所处管理环境的感受，对自己在学校中的地位，对学习、恋爱、人际关系、就业等个人发展需要得以满足的程度，都是影响管理效果的重要因素。

离开了对这些因素的认识、洞察和把握，高校学生管理就成了无源之水、无本之木。因此，我们只有全面考虑学生的个体情况，重视个人需要在管理中的地位和作用，并把它们看作运动的、变化的，高校学生管理才能有的放矢，提高管理效率，收到预期的效果。

（二）营造"以人为本"的校园文化环境

环境是人们赖以生存和发展的自然条件和社会条件的总和。校园文化环境是指与校园文化的形成与发展密切相关的外部条件。校园文化环境包括校园的物质环境和校

园的精神环境两部分。校园的物质环境是以布局成型的姿态出现的物质环境，主要是指校容，如建筑物的布局，室外的绿化、美化，室内的整洁、美观、大方等。校园的精神环境主要是学校的传统习俗，校风、人际关系、心理氛围、文化品位及活动构成的气氛等。人的发展及才能的养成是遗传、教育、环境共同作用的结果。人不仅受他们所处的环境的影响，也在不断地改变环境。这个环境又进一步地影响他人和自己。就学校而言，这种对人的发展以及才能的养成产生影响的环境，就是校园文化环境。校园文化环境对学校的教育工作及师生员工的生活有着不可低估的作用。开展丰富多样、多元化的学生集体活动能够培养学生崇高的理想和高尚的道德情操，能够使学生的兴趣爱好和特长得到良好的培养和充分的发挥。在一个健全的集体中，学生的不良习惯及意识也比较容易克服，因为集体的影响、优良作风对学生思想品德的形成和发展能起到巨大的促进作用。要充分调动学生的积极性、创造性，设法激发学生的思维兴奋点，组织开展丰富多彩的集体活动，在集体活动中教育、培养学生的集体主义精神，通过各项活动，积极发挥和发展学生的才干及特长，使活动和教育融为一体。

（三）构建以学生为中心的管理模式，实现学生自我管理

贯彻"以人为本"的教育理念，构建人性化的学生管理模式，其中最基本的有两条：一是确保学生在教育中的主体地位，充分尊重学生的人格与自主权利；二是要对所有学生负责，为学生的全面发展提供应有的服务。

作为教育工作的重要方面，在管理工作中确保学生的主体地位，尊重和维护学生自主学习的权利，就要保证教育主体的主观能动性得到充分的发挥，使他们的个性得到充分的张扬，使他们的潜力和发展的潜质得到充分的挖掘。积极实践学生的自我管理、自我教育、自我约束、自我服务、自我发展等，不断培养和提高学生独立思考问题、分析问题、解决问题的能力，这不仅是改进学生工作、为学生的自主发展提供更大空间的需要，也是我们这些年来在学生管理工作中的成功经验。实际上学生的"自我管理"，就是一种民主的、开放的、人性化的管理，它更加有利于实现学生成才的目标。

四、学生在管理中的问题

高校学生通常叛逆心理较强，不希望被控制，希望自由，不喜欢被约束，不喜欢规章制度，喜欢自由自在。针对高校学生的这一特点，我们可以调动学生的主观能动性，使学生转换观点，不要让学生觉得自己被约束，让他们觉得自己是自由的。可以多让学生参加课外活动，多参加社团、学生会，使学生通过管理学会自我调节和自我管理。同时我们需要有更多的激励方式来调动学生的积极性，从而更好地进行自我管

理。对于在学生管理方面表现出色的学生应该予以必要的精神鼓励和物质鼓励，这样学生才能够更好地自我管理，进一步更好地推进管理模式，形成良好的管理习惯。

五、加强学生管理机制

做好学生管理工作，需要大家不断地努力，通过多和学生沟通，了解学生，从而更好地做好学生管理工作，立足于学生所需、学生所想，实实在在地为学生做好服务。在管理方面，教师应该更多地阅读教育学方面的书籍，更好地了解现阶段学生的心理状态，知道怎样处理出现的问题，同时做学生管理工作的教师需要有满腔的工作热情和无私奉献的精神，这是一名管理者应该具备的，时时刻刻关心学生，了解学生的需要，从更人性的方面出发。另外，教师也需要合理的晋升培训机制，更好地鼓励管理工作做得好的教师，只有这样教师才能更有动力地做好管理工作。

高校管理工作是一项责任重大的工作，高校管理工作要围绕学生的基础需要，立足于学生的发展，更多的是做一个好的引导者，让学生朝着更好的方向发展。这才是我们管理者在以后的工作中需要加强的。

六、提高学生管理工作者的素质

"以人为本"的管理理念体现出管理的自主性、民主性、灵活性和发展性等特征，这对学生管理工作者提出了更高的要求。"教书育人"就是通过"教书"这一手段和过程达到"育人"的目的。高校各门课程都具有育人功能，所有教师都有育人职责。学校道德教育的成效很大程度上是由教师的道德素养所决定的。教师及各类管理人员要从不同的方面对学生的行为产生影响和作用，确立全员育人和全程育人的观念。学生工作者要深刻认识并准确把握经济社会形势和发展趋势，面对这些变化所带来的影响，能够因势利导做好学生的教育引导工作。

建设一支高素质的学生工作队伍，一方面是高职院校要按照要求认真做好建设规划，做到与师资队伍和其他管理人员队伍的建设统一规划、统一实施；要明确条件、坚持标准，切实做好人员选配工作；要周密计划、合理安排，扎实推进人员培训工作；要提出目标、严格要求，不断增强学生工作者的责任感；领导和有关部门要对学生工作者思想上重视、工作上支持、生活上关心、政治上爱护，使学生工作者都能够随着形势的发展和工作的进行不断提高素质和水平，以满足事业发展的需要。另一方面要求学生工作者加强自身修养，明确神圣职责，增强责任观念，树立服务意识，努力学习，积极实践，深入思考，大胆创新，不断探索新形势下学生工作的新路子、新方法，不断总结适应新形势、新情况下的学生工作的新经验、新成果，在全面服务学生成长成才的过程中发展自己,实现自身的价值。"以人为本"的学生管理要追求以新奇制胜,以巧妙攻心,关注学生的日常生活和学习生活中行为表现的细枝末节,把为学生服务放在重要位置,创造性地进行管理。只有坚持"以人为本,和谐发展"的管理理念,适应新时期科学发展观的要求,倡导积极向上的学习观、人生观、价值观,实现学生管理模式的改革与创新,才能真正促进学生的全面发展、和谐发展和持续发展。

第五节 "以人为本"的高校学生管理模式

一、"以人为本"高校学生管理的内涵

"以人为本"的高校学生管理模式应包含以下几方面。

首先,要树立服务观念。随着高等教育成为一种消费,大学生不仅是高等教育的产品更是高校服务的客户,他们有权得到高质量的服务。要树立以服务为本的学生管理理念就要突出服务功能,提高服务质量,坚持从服务与管理学生、维护学生的合法权益出发,将教育、管理和服务有机统一起来。

其次,树立民主管理观念。当前的学生要求平等参与有关自身利益管理的欲望越来越强烈,实施"以人为本"就要求在各种管理工作中重视人的因素,正确认识人的价值。人既是被管理的对象,又是管理的主体,应充分发挥人在管理中的积极性和主动性,形成一种全员参与的管理模式。高校必须强化学生管理工作中的民主观念,彰显"以人为本"精神。

最后,加强法治观念。学生管理工作的"法治",从本质上讲也是"以人为本"管理理念发展的必然要求。

"以人为本"的学生管理模式促进学生个性发展,与传统管理强调共性存在很大的区别,大学生都是具有个性的人,学生管理工作过程中过度强调共性,必然扼杀人类本性中的创造性潜能,使高校的学生管理活动失去应有的生机和活力。"以人为本"的学生管理工作必须树立创新观念,注重发展学生的创新意识和创新能力。总之,"以人为本"高校学生管理的内涵可以归纳为以下几点。

第一,从心理学的角度来看,分析大学生的心理特征,准确把握大学生成长过程中的心理变化曲线,理解他们的各种正当合理需要。

第二,加强"以人为本"理念的传播,对大学生进行人性化的教育管理,以人的

本性为出发点，引导学生进行自我剖析。

第三，承认大学生的个性，并引导其个性的良性发展，使其共性合格，个性张扬。

第四，强化学生的主体性，发挥其在教育过程中的主体作用，激发其自我教育、自我管理、自我服务的作用。

第五，加强角色转换，加强督导作用。

第六，加强对学生的教育、指导、管理、强化服务，为学生的健康成长和全面发展创造条件。

二、推行"以人为本"高校学生管理模式的意义

（一）"以人为本"是时代进步及现代高等教育管理价值观转变的体现

世界发生着巨大的变化，政治多极化、经济全球化、金融危机化、文化多元化等都冲击着我国高校学生管理模式的探索。同时，随着我国社会主义市场经济体制的日益完善，社会分工越来越细，就业竞争、岗位竞争、职务竞争等也越来越激烈，社会对人才的标准也提出了更高的要求。如何适应这种新形势，了解新情况、研究新问题、迎接新挑战，做到与时俱进是高校学生管理在理论和实践上要深入研究的重大课题。党的十六届三中全会提出"坚持以人为本，树立全面、协调、可持续发展观，促进经济社会和人的全面发展"[1]，为高校学生管理工作指明了方向，即倡导和确立"以人为本"的管理理念，高校学生管理改革才会有新突破，才会有新举措，教育才能开创新局面。

（二）"以人为本"的学生管理模式代表高等教育管理手段改革的新趋势

21世纪是知识经济时代，知识经济崇尚民主、平等、创造性，强调人力资源开发和科技创新的作用，提出教育遵循"以人为本"的管理理念。因此，高校教育管理者面对知识经济的挑战，必须贯彻"以人为本"的思想，不断学习新知识、提出新观点、更新旧观念、开拓新思路，这样才能适应21世纪人文教育的需要。

"以人为本"的管理理念为新时期高校教育改革注入了新的理念。高校作为人类社会中传播知识和先进文化的重要阵地，作为学生树立正确世界观、人生观、价值观和创新思维培养的重要场所，必须坚持"以人为本"的办学理念，才能理解学生、尊重学生、服务学生、依托学生和信任学生。只有充分理解学生的个性、学生的情感、学生的尊严和学生的思想，不断挖掘学生的潜力，才能培养学生的创新精神，因材施教，提高学生的主观能动性，发挥学生的聪明才智，尊重学生的主体意识，最大限度地发挥学生的想象力，使学生真正实现自我教育和自我管理。这些都需要

---

[1] 钟秋莲.坚持以人为本 促进经济社会和人的全面发展[J].前沿,2005(2):160-163.

我们建立健全"以人为本"的高校学生管理体系,创造尊重学生的社会条件。但是,尊重并不是放弃原则,不是对学生违规违纪视而不见或拒绝对学生错误言行进行批评、教育,而是真心地去关心他们:从思想上关心他们,使大学生树立正确的政治理想,坚定永远跟党走的决心和信心;从学习上关心他们,使大学生产生对学习的兴趣,自发地树立学习的目标;从生活上关心他们,使大学生感受到学校大家庭的温暖。良好的学习生活环境是学生成长、成才的必备条件。应根据学生个人发展的需要,时刻为他们的成长、成才提供锻炼的舞台和最佳的环境。这样学生就能不断地在思想上提高自己、在学习中完善自己、在生活中充实自己,为他们的自我实现、全面发展奠定坚实的基础。

(三)"以人为本"的学生管理模式在网络时代成为可能

网络正极大地改变着大学生的生活、学习方式甚至是语言习惯。对学生管理工作而言,网络为高校学生管理工作带来机遇的同时,也带来了极大的冲击。网络信息的快捷性、丰富性和开放性特点,使得学生从学校和课堂获取知识的权威性受到怀疑。网络的虚拟性、隐蔽性使得网络成为有害信息的滋生地和传播地,使得大学生难以判别和抵御。

(四)"以人为本"的学生管理模式是大学生权利本位的要求

随着经济的发展和科技的进步,当代大学生已经具有了明显的时代特征,如强烈的自我意识、独立意识、平等意识、个性意识。他们大多见多识广,反应敏捷,接受新事物的能力强,在某些方面的知识已远远超过教师和家长,这是不争的事实,学生已不再满足于"你讲我听""你说我干"的顺从和权威崇拜的心理。但是,自理能力、协作意识差,意志脆弱,承受能力差也是当今大学生多出现的问题。

目前在校生中,"00后"学生已经成为高校学生的主体。这些学生由于受到特殊时期经济政治体制变化、思想领域变化和大众传媒方式日益多样化等因素的影响,学生的权利意识有了很大的变化。他们成长环境十分优越,缺少艰苦环境的磨炼,有相当一部分学生在上大学前,除了读书学习之外,很少参与社会实践和劳动锻炼,过着"衣来伸手,饭来张口"的生活,养成了很强的依赖性,优越的成长环境也使他们对生活有较高的期望值,总渴望着别人能让着自己、关心自己;他们缺少磨炼,在心理上过分依赖于家长和学校;没有挫折体验,经不起新环境和困难的考验,意志薄弱,承受能力差。另外,相当数量的贫困生,心理压力过大,造成强自尊与强自卑并存,敏感与脆弱同在。这就要求高校学生管理工作要主动适应这种变化,创新学生管理工作的思路。要正确认定学校与学生之间的关系,正确认识和对待高校学生的权利意识,积极引导和培养学生正确的权利意识观念,让学生参与权利维护的实践和讨论,在行动与思考中成熟。

当前的大学生对自我权利意识有着较为自觉的认识，并且将其作为个性张扬、精神独立的重要表达方式。他们对个人利益的保护意识较为强烈，对自己作为教育消费者的身份有着较为清楚的认识，能够从消费者权利角度，主动了解并思考教育消费方面的诸多事情。比如，学费、住宿费等收费是否合理，教育质量是否和教育消费支出相称，等等。对于学校的各项规章制度，他们也常常会发表自己的看法，评论其是否科学合理，并希望通过合适的途径表达自己的意见；他们希望更详细地了解学校发展情况及各项奖惩制度，所学专业的师资队伍建设情况及就业前景等。这样的维权意识能够推动学校更好地调配使用教学资源、更谨慎地建设并管理师资队伍，使校园管理更为科学化、人性化。

善于积极表达权利意识。据了解，当代青年学生已经不满足于仅仅停留在自我权利意识的觉醒阶段。作为希望接受优质教育的年轻一代，他们更加关注如何将自己的权利意识通过更为合理、妥当的方式表达出来，并最终获得实现。他们希望通过高效直接的途径，促使学校管理者能够从学校制度建设方面切实保障其各项正当权利，但是，他们仍然存在表达方式易冲动。由于大学生自身年龄、知识视野狭窄等因素影响，他们有时会片面地夸大自身的权利却忽视义务或一味地抱怨学校仍存在的某些问题，却不能够积极地以主人翁的态度配合学校管理层做出应有的努力。因此，这就要求高校学生管理者不仅要尊重法律赋予学生的权利，更要警惕学生思想中因年轻而暴露出的片面化、极端化的倾向，正确引导、教育学生，实现学生成长和学校发展的共赢。

三、"以人为本"高校学生管理模式的特征分析

以人为本的高校学生管理模式较传统的管理模式主要有以下几个方面的特点。

（一）"以人为本"的高校学生管理模式注重学生的全面发展

以人为本的高校学生管理指的是以学生的发展为高校工作的出发点和落脚点，一切为了学生，使学生在德、智、体、美等方面全面发展，所以从管理的目标上来看，以人为本的管理模式更注重学生的全面发展。传统的管理模式把实现班级和学校目标、维护班级和学校利益作为最重要甚至是唯一的目标和归宿。人本管理在关注组织目标和组织利益的同时更加注重学生的成长与全面发展、个性化等问题，它认为学生管理的最终目标和归宿在于促进学生健康成长，在于培养具有独立的、鲜明的、多元化的个性的人，在于促进人的全面发展、实现教育目标等，而不是生产统一的、服从的、标准化的人才。

（二）"以人为本"的高校学生管理模式尊重学生的主体性

主体性，从根本上说，就是人（主体）区别于客体（自然）而有别于动物的基本属性。那么怎样才能体现人的主体性呢？马克思主义认为，只有体现在人同客体的相互作用中所表现出来的自主性、能动性、创造性才是人的主体性的特征表现。学生在学校中的主体性，正是通过"三性"（自主性、能动性、创造性）而表现出来的。

传统的管理模式认为规章制度是神圣的，是学生管理的中心环节，没有规矩不成方圆，制度是管理的保证，制度是铁定的、不可通融的，制度面前人人平等。反映在学生管理中就是实施"管、卡、压"的手段，这种管理方法实际上忽视了学生是一个具有自主性、能动性、创造性的主体。

如果学生管理离开了学生的积极参与，再好的管理制度也不会取得好的成效，也就是说，要取得良好的学生管理成效，必须调动学生参与学生管理的积极性，尊重学生的主体性。尊重学生的主体性就要求我们在对学生管理时贯彻"导之以行，晓之以理，动之以情"的原则。

人本管理对学生的管理，既可以通过制定、实施一系列的规章制度和管理措施来指导、约束、控制、规范学生的行为，也可以通过对环境的影响力和教育的影响力，对学生的管理产生潜移默化的影响。但这些只是影响学生管理的外部因素，外部因素只有通过学生的自觉性和积极性等内因才能为学生自觉地接受，在主观上加以认识和理解。因为学生管理不可能把社会的思想意识、行为规范简单地直接移植到学生个人身上，而是让学生在管理过程中能够自我反思、自我教育、自我激励，使学生树立自强、自立、自律的观念。以人为本的学生管理的对象是人，所以学生管理活动的实施对象是有思想、有独立人格，主动性、自主性和主观能动性的不断成长、发展着的人。每个学生都具有自己独立的人格、尊严和个性的需要。所以以人为本的学生管理是围绕激发和调动学生的主观能动性为核心的，尊重和发扬学生的主体性，并且以人为本的高校学生管理尊重学生、理解学生、服务学生、相信学生，最大限度地发挥学生的主动性与创造性，强调学生是学生管理的主体。

（三）"以人为本"的高校学生管理模式尊重学生的个性发展

根据马克思主义关于人的学说，个体性是指个体在自然素质（又称遗传素质）的基础上，通过个体的活动、接受教育和社会环境的影响而形成的有个体特质的心理特性的总和，个体性具有先天性、差异性、社会性和可塑性等特征。个性发展的核心是自主性和创造性的发挥。

传统的学生管理忽略了一个明显的事实，那就是学生是一个不断成长发展着的人，是一个由个体性的人向社会性的人的发展成长过程。在学生管理工作中许多教师总喜欢学生循规蹈矩，唯命是从，不能容忍学生的缺点，一旦学生有某些不规矩的地方，便采取一些强制性的教育手段，不仅方法粗暴，而且收效甚微。这种管理模式追求"齐步走""整齐划一"，对学生个体之间差异和个性特征重视不够，因而造就出来的学生都是"千人一面"，缺乏创新性的思维品质，无法适应时代发展的要求。

现代社会既为人的个性发展提供了极大的可能性，也对人的发展提出了更高的要求。现在培养的学生除了应当具有扎实的基础知识和较强的实践能力以外，更要有全面优良的素质和适应社会变化的能力。这就意味着一个人不仅要有强烈的事业进取心、社会历史使命感和责任感，有丰富的想象力、深刻的洞察力和科学精神，有正视挑战，参与竞争，关心他人，合作共事的优良心理素质，而且要有自觉、自主、自强、自信、进取、创新的能力。人本管理思想坚持面向全体学生，为全体学生的全面发展创造相应的条件，但却不是千人一面，而是多样性的因材施教的教育。在全面发展的基础上，注重培养学生的个性特点，不拘一格育人才，最大限度地调动学生学习的积极性和主动性，引导他们主动地去认识自我、反省自我、寻求真理、完善人格，把自己塑造成为具有鲜明的个性特征和良好素质的社会主体，形成人才辈出、群星荟萃的局面。在学生工作中鼓励学生多出头、敢出头，充分发挥学生的专长。这种模式充分地尊重学生的个体理性，使其能够自主地为自己确定目标，并为实现这些目标而选择合适的手段，充分满足学生自己的需要。

（四）"以人为本"的高校学生管理模式体现因材施教的原则

"因材施教"是我国古代一条重要的教学原则，是孔子在长期的教学实践中提出的。宋代学者朱熹把孔子这一思想概括为："夫子教人，各因其材"。"因材施教"强调教师在教育学生时，应该根据每个学生的具体情况和特点，如能力、性格、特长、原有基础等，提出不同要求，选择适当的教法，给予学生不同的教育，以促进学生的发展。

"因材施教"强调的是教师依据学生的个性特点进行教学。但是在实际的教学工作中，许多教育工作者没有正视学生的主体地位，仅仅把学生当作教学的对象，只看到学生受动的一面，而没有看到学生能动的一面，压抑了学生在教学过程中的主动性与积极性，束缚了学生主体性的发展。体现在现实实践中就是表现出专业设置过细，培养目标单一，教学计划和考核评价标准注重共性和统一，等等。受这种传统观念的影响，学校开设什么专业，学生就学习什么专业；学校开设什么课程，学生就学习什么课程，学校安排什么样的教师，学生就听什么教师的课。这样下来，学生完全处于从属、被动的地位，个性发展根本得不到尊重，由此导致学生视野和思想不够开阔，专业素质不高，创新意识和创新能力较弱，难以适应社会和个人发展的需要。

"以人为本"主张"人本位",强调"学生第一"的办学理念。现在许多大学在办学的过程中就进行了一系列的改革。比如,实施学分制管理模式改革,学生可根据自身的情况提前毕业或推后毕业;制定了第二专业、辅修专业、第二学位的学籍管理规范,建立了具有约束机制的淘汰制度,并在此基础上试行了学生入学一年后转专业制度;实施了学生先选课,教务再排课制度,赋予学生更大的选择权和自由空间,增强了学生的主体意识;大力开设跨院(系)选修课,放开学生选修范围,鼓励学生在全校范围内任选课程。还有一些高校,为充分利用地源优势,鼓励学生跨院校选课,实现校际教育资源共享;一些学校还实行学生选教师制度,某门课程达不到规定的上课人数,该任课教师将被取消任教资格。这些措施的陆续出台和实施,满足了学生个性发展的需要,尊重了学生的主体性,体现了因材施教的原则。

(五)"以人为本"的高校学生管理模式强化学生管理的服务意识

传统的学生管理模式所注重的是管理者的优先地位,强调个体对群体的服从,忽视了学生的主体地位和学生的权益,它往往把学生作为规范和约束的对象,要求学生的行为符合社会规范和学校的要求,以"不出问题"作为管理的目标,不注重学生个性和创造性的发挥,忽视学生自由而全面地发展,这种管理模式既不适应目前高等教育所面临的新形势,也不利于强调创新精神的素质教育这一人才培养模式的构建。

在现代市场经济社会中,有不少学者把学生和学校的关系比喻为买方和卖方的关系,即学生作为消费者进入学校,有权利要求管理者提供给他所真正需要的服务。所以,学生管理工作者必须正视学生的这种权益意识,在给学生提供图书资料和网络信息、社团活动和文化体育娱乐、生活和就业指导等诸多方面的服务时,充分尊重学生的主体地位,注重学生个性和创新性的发挥。

当把学生理解为买方时,特别需要注意的是他们的特殊性,他们在身心方面都还没完全成熟,缺少人生的经验,需要学生管理工作者给他们提供一种特殊的成长服务,包括心理咨询、世界观、人生观和价值观的指导,个人潜能发展的引导以及个人权益的维护等。这就要求学生管理工作者拥有高度的责任心,为学生的发展所必备的独立人格、人文素质、正确"三观"和创新精神的塑造与培养提供帮助,这就体现了"人本位""学生第一"的办学理念。

四、构建"以人为本"的高校学生管理模式

（一）重新认识和理解学生的本质

高校学生的管理工作，不管是制订工作计划还是安排工作任务，或是选择管理的形式和内容都离不开对学生的了解，离不开对学生遇到的问题的思考。我们知道，每一个单独存在的个体都有自己独一无二的具体的需求。当然，个体的不同需求并不是孤立于整体而存在的，他和整体之间存在着必然的联系，二者相互影响相互作用。在高校学生管理的整体中，学生作为一个独立的个体，他对于周围环境的感受，对于自己在学校的位置，对于高校学生管理产生的效果都会产生影响。如果不重视对这些要素的认知和把握，高校学生管理就会失去活力和存在的价值。所以学生的个体情况必须引起我们的重视，重新认识个人需求在管理中的重要性，认识到个人需求是不断发展变化的，只有这样高校学生管理才可以明确目标，逐步改善，进而实现高效管理的期望。

（二）高校的管理方略要以学生为中心，鼓励学生开展自我管理

要将这一模式贯彻下去学校必须做好充分的准备，具体要做到以下几点：首先，努力创造宽松、和谐的校园环境，营造学生自我管理的氛围。为学生提供优良的文化环境是高校的责任也是实现学生自我管理的基础。对于可以对学生产生深远影响的同时学生也对其产生影响的校园文化环境，高校必须引起足够的重视。学校的文化环境应该尽量宽松，使学生可以自由地成长并且可以弘扬学生的主体精神。其次，对于现存的学生管理结构进行改革，创立学生自我管理制度。作为自我管理的主体，要求学生要充分发挥自身的创造性和责任感。成立专门的机构为学生自我管理的正常开展提供保障，并且保证学生自我管理形成制度化和常规化。

（三）实现学生管理方式的不断创新

高校的学生管理方式是否科学和合理，对于学生的发展和培养起着关键的作用。因此，高校的学生管理要注意：首先，重视教师的作用，关注其对于学生的潜在影响。在人本主义心理学看来，讲道德的理念教育与实践相结合，将其融合在日常教学活动中是最好的道德教育方式，有助于学生在不知不觉中完善自己的人格。其次，采用合理的教育方法和形式，使其与教学目标和内容相适应。结合大学生的心理特点和认知能力的特征，关注学生的真实生活体验，从他们的体验出发去帮助他们完善自己的价值观、人生观和世界观，帮助他们学会思考和判断，具备独立生存的能力。同时要发掘学生的优势和自身的管理能力，促使他们在自我管理中培养和提高自身

的综合素质。

第六节 目标管理理论下的高校学生管理模式

在高校中，辅导员是学生管理工作的组织者、实施者和指导者，是从事学生管理工作的一线人员，辅导员与学生走得最近、接触最多，辅导员对学生了解最多、影响最大。所以，辅导员的管理思想和管理方法直接影响着高校整个学生管理工作的质量和水平，只有将目标管理理论应用到辅导员的日常学生管理工作中，才能指导工作实践，不断提高高校学生管理工作的质量和水平。

一、目标管理理论的特点

目标管理理论是由美国管理学家彼得·德鲁克根据目标设置理论提出的目标激励方案，目标管理是企业组织或管理者运用激励机制的作用，以组织目标的设置和分解、目标执行过程中的跟踪控制、目标执行成果的奖惩为主要手段，把组织目标转化成被管理者的目标，通过员工的自我控制、自我管理来实现组织经营目的的一种管理方法。目标管理理论主要有以下几个特点：

第一，目标管理不是对目标的管理，而是通过目标实现管理。

第二，变"压制式"管理为"参与式"管理。德鲁克认为，组织必须将自己的目的和任务转化为目标，管理者和被管理者必须一起制定组织的总目标，然后将总目标分解为各职能部门的分目标。在目标的制定和分解中，必须全员参与，重视被管理者的主体地位，被管理者在其中有充分的发言权和自主权。

第三，让员工自己管理自己，变"要我干"为"我要干"。目标管理理论认为，个人目标和组织目标是统一的，完成组织目标就是完成个人目标。在目标实施阶段，它强调：管理者必须下放权力，充分信任一线人员，发掘员工的工作潜力，使他们进行自我控制、自我管理，独立自主地完成各自的任务。在目标成果评价阶段，它强调：每个管理人员和员工完成的分目标就是他们对组织的贡献，成果评价和奖惩必须严格按照每个人的目标完成情况和实际成果大小来进行，以激励其工作热情，充分调动员工的工作自主性、积极性和创造性。

二、高校学生管理工作困境呼唤目标管理

高校学生管理工作与目标管理理论的有机结合，是由目标管理理论的特点和高校

学生管理工作的困境决定的。

在高校，辅导员的学生管理工作一直面临着两大困境：一方面，辅导员和学生朝夕相处，与学生之间建立了密切的关系，从入学环境的熟悉，到生活上琐碎事情的解决，以及专业学习的咨询，学生有事就找辅导员。所以只要与学生沾边的事情辅导员都要去抓、去管，这种工作现状常常致使辅导员的内心处于一种矛盾状态：自己的工作职责究竟是思政教育还是学生管理？还是两者兼而有之？如果两者兼而有之，那么日常工作的重心该如何权衡？这种矛盾心理会在实践中严重影响辅导员的工作效率和工作水平。另一方面，在高校学生管理工作实践中，专职辅导员的师生比设置不低于1：200，再加之学生事务的琐碎，所以辅导员的工作量很大，工作任务也较繁重，在这种情况下，如何保证学生管理工作的质量和水平又成为辅导员面临的另一困境。其实，思政教育和学生管理并不矛盾。根据目标管理理论，辅导员可以通过目标管理引导学生参与自我管理，把思政教育融入目标教育中，实现思政教育和学生目标管理的统一，这样既可以防止辅导员日常工作的失衡，又可以帮助辅导员提高工作效率和工作水平。

三、目标管理在学生管理中的具体运用

首先，确定目标管理的推行范围。确定目标管理的推行范围，就是选择目标管理的推行受众。高校学生管理工作实践表明，大一学生是目标管理最适合的推行受众。与其他年级学生相比，大一学生有一个明显的特点，那就是他们在各个方面（如学习、交友、工作、对未来的期望等）的积极性和热情都要明显高于其他年级。而且研究表明，较其他年级学生，大一学生的各个目标设置水平都要偏高，这些目标包括学习目标、社交目标、社会责任目标以及未来发展目标等。这主要是因为大一学生都是刚踏进大学校门的新生，他们对大学生活充满了各种期望和设想，他们的世界观、人生观和价值观还都处在理想和现实的边缘，所以，大一学生的特点决定了他们处在目标教育的关键时期，是辅导员进行目标管理最恰当的推行范围。具体推行过程中，辅导员应该采取分班级渐进式推行。

其次，加强对学生的宣传和教育。宣传和教育的目的是让学生对目标管理有充分的了解，为后续目标管理的顺利进行打下基础。在这一阶段辅导员需要做以下几点工作：一要对传统的班级管理干部即班委的成员和结构进行调整。班委成员的确定原则是简洁高效，班委的组成结构是三级制，班长、团支书下设学习委员、宣传委员和组织委员各一人，然后下设各学习小组组长，学习小组以宿舍为单位组建。二要明确宣传教育的主要对象。虽然大一学生都是辅导员宣传教育的对象，但宣传教育的主要对

象应该是班干部，因为他们能否正确理解和执行目标管理对其他学生理解和执行目标管理具有重要的影响。三要明确宣传教育的内容。宣传教育的主要内容是"什么是目标管理"以及"如何具体执行目标管理"，教育重点是让学生清楚目标管理较之传统管理的优势，让学生明白目标管理与他们自身学习发展的关系。四要选择合适的教育方法。宣传教育要层层推进，责任到人。辅导员对班干部要进行重点培训教育，对全体学生可以采取讲座或印发宣传手册的方式进行。同时，各班班干部要采取班会、板报等形式对本班学生进行有针对性的宣传教育，学习小组组长要负责对本小组成员的宣传教育。

第三，师生共同制定发展目标。南京信息工程大学周祥龙教师曾提出一个"四年之约"理论，所谓"四年之约"就是引导、教育大学生对大学生活进行规划，确立学习、生活及择业、就业的总目标和阶段性目标，并对其目标的践行进行有效的指导，进而使其能够顺利实现自己的目标，帮助其成人、成才。这里，师生要共同制定的目标就是"四年之约"目标。目标的制定过程是师生互动的过程，在这个过程中，辅导员需要注意以下几点：

第一，目标一定是学生自主制订、自愿执行的。

第二，目标包括长期目标和短期目标。长期目标是短期目标实现的结果，短期目标是根据长期目标制定出的分阶段目标即学期目标。

第三，辅导员要充分发挥引导作用。辅导员要向学生不断地进行政治目标、职业目标以及专业目标等关于大学生自身发展目标的教育，并通过问卷、班会、个别交谈等形式，了解学生的情况，了解学生的意愿、志向，帮助学生分析，引导学生"设计"自己的前途：我要成为具有怎样的素质和道德修养的人（思想道德发展目标）？成为具有怎样的智能和专业素质的人（专业发展目标）？成为具有怎样的身体素质和心理素质的人（身心发展目标）？

第四，师生共同制定的目标要具备三个特征：一要可量化，目标数量不宜过多，并有轻重缓急之分；二要具体化，特别是短期目标；三要有可行性，目标不能好高骛远；四要有适度挑战性。

从次，控制目标执行过程。目标制定后的关键步骤在于践行。在这一阶段，辅导员和班干部要做好过程控制工作，即做好目标执行过程中的监督、检查和调整工作。过程控制的首要目的是及时发现并修正目标执行过程中的偏差，同时要重点帮助特殊群体，鼓励学生持之以恒。为做好过程控制工作，辅导员要充分发挥班干部特别是学习组长的信息桥梁作用，及时、全面地掌握学生目标执行动态，定期召开动员会、交流会，并做实月汇总、月考核、月反馈工作。

最后，考评目标执行结果。目标执行结果的考评是一个总结、评价与反思的过程。

它既是本轮目标管理的终点,又是下一轮目标管理的起点,发挥着承上启下的重要作用。这一阶段辅导员需要把握好三点:一是考评的奖惩标准一定是事先和学生共同商定的,辅导员不能随意更改;二是考评工作一定要及时做,否则其激励作用就会大打折扣;三是考评的目的不是简单的奖优惩劣,而是要实现学生的成长、进步,所以对于目标执行结果不理想但在目标执行过程中态度端正、积极要求上进的学生,也是我们奖励的重点对象。

第六章 大学生教育管理制度研究

第一节 大学生参与教学管理的制度

大学生参与学校管理是现代大学治理体系发展的必然要求，是"以学生为中心"的现代大学教育理念的具体体现。大学生在享受高等教育的同时也有权去参与高校教学质量管理，从而保障自己的权益，并且对进一步提高高校教学质量、实现高等教育内涵式发展也有重要意义。我国大学生虽具有参与高校管理的权利，但普遍缺乏管理的主动性。大学生参与高校管理需要有理论依据的支持、健全的管理制度和完善的保障机制。

教育家陶行知曾经说过："学生自治，不是自由行动，乃是共同治理；不是打消规则，乃是大家立法守法；不是放任，不是和学校宣布独立，乃是练习自治的道理。"[1] 长期以来，国内高校一直采用传统的党委领导的校长负责制的直线式管理体制，学生在高校事务管理中没有话语权，学生的权利没有受到重视。近年来，由于受20世纪70年代西方国家高等教育管理体制改革浪潮的影响，国内高校也逐渐开始重视学生参与高等教育管理的相关事务。

一、大学生参与高校管理的重要性

（一）有利于培养学生的适应发展能力

当代社会对高校人才的录用变得更加注重大学生的实际工作能力和适应发展能力，而不是一味地追求高学历。大学生参与高校事务的管理，可以得到很好的锻炼机会，增强自己的适应发展能力，成为真正的人才。

（二）有利于实现高校管理的民主化、科学化

我国高等教育逐步迈入大众化教育时代，大学生参与管理和决策，能让他们清楚<u>本身需求所在</u>，能够使学校政策法规得到大学生的认同，并且可以减少决策执行时的

---
[1] 陶行知.教育的本质[M].长沙：湖南人民出版社，2019.

阻力，使决策更加科学化、民主化，以此来调动大学生参与高校管理的主动性和积极性，并使大学生实现自我管理、自我发展、自我成才。

（三）有利于提高教育教学质量

扩招是教育改革中的重要一步，教育质量始终是高等教育的生命线。在高校中，大学生对课程设置、教学效果、教学改革、教育服务、职业规划指导等方面进行信息反馈，积极参与监督管理，不仅有利于高校教育教学质量的提升，更是学生提升自我综合素质和多种能力的重要途径。

二、大学生学校管理参与现状及原因

（一）态度冷漠

大学生学校管理参与态度冷漠表现在对学校管理缺乏兴趣与激情。通过调查发现，大学生参与学校管理态度冷漠还表现在大多数学生对学校的管理理念及制度顺从性接受明显，对学校提出的要求的可接受性缺乏认识，甚至有抵触情绪，可是基于自身利益的考虑，对学校的各项要求采取不违背也不反抗的态度。其原因是大学管理过程始终是一种集体主义价值观，而大学生由于缺乏足够的社会阅历，其价值观尚未完全成熟，许多大学生有明显的个人主义的价值取向。虽然高校反复强调"放权"给学生，但是在大学潜在的行政化管理方式下，学生不得不采取顺从态度，这种态度很容易滋生盲从、功利等因素，在很大程度上表现出大学生仍然是被管理者，而不是主动参与的管理者。

（二）行为冷漠

大学生学校管理参与行为冷漠表现在学生不参与、消极参与或非理性参与各种具体的学校管理工作。还存在少部分学生是基于评奖学金、累积求职经验等自身利益的考虑而参与学校管理这样一种现象。在涉及自身利益的重大管理问题时，他们也会表现出一定程度的情绪式参与。原因主要是现有的学生参与管理的方式主要是学生会、座谈会等一系列需要学生大胆展现自我的方式，对较内向的学生来说，这些方式极具挑战性。另外，影响其参与积极性的原因还有大学生自身能力上的欠缺。所以，在参与管理的机会面前，他们有时会表现得无能为力，这种无力感使他们丧失了一部分参与热情。

三、促进大学生参与高校管理的对策

（一）高度重视学生参与，加强学校的组织工作

大学组织者要转变过去"官本位"思想，充分认识到大学治理中的学生参与和我国目前实行的党委领导下的校长负责制是不冲突的。我们都需要转变观念，促进学生的积极参与。为了保证学生能够真正参与民主管理，应该把学生参与的形式、内容写进章程，从而使大学治理中的学生参与有牢固的基石。

（二）加强宣传，提高学生的参与意识

通过调查发现大多数学生还是希望参与到学校管理中的，只是不知道自己能参与多少、怎么参与更好。这时宣传工作就显得尤为重要，要让学生全面了解学校的政策，了解学生参与的途径以及参与的必要性，为他们参与学校管理奠定基础。另外，辅导员、教师等进行政策宣传的同时也能拉近和学生的距离，增强学生对他们的信任感。

（三）利用现代手段，拓宽学生参与渠道

学校管理渠道是保持学生参与的重要手段。如果学生的参与意见得不到反馈，必然会影响参与的积极性。网络的发达是现代社会非常重要的特征，学生与网络的联系也越来越密切，因此，我们有必要开拓现代的参与手段，保证学生参与的热情。

总之，高校让大学生参与管理，实质上是充分发挥了学生自我管理的作用，是实现学生自我管理、自我服务、自我成才、自我发展的重要途径和手段，有利于高校教师和学生之间相互沟通和交流，还能为学生锻炼能力提供实践平台，为学生就业提供保障。

第二节 大学生教育管理中学生会管理制度

学生会是大学中的学生组织，是为了协助学校工作、锻炼学生能力而设立的。但一些学生会存在竞选制度混乱、部分学生优越感强、内部结构臃肿及影响教师教学和学生学习的问题。分析大学生教育管理中学生会管理制度，提出改善方法是调节学生会与教师、学生、干部的关系，要使学生在学生会中的职能多元化，让更多人加入学生会的选举中，加强教师和学生会的联系，丰富团建活动。

大学生学生会管理制度是在分工协助团委工作的同时，锻炼学生会学生团结协作、沟通能力、协调能力等的学生自我管理组织，虽然学生会配备一位或多位团委教师，

但大部分还是学生会内部进行自我管理。学生会制度虽好，但是仍存在一些缺陷，需要改进，才能使学生会更加完善，跟上现代大学生的思想变化。学生会作为大学生高素质人才的集中组织，现有制度出现的种种不良问题会影响高校的素质教育，所以，应该积极改变学生会现状。

一、大学生学生会管理制度的作用

谢莉娜和钟鸣认为，高等院校是培养人才的强大平台，这个平台能够培养复合型的高素质人才。[①]高等教育要更加覆盖实施，确保目标实现，注重教育改革，按照大市场的需求展现自身特色，按照当代大学生的特点，更新大学生的管理模式，同时培养出一批新的复合型的高素质人才。

（一）学生会管理体系

一般学生会以主席团为第一责任人，设置多个分支部门。体系结构顺序分为主席、副主席，然后再到主席团管理的各部门部长、各部门副部长，再到各个部长管理的干事。他们分工明确，互相负责。

工作安排由教师交接主席团，主席团再将任务分发下去，各个部长在完成任务时，需要明白自身的权能及责任，不得越权，也不得不负责任。主席团有权辞退部长，部长有权辞退或罢免副部长，副部长有权辞退干事。

例会制度为周会、月会、活动会议等多种形式，主要是为了下发接下来的任务及总结已完成的活动，用于反省自身不足、总结活动内容等，意义在于使学生会内部更加团结，学生会工作能力更加出众。

招新制度为按学期招新制度，每年第一学期，学生会将会进行一次招新活动，吸引新人才，为学生会增加新力量，为学生开启锻炼自己的平台，制度主要为面试、笔试、活动考核等多种方式，同时遵守"公平、公正、公开"原则，有时在学生会人力资源缺乏时，也会在特殊时间进行招新。

换届制度为选举制，在学生会工作达一段时间后，可以参加学生会换届选举，由教师、主席团、各部门部长共同商讨后，确定新一年的学生会干部。作为学生会干部，除了要有优良的成绩和工作能力及群众基础以外，更要拥有诚实的品格。

活动开展制度为策划书制度，每个部门都有权利开展活动，但需要制作活动流程策划交给主席团审核后，与教师沟通活动是否有开展价值以及其他一些问题，确认无误后，部门部长可以和主席团申请调动活动资金及其他部门的协助，共同完成活动，其目的都是活跃校园文化以及提高学生积极性。

① 谢莉娜,钟鸣.浅谈当代大学生人际关系问题[J].吉林省教育学院学报(上旬),2012(4)：12-13.

（二）学生会管理体系的作用

学生会是学校的一个组织管理结构，作用在于服务学校，通常由学校管理，在指导教师的带领下通过服务学校、锻炼自身、管理自身的自愿性服务，完成自身的目标价值，是学校教师领导联系学生的桥梁组织。他们各司其职，在学校党组织的领导和共青团组织引导下，完成下达的任务，以达到自我服务、自我管理、自我学习的目的。通常由教师下达任务后，主席团接收任务并与教师沟通，然后分工到其他各个部门并监督工作；其他部门接收任务后，与主席团沟通交接，并按照要求完成任务。2004 年 10 月发布的中共中央、国务院《关于进一步加强和改进大学生思想政治教育的意见》明确指出："高校学生会是党领导下的大学生群众组织，是加强和改进大学生思想政治教育的重要依靠力量。"

对学生会内部成员的影响：一个人最基本的素质绝大多数是在学生时期形成的，加入学生会能锻炼自己的组织领导能力、协调能力、社交能力。这几方面的能力对学生以后进入社会的发展极其重要，它是一个出色的领导人必须具备的基本条件，即使是普通人，这三方面的能力也在一定程度上决定着我们日后的发展。加入学生会可以在踏入社会之前，锻炼自己的社交能力、实际工作能力、应急处理能力、关系分析能力，锻炼较强的社会实践内容，对形成自己优良的品质也会有巨大的促进作用。

对学生会以外学生的影响：让学生感受到荣誉感，丰富了学生个人的大学生活，了解到作为学生也可以去承办一场活动，增加了学生的积极性，从而促进自身动手能力、思考能力以及社会实践能力，同样，学生会也会对他们有积极的带头作用和榜样作用。

二、管理制度的不足

对于干部问题，白芮萌认为高校学生会干部是高校学生优秀群体，是团委、教师等和大学生沟通的桥梁，是高校管理模块工作的强大力量。[①] 可以看出，对于高校学生干部的选举及培养工作是学生会的重要工作。而现在学生会的选举及培养体系虽较为完整，但仍然存在一些不足，有待完善。

第一，学生会内部结构臃肿。学生会大多分为系级别及院级别，多数学校会有好几个学生会组织存在，而学生会组织又分为众多部门，在这样的情况下，需要一个庞大的干部队伍支撑整个学生会，形成了官比群众多的现象，干部也就没有基本的部员支撑。

第二，学生会"官僚"现象。有一部分学生会组织的干部受到外界的不良影响，

---

① 白芮萌.大学生素质教育培养模式探究［J］.中国市场,2015(8)：19.

形成官僚主义，没有正确认识学生会干部该有的姿态，也没有摆正在学生会学习社会技能的态度，颠覆了学生会存在的正确意义。

第三，影响学习，影响教师教学。学生会工作繁杂，多少会给学生增加学习上的压力，造成学术不精的问题，同时，也有一部分干部以学生会工作为由，向教师请假，影响教师正常教学。部分较忙的学生会干部在期末考试期间甚至还有工作，导致出现考试不及格的问题。

第四，竞选制度的影响。投票竞选的学生会制度下，储备干部之间出现恶性竞争，不仅影响了学生之间的感情，互相攀比，也助长了学生的不良心理，树立了不良风气。

第五，不良的学生优越感。很多学生干部虽然没有产生官僚主义，但这个制度下，他们并不是只服务于学生，他们通常听从于管理学生会的教师，而不是满足普通学生的要求。在这种情况下，其实已经产生了无形的距离感。干部们优先从教师口中知道很多学校的信息，有的甚至享受特权，剥夺了普通学生参与活动的机会。在这种情况下，他们必定会产生优越感，从而影响很多普通学生的大学生活体验。

三、学生会管理制度下管理层应注意的关系

第一，干部与教师的关系。学生干部首先要和指导教师形成良好的沟通链，让师生能够形成良好的交流，更好地服务于学生会的工作。管理层应该积极了解学生会现况，及时向指导教师反馈，形成学生会的监督作用，要相互理解，尽力帮助教师完成团委下达任务。

第二，干部与学生的关系。学生干部首先要注意与普通学生之间的关系，要明白学生会本身服务于学生，干部的本质只是拥有更多责任用于服务学生。张靖认为，应使学生会干部认识到，自己的角色是一名学生，而不是权力掌握于自身的管理者，干部来自学生，所以要接受同学的监督。[①]他们手中的权力貌似是学校授予的，但法理上是全体学生赋予的，所以不能忘记自己的学生身份，更不能用权去做违背章程的事情，也不能脱离群众。学生会制度应创造更多、更好的条件让其他学生参与到学生会干部的竞选工作中去，给其适当的竞选干部决定权，让学生会干部成为服众的"百姓官"，防止学生会内部出现官僚化及优越感的现象。

第三，干部与干部的关系。首先应明确自己是一名大学生，然后才是一名干部，干部与干部之间不能攀比、相互推卸责任，应互相配合，形成良好的交流。其目的应统一，都是为了服务学生、服务学校，在工作中锻炼自身。

---

① 张靖，杜梅先.管理信息系统［M］.上海：上海财经大学出版社，2001.

四、学生会管理制度的必要改善

第一，职能多元化。学生会各个部门虽然相互独立，但其目的只有一个，就是完成上级下达的任务，在工作中不断提升，所以，学生会应持有"分职不分工"的态度，当其他部门人手不够或出现特殊情况时，学生会每一个人都应有觉悟去主动帮助每一个工作人员和教师、学生。系学生会与院学生会也不需要明确区分，应同等看待每一个学生会，各个学生会中都应设立沟通人员，端正为大家服务的意识，正确认识到作为学生会成员应履行的责任。

第二，学生投票制选举。学生投票制选举能使整个学生会做出"公平、公正、公开"的选举，让学生会干部的选举有目共睹，也让选举的储备干部更加努力为学生会工作，让普通学生以及未竞选的成员参与到学生会中，拥有适当的权利。

第三，学生会团建活动。学生会应更加注重团建活动，把团建活动当成维护学生会内部团结及内部稳定的一个重要因素，所以，必要地更新团建活动类型及灵活控制活动的周期是学生会管理制度建设的重要因素。管理层可以安排各个部门形成周期，依次举办特色团建活动，在活跃内部组织的前提下，调动其他同学对学生会的积极性。

第四，教师应深度"走"入组织。学生会的指导教师及团委教师应注重各个部门乃至各个干部存在的问题，掌握解决方法，深度走入基层。明白学生想要什么，缺少什么，活动中有什么是目前条件解决不了的，应及时向校方反映，为学生创造更多的机会与挑战。

第三节 "双创"背景下大学生教育管理制度

高校教育管理水准极大地影响着学校的办学质量和后续发展，上升到国家的高度，还会关系到我国人才强国战略的顺利实施。如今，创新创业已走进高校，在"双创"背景下，高校管理者对大学生的教育管理制度应进行针对性改进，并且制定出明确的创新创业教育模式，充分了解目前市场中对创新创业型人才具体需求，基于市场需求有针对地制定科学的、合理的教育管理制度。科学合理的教育管理制度不仅可以有效提升大学生的专业基础知识与道德素养，还可以助其树立正确的创新创业理念，增强其创新创业能力。

随着经济的发展，"大众创新、万众创业"的战略实施，已经成为拉动社会经济进一步发展的重要战略目标。高等院校作为培养高素质人才、专业型人才的重要基地，应积极响应国家号召，认真贯彻实施这一发展战略。在实施该战略目标的过程中不仅为学生创造了更多的发展机会，解决了一部分高校毕业生的就业问题，还可响应国家号召，为国家的创新创业经济发展布局助力。建立有效的高校学生管理制度既可推进高校的发展，也标志着高校学生管理工作的顺利进行。

高校学生管理制度的首要功能就是服务学生，为学生在学校的学习和生活服务。其次，是在学生管理工作中起到协调和规范作用。再次，可对学生今后的发展起到引导作用，以及在一定程度上对学生起到思想政治教育的作用。最后，对于管理者的依法办学、依法治校有推进作用。在"双创"背景下，应对现有的教育体制进行改革，通过深入研究，制定有效的改革路径，为"双创"环境下的大学生制定科学合理的教育管理制度，以求建设中国教育特色、符合现今高等教育实际和人才培养模式的高校教育管理制度，使其更加科学化、民主化、合理化、合法化。

一、大学生创新创业教育模式

（一）就业导航与教学管理的有机融合

以当代大学毕业生的就业困难问题作为高校开展教育管理工作的出发点，明确问题所在，调研市场中人才类型的缺口以及国家下一步经济发展战略目标。结合以上几点，调整教学模式，不仅教授学生专业基础知识和技能，还应把就业指导纳入教学中。将就业指导课程与教育管理结合起来，争取将教学变得全面且符合时代的发展。从国家的经济战略发展目标来看，对大学生的创新创业极其重视，并出台了很多帮扶政策。因此，高校可有针对性地开展创新创业培训课程和实践活动，提前为大学生的就业做好指导。针对大学生的就业指导培训与创新创业教学之间相辅相成，关系紧密，创业即就业，而且是更主动的就业，通过这种方式可在一定程度上减缓大学毕业生的就业压力。若是这部分创业的学生在今后小有所成，还可为其他人创造就业机会。这是一个良性循环，往后会逐渐解决社会的就业问题，是保持社会稳定的重要方法之一。所以，对大学生的教育管理工作中，将就业指导融入其中，引导他们树立正确的、符合社会发展的创新创业理念，并辅助其建立适合自身发展的职业规划是百利而无一害的。

（二）创新创业教育与专业知识教育的有机融合

由于社会经济发展速度过快，造成市场对人才的要求越来越高，包括他们的专业技能、道德素养和综合能力。为此，高校相关部门对学生的教育应及时做出调整，继续深化改革，大力提倡素质教育并付诸行动。以往，高校教育比较注重学生的专业知识和专业技能的提高，其他素质教育的培养力度较低，不能使学生的综合素质教育得到有效培养。自从"大众创新、万众创业"理念被提出后,各大高校纷纷将创新创业教育纳入教学管理中。

除此之外,在实际教学中,针对不同类型的人才缺口,应采用有针对性的教学模式,真正将创新创业教育和专业知识教育有机结合,创造新的人才培养模式。针对这类新的教学模式,需要制定科学的课程体系,不至于比以往的教学多出令人难以承受的学时。否则就是本末倒置。制定科学的、符合市场需求以及学生未来发展的教学课程体系,统一人才培养理念,建立更科学、更具有时代性的高校教育管理制度。这种以掌握专业知识为主,学习创新创业理念为辅的教育模式的建立有望对学生进行科学的教育管理。而且教育管理应该遵循以下几个原则:坚持以学生为本、坚持依法治校、坚持公平公正、坚持程序化和民主化、坚持鼓励与约束并存。

二、"双创"背景下大学生教育管理制度的改革

高校在"双创"背景下制定大学生教育管理制度时,应将创新创业教育管理模式有效利用起来,而且要善于运用政府给予的支持和社会资源,建立由高校推进、学生参与的协同育人机制,创建符合现代发展的教学管理模式,具体实施如下:

政府主导。要探索国家政府在高校学生教育管理制度制定和完善中所处的位置,首先必须明确政府与高校之间的具体关系。在中国教育和改革发展纲要里规定了我国实行的是中央统一管理、地方分权进行具体事务管理相结合的办法,而且以地方政府管理为主教育管理体制。说明我国高校最高管理机构还是中央政府,无论是公立高校还是私立高校。

如此一来,在高校教育管理制度的完善上,中央政府应该做好领头羊,发挥好带头作用。首先,制度的制定必须按照相关的法律法规,切勿与法律条款相背。其次,继续秉承以人为本的管理理念,融入创新创业思想,摸清这一时期学生的成长需求,制定出符合社会和学生发展的管理制度。最后,制度的制定和实施要做到松弛有度,不能对学生进行事无巨细的无缝化管理,抓住主要矛盾即可,高校与高校之间存在差异,在一些细节方面该由高校来决定,给足决定权。做到以上几点,高校的教育管理制度才能保证其合法化、科学化和人性化。

高校实施。高校要推进"双创"背景下的学生教育管理制度,应该做到充分了解国家制定的相关政策的真实含义,结合自身学校的实际情况,制定出符合本校学生管理的高校学生管理制度,将创业创新的课程体系进行更新完善。坚持遵循以人为本的管理理念,跟紧时代的发展,了解学生所需,制定确实能为学生服务的高校教育管理制度。将各项管理制度进行细化,确保管理制度做到有法可依、有理可循。制度的制

定和完善最终还是为了实施，因此具体的实施过程应该严格进行，注意管理的方式方法，培养一批专业的管理团队，对学生进行科学化管理。

学生的参与。高校教育管理制度是为了规范学生的行为准则，学生作为管理制度的对象，是管理制度的主体，也是高校的主体。因此，学生的参与才是管理制度得以完善的必要条件，也才体现出学生才是高校教育管理的主体。学生的参与主要是要求学生要自觉遵守制度中的各项规定，并让他们以制度实行的对象身份给出有针对性的意见，辅助完善高校教育管理制度。在相关政策制定之前，要对学生开展有针对性的调研，了解"双创"背景下的大学生的发展方向和特点、思想状况、心理健康等，根据调查结果制定可行的、适宜的管理制度。在执行阶段，鼓励学生自觉遵守规定，自我约束，自我管理。相关制度实施一段时间后让学生反馈信息，做出评价，为后期完善各项规定做铺垫。

社会的支持。"双创"背景下的高校教育管理工作要比以往更系统更复杂，也越来越离不开社会上各类企业的支持。市场经济一直在不断深化改革，对工作人员的分工越来越细致，因此市场对高校输出的学生素质要求越来越高，包括专业质素、综合素质。从另一个角度来看也是对学校的管理模式和管理方法的要求变得越来越高了。社会对人才种类的需求是高校教育管理的努力的方向。换句话说，社会成了高校管理制度的第三方监督人，监督高校管理是否依法、是否合规、是否对学生的合法权益有所损害、是否按照国家政策规定将创新创业思想融入其中，完善课程教育体系。

除了以上几点，还应将管理制度不合规的条款剔除，跟上时代的发展；基于创新创业背景，填补高校教育管理制度与之相关的空缺；修正、精确管理制度中存在的偏差，包括用词不准确、模棱两可的表达、规定条款不够精细等。完善高校中的处分制度也是教育管理工作的重要组成部分，可从以下几点对其进行完善：首先，与时俱进，保证处罚有法可依。其次，统一处罚标准，将规定更加细化。再者，保护学生的合法权益，给予足够的申诉权利。

总而言之，在创新创业的大环境下，高校在对学生进行教育管理的过程中，应将大学生毕业后的就业问题考虑进来，建立符合不同专业学生发展的课程体系，结合当前市场经济中创新创业型人才具体缺口，将教育管理、指导就业、专业知识教育与创新创业培训有效融合起来，基于政府和社会的支持、学生的参与，制定并实施符合创新创业环境的教育制度，以此来帮助新形势下的大学生建立科学的创新创业教育平台，在对其开展专业知识课堂教学的同时，将创新创业教育理念渗透进去，达到毕业即就业的成效，还可有效提高大学生的综合素养和创新创业能力，为其在未来的就业择业加分。

第四节　自治教育理念与大学生自治管理制度

随着高等教育的改革发展，大学生在高等院校中获得了一定的主体地位，高等院校的服务意识与人本理念不断增强，在"他治"与"自治"的互动改革下，大学生的"自治"管理基础得到了有效夯实。因此，高等院校构建大学生"自治"管理服务制度，需要实现从"管理者"本位到大学生本位、从"外部控制"到"自我革新"、从"外部借鉴"到"实践创新"、从"外部责任"到"主体责任"的转变，并从国家相关管理部门、高等院校、教师和大学生四个层面提供有力保障。

"自治"管理是高等院校大学生管理工作的重要趋向，通过构建科学的大学生"自治"管理服务制度，实现大学生管理本位、责任边界和控制系统的革新，进一步明确教育主管部门、高等院校、教师与大学生的行为准则。著名教育家陶行知先生曾说："学生自治是学生结起团体来，大家自己管理自己的手续。"[①]他定义的自治教育理念，如今依然影响着现代高等教育。随着社会的发展和高等教育改革，大学生的学习、生活方式等发生巨大的变化，大学生的世界观、人生观和价值观也随之变化，他们的思想观念更加开放，不再满足高等院校内部传统的统一化的"他治"管理方式，逐渐表现出叛逆与反抗的情绪，这种管理方式也难以满足高等教育对于培养高素质人才的现实需求。因此，在改革发展中高等院校要不断强化大学生自我学习、自我管理与自我发展的能力，将"自治"理念融入大学生管理过程中，构建高等院校大学生自治管理服务制度与相关保障体系，而高等院校在近年来积淀的服务意识与人本理念等为高等院校的大学生"自治"提供了可能。

一、高等院校推行大学生自治教育理念的价值和意义

（一）新时代大学生主体地位的有力落实

新时代，高等院校极为注重对大学生自主性的培养，国家关于大学生创新创业能力的培养要求，以及社会对于自主型人才的现实需求，都要求高等院校必须将大学生创新能力、创造能力、责任意识以及主体精神作为主要培养目标。"主体性在人的实践活动与认知活动中所反映出的是人的自主性、能动性与创造性的结合，主体性教育正是一种培养受教育者主体性的实践活动"。高等院校从人才培养方案设计、大学生活动的开展以及制度体系构建都在不断落实大学生在高等教育中的主体地位，不断激

[①] 陶行知. 教育的本质［M］. 长沙：湖南人民出版社，2019.

发大学生的自主潜能，凸显大学生的主体作用。在现代大学制度框架下，大学生既是教育对象，也是教育主体，良好的制度文化与保障举措，提升了大学生对高等院校、现实社会的价值认同感，从而促进大学生个体发展与社会发展的有机统一。随着新时代的到来，高等院校内部的公共性与民主性进一步凸显，传统的师生关系转变为具有现代特征的教师引领性与大学生主体性共融关系。新时代赋予了大学生全面健康发展的有利环境。因此，在新时代背景下，高等院校对大学生管理活动相对传统模式而言发生了根本性变革，大学生不再被作为管理对象与客体，而是以主体身份参与构建新型教育管理模式，这有效落实了大学生的主体地位，为高等院校树立大学生自治管理中的教育理念奠定了坚实基础。

（二）高等院校服务意识与人本理念的价值实现

高等院校实现大学生自治教育管理需要从上到下转变观念，尤其是要进行以服务意识与人本理念为基础的价值选择，改革传统"他治"教育理念主导下的控制与约束性思维。高等教育大众化发展让更多的大学生能够有机会接受高等教育，高等院校所面临的大学生的复杂性与多样性不断增强，同时也肩负着提高大学生培养质量的重任。在双重压力下，高等院校不断突破教育管理瓶颈，形成了以教育为指导、以柔性化管理为手段、以服务为主要方式的现代管理机制，并不断创新大学生管理模式，构建高等院校内部的人本化环境与氛围，对大学生在校期间的成长发展产生了一定的积极影响。高等院校的服务意识与人本理念是看不见、摸不着的"无形手"，渗透高等教育的每个环节，需要全校师生在产生共同"认知"基础上产生协同行为。高等院校的顶层规划、改革发展和制度设计为教师发展服务，让教师获取足够的幸福感与满足感，同时教师也要为大学生服务，这种有效服务与"以人为本"理念有助于促进高等院校构建大学生自治管理体系。

（三）"他治"与"自治"优势互补推动高等教育改革

尊重人的个性是时代与社会的现实要求，通过大学生自治管理调动高等教育主体的积极性，推动大学生学会自我管理、自我教育与自我完善，是高等院校提升大学生综合素养的重要举措。但是，不同的教育内容与活动方式存在不同的管理方法，需要在自治教育管理的同时，保持教师的"他治教育"，形成高等教育管理的合力，共同实现高等教育与大学生自我管理目标。在大学生管理实践中，高等院校他治教育与自治教育并不是非此即彼的关系，不能用自治教育完全否定他治教育，而是充分利用两者的依存关系，将自治教育的平等、民主和自由观念同他治教育的规范性与保障性相结合，形成有效的大学生自治教育管理方式。大学生自治管理的主要意义在于调动大学生的主观能动性，通过自主、自觉和自律等方式不断提高自身素养，但在大学生心智尚未成熟的重要阶段，依然需要高等院校的他治教育行为进行规范与保障，与自治教育形成优势互补，而这种互补的观念逐渐被社会与高等院校所认可，而在不断的实践探索过程中，自治教育行为也被科学、公正的认知与应用。

（四）高等院校大学生自治教育管理基础的有力支撑

高等院校实行的大学生自治教育管理具有强力的外部支撑与发展基础。首先，国家法律法规及规章制度如《中华人民共和国教育法》《中华人民共和国高等教育法》《普通高等学校学生管理规定》等已明确提出支持高等院校设立大学生团体组织，并赋予一定的内部管理权限，虽然并未放开自治权利，但在法律规范上已有自治教育管理发展的趋向，基本能够明确大学生掌握一定的自治权。同时，高等院校同外部社会环境的交互关系越发密切，在社会实践及产学研合作过程中，社会对大学生的自治教育管理观念、意识及能力的形成也极为注重，在外界形成了一种推动力，促使高等院校改革传统的大学生管理体系，引入大学生自治教育管理模式。在高等院校内部也在一定程度上形成了保障大学生自治教育管理的相关制度举措，尤其是在高等院校的权利结构与系统中，以合理性与合法性为前提，在已有大学生管理制度的基础上，创新了大学生"书院制、社团制和第二课堂设计"等相关制度及其模式，促使大学生自治教育管理在程序上与机制上的可行性和有效性，同时不断健全的权益保障制度也为大学生自治教育管理提供了维权渠道。

二、完善高等院校大学生自治管理服务制度建设

（一）从管理者本位到大学生本位的规划制度建设

传统的大学生管理模式在科层制架构下，高等院校强调等级化序列与管理者的权威，注重自上而下的管理方式，决定了大学生以被管理者角色定位于高等教育管理关系中，大学生处于弱势与被支配地位，这便形成了以管理者为本位的价值取向。"树立大学生自治理念是关键要素，在倡导'师道尊严'的传统教育文化中，学生是教育的被管理者与客体，在教育教学活动中处于从属地位。"[①] 新时代高等院校更加注重大学治理体系与治理能力现代化建设，强调向现代大学进行转型发展，提倡构建一个多元主体、协调互动的开放管理系统，形成大学生自治管理服务制度，而根本是要在观念上进行转变，从管理者本位到大学生本位。大学生是高等院校生存与发展的主体，离开大学生的高等院校将失去生存价值，其在决定自身成长与发展道路上享有参与自身管理的监督与决策权，在高等院校科学、有效引导与监督下，大学生能够根据自身个性化需求在一定的规则下，选择适宜自身发展的学习条件、社团活动与社会实践等，

---

① 孙红.现代教育体系中的艺术教育研究［D］.东南大学，2008.

这更加符合人本主义的发展理念。"大学生管理体系植根于高等院校内部管理生态系统，彰显人文关怀的本质属性。"同时，大学生是已具备完全民事行为能力的公民，且在当今信息化高度发达的背景下，有一定明辨是非与获取信息的能力，按照传统的角色定义大学生则不合时宜。因此，高等院校构建大学生自治管理服务制度，应以服务大学生成长发展、满足大学生需求为逻辑起点与价值归宿，转变传统的高等教育管理理念，构建符合新时代以大学生为本位的制度体系，尤其是在制度设计过程中转变大学生管理者的观念，树立大学生自治管理与服务意识，真正在实践中落实大学生本位观。

（二）从外部控制到自我革新的组织制度建设

"制度不健全主要是由于相关管理机制不完善造成的，依法治校理念依然停留在口头上，没有真正落到实处。"[①]高等院校构建大学生管理服务制度，在转变管理理念，形成大学生自治意识的基础上，要进一步强化管理组织建设，从注重外部控制转变为支持大学生的自我建构，高等院校从组织角度彰显大学生的自主权利，将大学生自治管理和人才培育、服务社会与科学研究进行嵌套与融合。在组织制度设计上，高等院校要更加关注大学生的实际需求，提供促进大学生自我完善、自我发展和自我成长的组织保障，并吸纳大学生代表参与组织制度设计。自我构建是新时代高等院校大学生自治管理制度建立的重要基础，符合当今大学生成长发展的需要，能够唤醒大学生的内在需求，通过外部环境的刺激提升大学生的内在动机，同时更加符合大学生个性化发展对管理组织制度的要求。"大学生群体属于高成就需求的群体，但是大学生个体又具有异质性、差异性。因此，支持大学生的自我建构应该根据大学生的个性化本意、特长和潜能，以及发展目标，在有针对性分析的基础上，运用不同方式给予满足。"[②]

（三）从外部借鉴到实践创新的行为制度建设

在具体的行为制度设计上，高等院校要体现以大学生自治管理为改革落脚点的服务特质。伴随现代科学技术的日新月异与专业技能的不断细化，大学生未来走向社会需要面对更为复杂的生存环境，在传统的培育模式下，大学生难以获得自主成长与发展能力，尤其是在大学生管理环节，缺乏培养大学生自我规划、自我促进和自我成长的机制，一味借鉴与移植其他经验与模式，并不能满足个性化大学生自治管理需求，要从实践出发进行行为制度的创新突破。高等院校教师扮演大学生的重要引导者角色，心系人才培养的责任与使命，不断提高指导与服务大学生的水平。高等院校大学生管理行为制度建设是构建服务制度体现的重要抓手，高等院校要通过大学生自治管理的行为制度设计，实现对大学生自治管理服务的制度审视，适度提高大学生管理水平，

---

① 孙红.现代教育体系中的艺术教育研究［D］.南京：东南大学，2008.
② 孙红.现代教育体系中的艺术教育研究［D］.南京：东南大学，2008.

促进大学生的自我完善与全面发展，体现高等院校大学生自治管理工作的时代要求。

（四）从外部责任到主体责任的责任制度建设

在传统的大学生管理制度理论中，大学生成为管理制度的客体，其深受社会环境、家庭环境与学校环境的影响，从而造成大学生的集体意识缺失，许多责任不懂担当，集体义务感与荣誉感缺失，难以清晰地界定自身的行为责任，责任监督行为主要是外部监督。当代大学生追求个人自由与个性独立，强调以自我为中心的现象明显，在参与集体活动过程中难以进行协同合作，对于结果与责任往往表现得漠不关心或相互推诿。"集体责任感的缺失直接反映出大学生利己主义的泛滥，诱发大学生的人际关系问题已成为常见的心理问题之一，严重困扰着大学生的学习与发展。"[①] 因此，在当前大学生的个性要求与现实需求下，高等院校构建大学生自治教育管理的责任制度势在必行，从制度层面构建大学生自我约束、自我负责的行为机制，通过信息网络的方式形成大学生成长记录袋，详细记录大学生在校期间的成绩与表现，并对自己的行为进行评价与责任认领，增加大学生同教师、家长的交流频次，接受外部环境的监督，落实主体责任制。

三、构筑高等院校大学生自治管理服务制度的保障机制

（一）国家相关部门提供政策与立法支撑的长效保障

国家政策保障与立法支撑乃是高等院校大学生实行自治管理的顶层设计，也是构建大学生管理服务长效机制的根本保障。西方发达国家通常以立法形式明确大学生在高等院校管理中的基本权利，同时规定大学生参与大学管理的程序与条件，我国在这一方面处于滞后状态。中国涉及高等教育领域的法规及规章制度主要有《中华人民共和国高等教育法》《普通高等学校学生管理规定》《高等学校学生行为准则》等，其规范了大学生管理，但没有对大学生自治教育管理的权利进行明确规定，造成无法建立相关服务制度。因此，在国家不断强化治理体系与治理能力现代化的大背景下，高等院校的治理能力也在不断增强，围绕办学要素进行相关制度建设，保障教育教学、教师评价和大学生管理等多个领域有章可循，而这一举措的前提是国家提供政策与立法支持。高等院校真正落实大学生自治管理，需要国家立法机构、教育主管部门尽快修订相关法律法规及规章制度，借鉴发达国家的相关经验，结合本土实际情况，提供大学生自治管理的相关法律规范，有效构建高等院校大学生管理服务制度体系，做好顶层设计，形成大学生自治管理的长效机制。

[①] 顾海根.大学生因特网成瘾障碍研究［M］.合肥：中国科学技术大学出版社，2008.

（二）高等院校提升治理能力与文化作用的本体保障

在实施大学生自治管理过程中高等院校发挥着本体性保障作用，通过组织、制度、资金、后勤和安保等多渠道，为大学生自治管理提供良好的环境条件。高等院校首先要摒弃传统大学生管理的理念，正确看待大学生在管理活动中的角色地位，真正将服务意识转变为大学生自治管理的保障性行为。现代大学生管理的核心内容是大学与学生之间的良性互动，也就是说，在高等院校行使管理权时，大学生并非只能被动接受管理，而是应当积极主动地参与进来，应当主张自身的合法权益。在诸多保障举措中，最根本的措施是建立高等院校服务大学生自治管理的保障机制，明确大学生参与治理的事务范围和治理权力的边界，在涉及自身权益的大学生事务之外，提升其参与行政事务、教学事务的治理权限，并根据工作属性的不同，以及大学生能力的差异，合理规范大学生参与治理行为。高等院校必须要明确大学生参与自治管理的程序，增设听证制度、申诉制度以及合理的维权通道，在现代大学制度框架下，提供大学生自治管理的各项权利。在高等院校对大学生自治管理提供本体性保障过程中，要在组织、制度等多个层面采取行动，成立质量监督部门，按照大学生管理的规章制度，有效监督与评价高等院校内部在大学生自治管理中的行为举措、价值选择与功能发挥，对不正当行为进行有效纠正，并及时采取措施解决问题，形成有利于"他治"与"自治"相结合的制度体系与文化氛围。

（三）教师有效引领与提供适时他治教育的功能保障

按照传统的高等教育管理模式，高等院校教师是大学生管理的功能主体，尤其是辅导员，负责大学生的学习、生活、实践活动乃至思想政治教育等全方面管理工作。随着高等院校大学生自治管理理念的深入，充分发挥大学生自治服务制度的作用，教师必须要发挥好引领作用，适时给予有效的帮助，激发大学生自治组织动力，坚持正确的自治管理方向，既强调大学生的主体性价值，同时也要符合高等院校关于大学生管理的基本要求，尤其是要把好政治关，强调对大学生的思想政治教育一定要融入自我服务与服务他人的过程中，避免出现过激的违反政治原则的不当行为，这是教师进行有效他治教育的重要任务。教师在注重培养大学生自治能力的同时，要发掘优秀共产党员及优秀大学生干部的领导能力，让他们在大学生自治管理中发挥先锋模范作用，强调大学生党员的先进性，进而带动大学生队伍的整体发展。教师的社会经验与职业素养是大学生成长过程中宝贵的财富，需要在日常教育与交流中进行传授，这些经验在大学生自治教育管理行为中难以获取，必须以传统的教授方式为主，发挥他治教育的功能保障作用。

（四）大学生参与治理的意识和能力的个体保障

"大学生参与大学管理的历史，权利的争取、行使与权利主体的意识和能力息息相关。要使大学生在大学复合共治模式中有效行使参与权，首先要培养大学生参与治理的意识。"[①] 高等院校对大学生"自治"意识的培养是实施大学生管理服务制度的重要保障，只有让大学生从内心树立主体观念，明确自身在高等教育过程中的主体地位，才能认识到高等院校管理服务是为大学生服务的应然属性，才能积极表达高等教育合法的利益诉求，投身于大学生自治管理过程中。此外，高等院校也要在行为实践中锻炼大学生的自治管理能力，多提供利于大学生成长发展的文化活动，让大学生社团组织进行自我设计、行动与总结，在实践中锻炼、提升大学生的责任感、组织能力、沟通能力和决策能力。同时，高等院校也要针对性培训与实践锻炼并重，注重提升大学生自我管理的理论水平，用理论指导实践，有利于提高大学生自治管理的科学性与实效性。

第五节 大学生素质教育的困境审视与制度

大学生素质教育是高校培养全面人才的重要内容与衡量标准。自从我国开始倡导与实施素质教育以来，大学生素质教育的实施效果得到了改善与提升，但是仍存在着一系列问题，主要体现为制度困境、管理困境、实践困境。因此要大力推进素质教育制度体系建设，树立科学的素质教育观念，使素质教育真正落到实处，共同推进大学生素质教育全覆盖，从而使高等教育真正实现回归常识、回归本分。

在素质教育实施的二十年中，国家教育部门以及学校采取了相关措施落实素质教育，大学生素质得到了全面提升。但是，相比西方教育大国，我国素质教育在教育领域仍处于薄弱环节，素质教育出现什么问题导致在其贯彻落实的过程中举步维艰？该采取什么措施促使素质教育突破瓶颈，推进大学生素质教育全面实施，实现我国高等教育内涵式发展是本节主要的探讨点。

一、大学生素质教育面临的困境

作为教育的核心，全面实施并推进素质教育是中国特色社会主义事业发展的重中之重与必然趋势。在我国，素质教育推行时间较长，但是总体而言，素质教育的实施并没有完全达到预期的目标，高素质人才薄弱。探寻现状，主要是我国大学生素质教

---

① 邱靖桐.高中生维权意识现状及培养对策［D］.武汉：华中师范大学，2020.

育面临着制度困境、管理困境以及实践困境。

（一）制度困境：素质教育理论体系与教育教学评价制度有待完善

"制度好可以使坏人无法肆意妄为，制度不好可以使好人无法充分做好事，甚至会走向反面。"[①] 在贯彻落实大学生素质教育的过程中，良好的制度环境对其发展有巨大的促进作用。自我国颁布以及实施《决定》以来，素质教育一直受到学术界及教育领域的关注，是教育中的热点话题，为此，教育部门成立专门性的素质教育委员会等部门，在党中央和国务院颁布的关于素质教育文件精神引领下，要求高校全面实施素质教育；高校领导人牢牢坚持以本为本，大力宣传在高校对本科生实施素质教育，从文化素质教育着手，并与传统教育相融合，同时借助"核心素养"教育、倡导全面发展教育，推进素质教育发展。然而，二十多年的探索与实践，我国素质教育成效不佳，并且问题越来越严峻。寻其缘由，主要是素质教育的实施与发展缺乏一个适宜的制度环境，使素质教育陷入制度困境。

1. 素质教育理论制度体系模糊且存在不足

科学的教育理论是教育改革的基础，同时指导教育改革高效、全面地进行，缺乏科学的理论支撑的教育改革会造成教育改革的盲目性和滞后性。当前，我国高校素质教育呈现"素质教育轰轰烈烈，应试教育扎扎实实"的场面，从侧面反映出教育改革倡导者和实施者在推行素质教育过程中并没有从根本上把握素质教育本质内涵，缺乏理论指导，盲目、敷衍了事地"响应"推进素质教育的教育理念。一方面，不同时代及不同社会与制度环境赋予人不同的素质要求，由此素质教育的内涵与外延随着时代的变化而变化。尽管学术界对于素质教育的原则、目标、实质研究逐步深入，但是如今学术界包括管理者对于素质教育的概念内涵等相关理论并没有给出一个明确的界定，并没有形成一个较为完善的理论体系。另一方面，虽然学术界与教育部相关部门对于素质教育理论制度体系的建构进行了长时间探讨，但是，从目前素质教育的实施情况可以看出，理论与实践存在偏差，理论并不能实时准确地指导实践，切实运用于实践。

2. 高校教育培养制度制约素质教育实施

高校以科学研究、人才培养、社会服务及文化传承与创新为发展理念，以育人为根本目标，除了传授专业知识和相关技能，更应该着重提升大学生的综合素质能力，适应社会的发展。然而，高校教育培养制度严重制约着大学生素质教育的实施，素质教育在高校落实过程中呈现一种"高要求，低投入"态势。受到高校传统办学体系的影响，高校对于素质教育的实施仅仅局限于开设一些思想政治教育、体育课等选修课，结合一些社团活动、社会实践等单一的形式培养学生综合素质，成效欠佳。同时，高

---

① 邓小平. 邓小平文选（第2卷第1分册）[M]. 北京：线装书局，1995.

校并没有将素质教育归入大学生人才培养方案，教育教学制度中缺乏对素质教育实施要求、原则等进行规约，以致高校素质教育的实行流于形式，逐步变为大学生的个性化教育、特长化教育，呈现一种自由发展的趋势。

3.评价考核制度与素质教育存在偏差

教育评价与考核机制是我国高校教育质量的重要衡量标准之一。素质教育不仅要求学生掌握专业知识，而且倡导大学生对于个人能力的培养以及学会做人、学会沟通等能力的重视，是对应试教育的纠正与发展。然而，从现有高校评价与考核制度来看，评价指标与素质教育存在着偏差。一方面，对于教师的评价主要集中在教学能力、科研能力、论文数量等，忽略对教师自身综合素养的考核，忽略教师对素质教育投入成效评价，使教师形成了"重知识，轻素质"的错误教学观念；另一方面，对于学生的评价指标虽然涵盖综合素质测评，但是在奖助学金评定中所占比例甚少，大部分仍停留在对大学生四六级证书、计算机证书以及学业成绩的考查，完全扭曲了对大学生德、智、体、美、劳等素质教育综合评价。现有的评价考核制度与素质教育目标考核不配套，间接地影响了素质教育的实施力度。

（二）管理困境：权利的失衡性阻碍高校整体效能协调发展

素质教育管理是素质教育实施的调控中枢，是促进和保障素质教育目标顺利实现的组织核心。它强调将素质教育的管理者、实施者、主体等对象进行合理安排，通过规范、协调以及引导使教育者与受教育者潜能得到最大化的开发，从而在一个二者更佳的层面上更好地促进高校整体效能协调发展，实现素质教育目标。对于素质教育的管理，要以科学的管理思想和方法为先导，管理者要具备凝聚意识、优化意识、激励意识以及用人意识，把握素质教育实施的重大方向与关键质量。然而，原有的管理制度与管理文化降低了素质教育的实施标准，减慢了素质教育的实施效度，拉低了高校整体效能协调发展。

1.自上而下行政色彩严重，缺乏对素质教育成效的监督

政府和相关行政部门是我国高等教育发展的决策者，素质教育的实施是政府部门自上而下所提出的对我国高等教育现存的一些弊端进行纠正的教育新模式。然而，上级管理者统一倡导实施素质教育，却缺乏对素质教育实施情况进行引导与监督，使得素质教育在一定程度上流变为某种口号主义，逐渐偏离素质教育的基本方向，高校素质教育实施力度与成效大幅度降低。同时，自上而下教育改革，上级部门并没有真正地深入高校管理者、教师、学生以及家长基层教育生活，在没有切实把握素质教育实施的实际社会环境与条件下，盲目地推行素质教育，必然会造成高校应付心理。另外，在推进素质教育过程中，高校领导人积极宣传教师要培养学生综合素质，培养健全人格，但是，素质教育实施质量在政府对高校的考核中占很少的比重，财政拨款主要集

中在科研产量较高的院校，这一指向标影响着高校实施素质教育的力度与深度。

2.学校管理刚性化，误导素质教育实施

作为人才培养的高等院校，校长和管理人员具有绝对的领导权，大学行政管理与教学管理存在着严重的失衡现象。科层制的教育制度，使管理人员在教学中高高在上，忽视了对于学生的反馈与学习成果的测量，管理者、教师、学生之间信息不对称，缺乏对实际教学情形的把握与准确引导，校长追求高校声誉与价值的最大化，教育功利性占主导地位。刚性化的学校管理，缺少对素质教育本质的准确把握，以专业为单位，制订统一的人才培养方案，忽视学生自身特点与个性发展。另外，行政管理人员对于教学的过度控制，抑制了教师与学生的创新性，完全摒弃素质教育主要实施者与主体的主观意志，严重偏离了素质教育发展轨迹。

3.教师人事制度单一化，职业精神涣散

作为素质教育的主要实施者，教师的言行举止对大学生素质教育的培养有潜移默化的影响。目前，高校教师人事制度呈现单一化，"铁饭碗"思想造成一些教师出现职业倦怠等不良状态。作为理性人的教师，利用尽可能少的时间和精力去获得工资、奖金等较高的利益，并没有及时更新教学理念，把握教学前沿动态，进行自我诊断与自我提升，缺乏对学生身心变化的关注，忽视了对学生专业知识与素质教育质量的严格把控；而一些专门规范学生日常行为从事学生素质教育的辅导员、班主任以及思政工作者，平时或忙于行政性工作，或自我放松，缺乏对大学生的全面关注，忽视了与授课教师沟通学生日常行为表现的重要性，存在着信息不对称的潜在危机。当出现问题时才意识到问题的严重性，并没有养成对素质教育的总结研究习惯，因此在实际工作中也只能就事论事，缺乏未雨绸缪的意识与观念。

（三）实践困境：课堂与教师质量低下致使素质教育实施质量虚假化

学校管理者、教师以及学生家长是高校实施教育的主体，然而，由于受到我国传统教育思想以及新时代市场的导向，形成教育功利主义的价值取向。一些家长鼓励自己的孩子进入高校，接受高等教育，并不是为了培养孩子身心健康以及完善人格，而是希望通过学历为孩子谋求一份稳定且收入高的工作。另外，一些校领导倡导彻底摒弃应试教育，大力发展素质教育。其实，对于教育的改革并不是对现存教育模式的全盘否定，素质教育是对应试教育存在的弊端进行纠正与完善，是教育发展的理想模式。现有的错误的教育理念使素质教育实施出现片面化、扭曲化。

1.大学课堂与素质教育脱离，模式单一

课程是高校教育教学的重要媒介，是实施大学生素质教育的主阵地。由于高校对于专业课程的课时量要求较高，直接限制了素质教育相关课程的实施，减少其课时量的安排，而且所设置的素质教育课程采取大班授课制与期末开卷考试，大学的课堂主要以学生专业知识为主,完全与素质教育脱离。另外,不同类别、不同层次、不同办学理念的高校,对于不同特点的学生所实施的素质培养在目标、方式上却如出一辙,由此,我国高校在素质教育实施过程中呈现"千校一面、千人一面"的格局。对于这种单一的模式化教学与课程体系,高校领导并没有真正地认识到素质教育所倡导的个性发展与培养学生自我发展的意识与观念。

2. 教师素质教育缺乏,素质教育课堂低效化

教师素质的高低影响着全面推进素质教育的步伐与质量,教师自身的综合能力在推动素质教育发展中占重要地位。就目前情况来讲,高校一方面在对教师选拔招聘中,因为一些客观原因着重注意教师的学历与技能,忽视了教师素质教育的考核;另一方面,在实施素质教育的过程中,一味地强调教师通过授课形式培养学生的素质教育,却忽视了对传授者素质教育门槛的提升,一些高能力、低素质的教师严重影响学生素质教育的培养。在专业知识与素质教育课堂上,教师在授课过程中并没有将布鲁姆的课程三维目标全面实施,而是着重就考试内容进行反复强调与讲解,使高校素质教育课堂形式化、低效化。

二、大学生素质教育制度创新与重构

素质教育以提高受教育者的整体素质为目的,主要构建一个协调的多元化、全面化的教育,是应试教育的调整与完善。作为素质教育推行过程中的重要内生性资源,教育制度为素质教育各要素效能最优化提供了制度保障。为增强素质教育实施的有效性,一方面要加强素质教育制度体系建设与创新;另一方面要改变传统的教育观念,树立科学的素质教育观念,从而促使素质教育真正做到促进大学生全面发展。

(一)大力推进素质教育制度体系建设,完善教育评价体系

教育体制改革是一个艰难而又漫长的历程。在高校教育体制改革的过程中,只针对教育观念的转变与落实是远远不够的,也要加强对制度的改革与完善,制度改革不仅是对现有教育体制的改革,而且也要完善自身的制度体系。面对素质教育概念多样化、理论真空化等情况,学术界以及相关教育部门应切实提炼素质教育内涵,明确指出素质教育相关理论,大力完善素质教育理论体系以及制度建设,为高校实施素质教育提供具体化、操作性强的行为方向与理论指导。政府要更新以往陈旧的以就业率、科研率等要素为考核教育部门和学校工作的重要指标,将素质教育纳入高校评价机制,有选择性地对一些素质教育实施情况较好的高校与教师进行奖励,对于违背者进行惩罚,形成良好的制度环境。同时,相关部门应对一些新闻媒体对高校素质教育的负面报道进行严厉打击与整改,以法律形式保障素质教育全面落实,减少素质教育实施过

程中的层层阻力,加强对素质教育的督导力度,保证素质教育在高校高质量进行。

政府要深入高校,把握真实的高校办学情况与风格,将自上而下的绝对领导权与自下而上的教育需求相结合,对高校进行准确定位,增强高校"自我造血能力"意识,倡导高校根据自身办校理念与校园特色,多形式、有特色地组织素质教育实施。同时,素质教育政策制定者要通过广播、文件等大力宣传素质教育,使素质教育理论和理念深入人心,转变家长以及大学生对素质教育的偏见,积极主动地接受素质教育,为未来打下良好的基础。

(二)树立正确的素质教育观念,创新高校素质教育课程体系

理念是先知,也是行动的先导,先进的教育理念为教育教学实践的顺利实施提供了重要的指导与保障。在现有的大学教育中,虽然时刻提倡大力落实素质教育,但是在实际教学中并没有给予更多的关注与重视。一些高校对于素质教育实施采取观望态度或者流于形式,并没有真正地领会到素质教育对于学生以及高校的价值所在。市场急需高素质人才,对创新意识和素质教育的重视,迫使高校逐渐转变以往对素质教育轻视的错误观念,给予其更多的支持。所以,高校要有危机意识与现代教育理念意识,将素质教育归入大学生人才培养方案中,制定相关的素质教育规章制度,明确教师的责任与权利。将"校长治校"与"教授治学"两者紧密结合,严把教师准入机制与培训机制,以素质教育的要求为基准,对高校人事制度进行适当的改革,转变单一的教师评估制度,将师德师风作为高校教师素质评价的首要标准,督促教师以德立身、以德立学、以德施教,全面落实素质教育激励机制。同时,高校要主动加强与地方政府、企业紧密协作,拓展素质教育实施共享平台,充分通过合作交流来获取素质教育资源,为大学生素质教育的全面推进提供宽广的实践平台,在实践中感悟素质教育的本质内涵,进行自我教育,最终实现知行有机统一。

在课程体系上,创新素质教育模式。传统的素质教育大都是设置一门心理健康课、思想政治课等,不求质量地进行授课。素质教育是一种浸润式系统性教育,应改善以往单一的课程设置,采用多学科渗透式模式与跨学科单一模式相结合,构建多层次、一体化的课程教学体系,促进素质教育发展,即高校不仅从各个学科中选取大学生素质教育培养的材料单独成课教授,而且要将素质教育的培养渗透到每一门学科中去,同时与实践活动相结合,使知识内化。丰富素质教育授课形式,除了单一的课堂教学外,教师可以开发素质教育网络平台,充分利用慕课等网络资源,对素质教育的每一个模块进行资源开发,传播积极向上的国内外优秀伟人事迹、科技创新成果、市场人才需求等,以"全方位、多形式"的育人模式激励大学生向善、向上发展。

(三)培养高素质教师队伍,关注学生动态与方向

在大学生接受高等教育期间,对与学生相处时间最长的教师而言,其行为举止势必会给学生的成长成才带来一定的影响。因此,建设高素质、高质量的师资队伍为大学生素质教育的提升提供了无形的人力资本保障。在专业知识上,教师要具备先进的学术前沿知识,通过学习、交流、培训,不断丰富、更新知识储备,做好基础工作,同时,尝试对原知识进行创新,提升自我创新能力与内在素养。在外在形象上,教师要塑造良好的形象。根据自身气质、年龄等要素,穿着打扮要得体,给学生树立一个积极向上、健康的价值观念与榜样形象,勇于扮演好大学生健康成长道路上的指导者与引路人角色。

在素质教育课程授课中,要注重课程内容衔接与更新。教师在课程引进时可以尝试与中小学素质教育内容进行衔接,同时,也要与大学生未来生活环境、就业情形、市场要求等相配套,更新课程内容,将素质教育课堂转变为碰撞思想、启发智慧的互动场域,从而提高大学生的社会责任感、创新精神以及实践能力,帮助大学生做好应对未来挑战的准备。在授课方式上,注重与学生及时进行互动交流,培养良好的师生关系。按照主体间性理论观点,主体间可以利用移情手段进行有效交流,以间接地替对方着想促使主体之间相互认识,从而形成"我们的综合体"。主体间互动与交流越频繁,教学质量就越高。以大学生个体化差异发展为目标的素质教育,强调教师要充分把握与关注大学生的身心健康。它不同于传统的专业技能性知识传授模式,更加注重教师与学生之间的交流与互动,掌握学生的动态与方向。因此,在教学过程中,树立大学生积极主动参与课堂的意识,以学生为主体,鼓励学生随时表达自己的真实感受,掌握学生的思想动态,从而引导大学生进行自我准确定位,有针对性地充实自我、完善自我,提升自学能力与独立思考能力。此外,教师要具备良好的职业精神与伦理,加强与辅导员、班主任、思想政治工作者以及家长进行信息交流,互通有无,关注大学生的全面发展,尽可能减少大学生在心理、人格上的扭曲与变形。

综上所述,素质教育是一项系统工程,是一种养成教育,它不仅是知识的传授,更是知识的内化。面对市场的多元化以及对高素质人才的要求,加快推进素质教育是时代所需,须将素质教育放在教育体系的首要地位,从而使高等教育真正实现回归常识、回归本分。

第六节　高校教育管理制度人性化管窥

我国正处于一个飞速发展的时代，社会经济和科学文化都取得了很大的进步，生活在这个时代的大学生个性也愈加张扬，更加注重自我意识的发展。传统"管、卡、压"的强制性、灌输式的高校教育管理模式早已不再适应如今的发展形势需求。我国的高等教育亟须新的教育理念，需要改善以往的教育品质、提升传统的教育境界，这就需要在高校教育管理制度中引入人性化的教育方式，这种教育方式不仅注重对学生的基础培养，还强调了大学生个性的发展。本节简要分析在高效管理制度中引入人性化教育方式的必要性，并针对如何建立这种教育模式提出针对性的对策。

我国全球化和科技化的脚步正在飞速向前迈进，推进了教育在世界范围内的合作与交流，高等教育也日益往国际化的趋势发展，在这样的大环境下，中国想要发展壮大自身的高等教育实力，就必须尽快对高校教育管理制度进行合理的改革创新，形成适合自身发展的办学特色，不断提升办学质量。在高校教育管理制度中引入人性化的教育模式成了时代发展的必然，这种教育模式在理性化与制度化的基础上，强调了大学生个性发展的重要性，重视对大学生潜能的挖掘，为学生创造了一个宽松和谐的学习生活氛围，并充分调动了全校师生的创造性与积极性。

一、高校教育管理制度人性化内涵

人性化教育是近年来新引入的现代教育理念，它主要强调将人类的本性考虑到教学要素及教育过程中去。教育人性化以对学生进行人性化的教育为目标，从根本上坚持"以人为本"的教育理念，尊重人的发展规律，致力于"使人成其为人"的教育方针，其综合了一个人生理范畴与精神范畴的统一。教育是一项以人为实践对象的特殊活动，是将培养人作为自身的目的的社会活动。每一个时代的教育根本都是将该时代对人性的假设作为逻辑探讨的前提，因此，不难看出教育观决定于人性观。

将人性化的教育模式引入高校教育管理制度中，就是以对人性的认识作为教育的前提，尽最大可能地在每个方面的教育管理中激发大学生自身的潜能，将教育过程作为发展与激发大学生潜能的过程，促使大学生不断突破自身的智力与非智力极限，培养大学生成为热爱生活、丰富自身的人。人性化和教育制度是密不可分、相辅相成的两部分，大学生人性中合理的部分被教育制度所规范，并将制度作为学生的行为准则督促其注意自身的言行。相应地，人性化的教育理念为完善教育制度提供了改革依据。

人们越来越重视人性的发展,这一变化推进了高校教育管理制度的改革,更有利于发展人性的制度也应运而生,这种制度又反过来推动人性化教育模式的展开。这种互相推动、相互关联的螺旋发展模式促使了中国高等教育的不断进步。

二、高校教育管理制度人性化的必要性

我国高校的教育管理以综合考虑一个人的情绪、体力、伦理、智力为基础,以努力将其培养成为全面发展的人为教育目标,而在实际教育过程中,我国现有的高校教育管理制度已经偏离了这一目标。"严进宽出"的教育政策在我国高等教育中屡见不鲜,课程设置过于僵化死板,没有综合考虑学生的个人因素,以致大学生在固定的课程中自身人格被不断消解,逐渐演化成适应集体生活、学习的集体型人格。使大学生亟须得到发展的个性化需求远远得不到满足,忽视了不同大学生的自身需求,没有很好地尊重大学生的个性化发展。这种教育制度和"以人为本"的教育大方针相去甚远,使大学生成了被安放在学校这个死板僵化的庞大"育人"机器中的零件,缺失了大学生应有的活力与激情。这一现象凸显了我国高校教育管理制度的短缺之处,意味着我国高校教育管理方向已经远远偏离了"以人文本"的教育本质。因此,改革我国高校教育管理制度迫在眉睫,应努力将人性化的教育模式引入高校教育管理制度中,使其得到应有的发展与应用。

将人性化的教育模式引入高校教育管理制度中,良好地反映出了高等教育的本质规律。人性化的理念可以很好地推动大学生的全面发展。大学生发展的最高目标就是自身的全面发展,一个国家大学生自身发展的程度可以作为衡量所有工作意义和社会进步的最高标尺。高校教育管理制度人性化不仅致力于对我国传统文化知识的传承与发展、培养满足社会发展的精英,还注重教会大学生为人处事的准则、成为一个健全合格的人。它将尊重大学生个人发展的意愿作为基本出发点,以学生的实际情况为基础,努力为大学生营造适合的发展空间、教学空间以及生活空间,激发学生学习的积极主动性,充分调动他们对学习的热情,使学生的发展更加充分、自主。

三、建立高校教育管理制度人性化的对策

我国高校目前在教学管理的制度上依旧存在缺失人性化的问题,由于这种人性缺失是制度变化引起的,所以人性缺失的因素也随之复杂多变。这种变化不仅受外部层面的宏观因素制约,还受微观层面教育自身的矛盾所制约。针对外部层面的宏观因素,其主要受到传统封建政策、现在社会的政治制度、传统的管理观念以及科学技术发展等因素的影响;就内部层面的微观因素而言,其主要受传统思想教育、教育者的强权

意志等因素的影响。为了将人性化的教育模式更好地融入高校教育管理制度中，以下从目前存在的微观层面与宏观层面的问题入手，提出建立高校教育管理制度人性化的相应对策。

（一）建立适合高校教育管理制度人性化的政策

建立适合高校教育管理制度人性化的政策不仅要以自主办学为政策基础、以人文关怀为政策导向，还要以和谐发展为制定政策的目标。

（二）建立适合高校教育管理制度人性化的保障机制

政治制度不仅能左右高校教育的体制，还能左右高校的办学方向、教育内容，以及高校培养人才的模式。学校不仅承担着教书育人的责任，还被赋予了传承文化的功能。随着新中国建立起新的政治制度与经济制度框架，中央政府的权威与效能也得到了前所未有的发展，充分发挥了维护社会稳定、捍卫国家主权、实现教育现代化建设的作用。因此，在这个大背景下塑造出了以高度集中的中央集权体制的教育制度核心。这就需要教育管理者建立适合高校教育管理制度人性化的保障机制，在相关部门的监督引导下，切实将人性化的教育模式引入高等院校的教学理念中去，使其得到充分的应用与发展。

（三）使高校教育管理制度更加独立自主

通过制定与人性化相关的高校教育管理制度，以此来正确引导与规范政府与高校之间的关系，做到真正的政校分离、管办分开。一方面，需要政府转变自身职能，树立起为高校服务的意识，从原有的直接对高校进行行政管理转化为信息服务、政策引导的行政管理手段。另一方面，应使各大高校在法律的约束下，明确自身的权利与义务，促使高校成为真正面向社会自主办学的实体。

近年来，我国在高校教育管理制度人性化方面取得了很大的进步，高校教育管理制度对中国高等学校的管理者而言，已经成了一项非常重要的教育资源。当今社会处在不断发展变化的大环境下，推动了高等教育在各个方面的发展与进步，高等教育机构的规模与数量也都有了飞速增长。然而，这种复杂的变化也影响着高等院校的教育品质、培养目标以及教育价值。面对这种变化，高等院校在确定自身使命时必须进行新的思考。因此，大学急需建立起人性化的教育管理制度，做到真正的学生自治、教授治校、学术自由、通才教育。只有这样，大学才能真正成为文化传承、技术创新和探索真理的不竭源泉。

第七章　新媒体环境下高校教学管理

第一节　新媒体给高校教育教学管理带来的冲击

在高校教育教学管理过程中，教师通过新媒体的使用来不断发展新媒体教学管理内容，通过新媒体的服务属性来提升高校教育的教学引导属性，现就新媒体给高校教育教学管理带来的冲击及对策研究进行简单的分析。

随着我国新课程教学改革的深入、新媒体的不断普及，越来越多的高校教育开始重视新课程教学改革的理念和发展思路。高校教育管理工作中对新课程教学改革的研究也在不断深入。在这样的教学发展环境和背景下，新媒体的发展速度和实践检验成果就有了一定的成绩，新媒体的教学管理形式以及其教学模式固有的优点都在一定程度上有利于其传播，这也就变相提升了高校教学管理发展的效率。

一、新媒体教学模式固有优势分析

新媒体的发展和应用对高校教育教学而言是一个全新的机遇。作为信息化时代下的产物，新媒体凭借开放性、即时性和互动性等特征迅速实现了普及，在极大地提升信息传播效率的同时也丰富了信息资源的内容，并提升了质量，使得各行各业的人都能从新媒体中获取对自己有价值的信息。在高校教育教学管理工作中，新媒体为其提供了海量的数据资料，同时也拓宽了教育教学管理的渠道，使之更加人性化和多样化。新媒体主要以平台的形式出现，这是一种由光、电、声音相互结合而产生的适合不同时间空间的人们相互交流的虚拟场所，尤其适用于高校灵活多变的教育风格。新媒体通过创造出一种大学生乐于接受的教育氛围和情境，成功地在教师和学生之间架起了相互信任的桥梁，符合大学校园自由平等的理念，也便于教育管理者进行价值观输出和思想熏陶。正是以上种种原因，新媒体教学模式才得以在高校生根落地，且目前已经发展到了新的阶段。

从新媒体教学模式在我国目前高校教学中的应用和发展来看，其固有特点和优势在于通过新媒体本身可以建立良好的公众平等交流平台。在这个平台上，学生与教师、教师与教师以及学生与学生之间都可以进行良好有效的交互式沟通，不仅可以表达自己对不同事物和不同教学内容的理解，还能接收不同的教学信息和别人的认知理解。在这个开放的半社交平台上，新媒体教学模式由于其固有的开放性很难实现信息的批量处理，这也就在一定程度上放宽了平台信息的来源和检验能力，就我国目前的新媒体教学模式发展实践来看，其中不正常的伪教学信息和诱导性虚假信息也时常会出现，从这些情况中可以发现，这样的平台管理还是不够完善的。

信息流通的速度要远远优于传统的教学模式，而且通过新媒体教学模式进行的信息传播往往可以实现新闻的时效性，可以从根本上提高高效教学管理的基础价值。相较于传统的教学模式来说，新媒体教学模式的多元化内容是非常有价值的，越来越多的新媒体平台开始出现在高校校园中，这样不仅变相加深了学生学习资源的丰富程度，还在一定情况下实现了平台之间的优胜劣汰，让高校教学管理从根本上进行完善和改革。

二、新媒体给高校教育教学管理带来的冲击

在我国当前的新媒体平台中，比较突出的有微信、微博等，高校学生从自身的使用情况中就可以看出这两个新媒体平台的普及程度。学生之间每天都会通过新媒体进行互动和信息交流，不断在平台中树立自己的形象，与他人沟通增加影响力。这些新媒体平台所蕴含的信息交流价值是巨大的。

在教学内容管理上，新媒体教学模式更是从根本上改变了传统教学模式的弊端，让教师在高校阶段的教学课堂中不再局限于传统的教学思路，在平台化的教学模式和教学发展中，教师有了更加多元化的教学手段和教学思路。从教师本身来说，新媒体教学模式不仅可以帮助自身完善教学素养，提升自己的教学水平，还能在最大限度上帮助教师实现与学校教学教育发展的关联性。教师在不断实践探索的过程中挖掘自身的教学问题，通过新媒体教学模式帮助整个科目教学建立良好的教学体系，而且新媒体教学模式的公开性质使教师不会因为传播途径受到负面影响，对于教师自身的教学水平和教学规划也产生了一定的推动力。

新媒体教学模式本身具有的平台价值对高校教学建设发展来说具有非常大的冲击，除了上文所提到的部分优势和发展方向外，新媒体教学模式还在一定程度上为高校教学建设管理带来了负面影响，新媒体教学模式简单来说就是平台化教学的推广，在高校教师实践高校教育教学的过程中，平台的推广会伴随一些教学之外的内容进入学生视野中，这些信息对于学生的影响不能保证都是正面的，学生接触到的不利因素

越多，对学生的影响就越大，如近几年影响特别恶劣的校园贷款等。

在师生关系上，由于新媒体技术能够扩大学生与外部世界的广泛联系，学生可以利用网络等各种现代通信技术与其他学生、教师甚至学科专家交流。如此一来，师生之间关系日趋平等，传统教师所固有的权威感逐渐丧失，只要教师授课稍时不注意就可能受到学生的抵制或抛弃。

作为高校教育管理的重要组成部分，大学生的思想道德教育这部分的工作内容主要体现在树立大学生的社会主义信念和价值观上。目前，我国高等教育思想道德教育的要求是让社会主义核心价值体系成为青年思想行动的根本价值取向和行为准则。但在新媒体时代，网络社会输出的不仅有各种信息，还有各种思想、观点和价值观念。显然，新媒体时代的一大特征是信息传播的极度自由化。由于其极度自由化的特点，如果社会管理者无法对其进行有效的监控，就会导致诸如暴力、迷信、赌博和色情信息的大肆传播。

在生活习惯上，新媒体改变了现实大学生活中的许多模式、程序与规则。以网络为代表的新媒体的虚拟性是一把"双刃剑"，可以带给大家一个自由、平等的环境，但缺乏真实情景中的情感流露和人格感染，会对人际交往产生较大的影响。而且新媒体教学模式的开放性使得很多不良企业和不良商家发觉其中的商机，在煽动学生消费的同时还要利用学生周围的社交关系，引导学生产生变相的心理偏激。很多高校学生在学习过程中喜欢用新媒体来宣泄自身的不满情绪，这些言论如果不能及时地把控和更止，就会对整个高校建设产生巨大的不利影响，带来严重的教育教学发展后果。

三、高校教育教学管理应对新媒体冲击的对策

（一）重新审视新媒体教学模式的应用现状

在新媒体教学模式的实践发展过程中，高校教育教学应该伴随新媒体的渗透而不断前进，在日常的教学环境和教育建设中搭建更多有效的、多元化的教学新媒体，通过这些新媒体来增强学生对学校建设的关注程度，提高学生对学校教育建设安排的认知程度。高校在自己建设新媒体平台的过程中不仅可以提升学生的学习兴趣，还能从根本上改善上文所提及的新媒体利用中的弱点。

高校建设的新媒体教学平台从本质上来说，首先是具有新媒体教学平台的优点，传播速度快、信息包含广、平台公平公开性良好等。学生与教师在这样的新媒体平台中所能展现的自身价值就更加明显。学生可以在高校学习的过程中将自己对学习的理解和习惯的养成发布到新媒体中帮助其他同学，教师可以在新媒体平台中展现自己多元化的教学方案和教学内容来帮助学生和其他教师。这样不仅可以有效地实现教育管

理工作的全面提升，还能让新媒体从根本上实现教育教学的基础利用价值。

就我国当前的新媒体教学建设来看，还有很多不足之处需要广大教师和工作人员进行弥补。首先需要提及的就是新媒体教学平台构建过程中平台的特性不足，微信、微博等新媒体所能利用的价值是非常简单明显的，而教育教学在发展新媒体技术的过程中所需要考虑的不仅仅是社交环节，更需要关注教育教学内容的深入落实。这样就使得高校建设的新媒体平台不能很好地满足学生的兴趣需求。

教师在利用新媒体教学平台的过程中往往很难实现其他平台固有的特殊属性价值，学生在高校新媒体教学平台中的使用频率和使用黏性很低，而且其他新媒体平台的舆论引导和多元化信息对学生诱导能力是非常强的，就当前的高校新媒体建设来看，还需要不断在新媒体平台建设中树立良好的价值观，让学生可以正确解决不同的学习问题和生活问题。与此同时，教师应尊重学生的学习主体地位和个性发展，实现教育观念的转变。这是因为新媒体环境下的现代人才标准已经逐渐体现为对学生素质的综合性、全面性的推崇，并延伸为注重学生的创新精神、实践能力与协作能力，注重学生的心理素质和竞争品质。将以人为本的观念贯彻在高校教育管理的日常工作中就是在高校内进行人性化管理，最主要的是要让教育管理融入学生生活的每一个方面。这就要求学校的管理层要关心学生的内在需求，通过合适引导与教育来提升这些需求，将这些需求引向一个更高的层次。

在新媒体环境下，高校也应对传统教育管理的内容有所扬弃。在新媒体盛行的今天，我国大学生的教育管理内容不应单单局限于传统意义上的教育内容，必须拓展教育管理内容的广度，赋予大学生教育管理更多、更丰富的内涵，将时代发展和大学生的全面发展诉求与大学生的教育管理相结合，建立针对性和实效性强的开放创新的大学生教育管理内容体系。为此，笔者认为一定要从优化大学生教育管理的内容结构入手，全面提升当今教育管理内容的时代适应性，在提高教育管理者对新媒体时代和新媒体技术认识的基础上，还要加强虚拟环境中的精神文明建设，引导大学生认识网络世界的本质，网络其实存在很多虚拟性和不真实性，培养他们在翱翔于多彩斑斓的网络世界时自觉控制好自己的言行，避免沉迷于虚拟的网络世界而无法自拔的情况发生。

保留和继承传统教育管理中有积极意义的东西，并把它发展到新的阶段也是我们开展变革非常重要的任务。对此，我们应该把握住传统教育管理中教师形象的实质，即便是在新媒体环境下，教师仍然要坚持自己作为一名道德模范的职责，作为教育主体，是德育教育过程的组织者，应起主导作用。教师的一言一行直接影响着学生，是学生模仿的对象。教师自身的表率，教师的思想行为、作风品德、工作态度等无时不在感染、熏陶和影响学生，这是一种生动、直观、极具说服力和感染力的教育手段。

事实上，高校阶段的教育教学建设不仅需要广大教师共同努力通过实践来实现，还需要学生在使用过程中不断地尝试和提供意见,让新媒体教学模式在高校教学管理中真正实现新媒体平台的价值,可以为学校的活动推广进行宣传,可以成为学校特殊事件的引导平台,可以有效地实现学校的公益活动,可以帮助学生实现综合素质的培养和学习习惯的养成,同时还可以有效增加新媒体教学平台的社会属性。

(二)制订具体措施以发挥新媒体的价值

首先,高校应积极转变教育观念,尊重学生的学习主体地位和个性发展需求。新媒体的发展使得当今社会的人才衡量标准发生变化,越来越倾向于从综合与全面的角度考查学生的素质,并逐渐延伸至对学生实践能力、协作能力、创新精神以及心理素质和竞争能力等方面的考查。在这样的背景下,高校教育教学管理必须整体上升到一个全新的层次,根据社会需求培养优质的人才,只有这样才能最大限度地利用好新媒体技术和平台。

其次,高校应及时完善教育教学管理评价体系,提高教育管理者的素养。新媒体对高校的冲击迫使高校要重建大学生教育管理评价体系,且要遵循"以人为本"的理念将原来简单、粗糙的评价指标进行合理细化,从而对新媒体时代下大学生的教育教学管理工作起到规范作用。想要构建满意的评价体系,就必须要求高校教育教学管理者相应地提高自身的新媒体素养。准确来说,高校教育管理者应从基本理论入手,在掌握基本理论的前提下不断学习新媒体技术以达到随心所欲的目的,这样才有可能在实际工作中发挥新媒体的价值。

再次,高校应努力拓展教育教学管理的新阵地。新媒体时代下高校教育教学管理平台必须与时俱进,换句话说,就是要开辟出利于大学生成长的"第二课堂"。对学生而言,开拓"第二课堂"有利于其形成独立的人格,促进其综合素质的提升。而"第二课堂"本身又便于提供丰富多彩的课外活动,这些活动的开展可以反过来帮助教育管理者及时掌握学生的思想行为动态。长此以往,教育管理双方可以在深层接触的过程中增加彼此的感受和认同,不论对大学生的成长还是教育管理者的工作都具有积极意义。

最后,高校必须对传统教育教学管理的内容有所扬弃。在高校全面实施新媒体教学模式的同时,在教育教学管理的内容上也应该进行合理取舍。传统意义上的教育教学管理内容不论深度、广度还是指向性都较为不足,亟须注入更丰富的内涵,建立更加具有针对性、时效性和开放创新的大学生教育教学管理内容体系。具体而言,高校可以从优化大学生教育教学管理内容结构入手,从整体上提升内容的时代适应性,进一步加强虚拟环境中的精神文明建设,引导大学生认识新媒体的利弊,避免其沉迷在网络世界中丧失思考能力和现实沟通交流能力。此外,高校也应对传统教育教学管理中的有价值内容进行保留和继承,甚至可以考虑利用新媒体将其发展到新的阶段。当然这一过程离不开广大教师的努力，作为教育教学管理的主导者，教师要坚守自身道德楷模的职责，将新媒体化作一把旗杆，撑起社会主义和时代精神的大旗，带领学生走向光明、美好、健康的未来。

我国的新媒体建设程度在世界上也属于一流，就新媒体平台在高校教育教学的管理发展过程中如何实现其特殊的价值和意义的问题，还在不断探究发展思考的过程中，这个过程需要广大教育工作者共同努力，在不断实践的过程中发现新媒体教学建设的特点，针对传统高校教学管理的弊端在新媒体教学模式中寻求解决方式，让新媒体教学模式真正成为新时代具有特殊教学价值的模式。

第二节 新媒体时代高校教学管理体系改革

教学管理体系是高校的重要体系之一，是提高高校教学质量、教学水平的重要保障。在信息时代到来的今天，高校的信息管理体系应该利用信息技术进行创新，从而能够更好地服务师生，培养学生。本节阐述了现阶段高校信息管理体系存在的问题，并在此基础上对新媒体时代高校教学管理体系改革与创新的措施进行了研究分析。

高校教学管理体系关系着整个高校的稳定运行和健康发展。随着新媒体时代的到来，网络技术也渗透到了人们生活的方方面面，高校教学管理体系也应当顺应趋势，利用新媒体技术进行改革与创新，从而能够更好地提高教学管理水平、提升学校的教学质量、促进学生综合素质的发展。由此可见，探究新媒体时代高校教学管理体系的建设有着很大的现实意义及理论意义。

一、高校教学管理体系面临的困境

（一）高校没有意识到新媒体技术的重要性

在新媒体时代，网络信息技术应用于各行各业，带来了新的生机与活力，社会的各个行业也都在加强信息技术建设。然而，高校却未意识到新媒体技术对教学管理体系的重要性，未利用新媒体技术对教学管理体系进行改革与创新。高校缺乏信息化建设的硬件设施，也未对管理教师进行信息技术的培训，忽视了信息化技术建设的意义。高校教学管理体系仍处于落后的状态这在很大程度上阻碍了高校教学质量的提升，教学管理水平的进步。

（二）高校教学管理观念落后

高校教学管理理念是教学管理体系的基础。然而，现阶段我国高校教学管理理念落后，这也严重阻碍了高校教学管理体系水平的提升。当前，高校的教学管理仍旧过分强调集体精神的重要性，而忽略了学生的个性发展，教学管理水平较低。此外，许多高校的教学理念缺乏创新性，仍旧采用以往的教学管理经验来管理学生，管理效率低下，学生的抵触情绪较强。此外，高校的教学管理缺乏预防机制，只重视问题的事后处理，而忽视了建立相应的预防机制，管理水平低下。

二、新媒体时代高校教学管理体系的改革与创新

（一）以信息化管理理念为导向，改善高校教学管理思想

传统的教学管理体系信息交流缓慢、渠道单一、管理效率低下，阻碍了高校工作的正常开展，教学质量的下降也不利于学生的全面发展。新媒体时代的到来给高校教学管理体系带来了机遇与挑战。高校应当摒弃落后的教学管理思想，改善教学管理理念，以信息化管理理念为导向，认识到高校教学管理体系信息化的重要性，并借助先进的新媒体技术，对高校教学管理体系进行改革与创新。高校可以开展交流座谈会或进行相关培训，让教师了解学习信息化技术的便利性；教师可相互探讨交流，对高校教学管理体系的信息化建设发表看法及建议，并鼓励高校教师参与到教学管理体系信息化建设中来，改善高校教师教学管理思想，为顺利开展高校教学管理体系信息化建设奠定坚实的基础。

（二）强化高校教学管理设施建设，构建信息化的教学管理体系

高校应利用新媒体技术构建信息化的教学管理体系，从而提升教学管理水平，提高教学管理质量。高校应当利用新媒体技术建设信息化的教学管理数据平台，将高校的教学计划、教学大纲、教学教材、师资情况、学生及教师的档案等进行数据整理，方便查询及管理，极大地提高了管理工作效率。此外，高校应当加大对信息化教学管理体系的投入，借鉴其他的成功经验，引进先进的信息化技术，加大对信息化教学管理体系软件的开发及维护，促进高校教学管理体系的改革与创新。最后，要想实现教学管理体系的有序运行，就需要有完善的教学管理制度。因而，高校应当结合信息化的管理体系建立健全教学管理制度，促使教学管理体系向标准化、程序化及规范化发展，提升教学管理质量，促进学生的全面发展，促进高校工作正常有序运行。

（三）全面提升高校教学管理队伍的素质水平

要想实现高校教学管理体系的改革与创新，人才是关键，因此高校应当注重教学管理队伍素质能力的培养。高校应当定期对管理队伍进行培训，提升队伍的信息化专业水平，并将信息化技术的学习及实践引入考核机制，激励管理队伍不断提升与进步。

高校也可以在校外聘用专业的信息化技术人才，以丰富的管理经验、超前的创新意识等影响管理队伍，提升高校教学管理队伍的整体素质，促进教学管理体系的不断完善与发展，给学校、教师及学生提供便利，提升教学管理质量与管理水平，为我国高等院校教育改革的可持续发展奠定坚实的基础。

高校的教学管理体系与教学质量、教学水平有着重要的关系。在新媒体时代，高校的教学管理体系也应该顺应趋势，摒弃传统落后的教学管理方式，构建信息化的管理体系。高校应当以信息化管理理念为导向，改善高校教学管理思想；强化高校教学管理设施建设，构建信息化的教学管理体系；全面提升高校教学管理队伍的素质水平，从而促进高校教学管理体系的改革与创新，提升教学管理水平，为高校教育改革的可持续发展提供保障。

第三节 新媒体环境下教学档案管理

随着信息技术和互联网的不断发展，人类已经进入互联网时代。随着新媒体广泛应用在教学过程中，教学档案也逐渐趋向数字化、信息化。教学档案是教学中的主要参考资料，也是在以往教学活动中的经验积累，受各种因素制约，在当下的教学档案管理中还存在一些问题。本节结合实际情况，对新媒体环境下教学档案管理的发展和应用进行简要分析。

新媒体环境这一概念是相对传统媒体环境提出的新型大众传播环境而言的。这种新媒体环境主要以计算机和网络技术为技术支持，以手机和电脑等移动终端设备为传播载体，具有时空虚拟性、资源共享性以及交往互动性的特点。在这种环境中，教学档案的管理必须要结合数字化、信息化技术的发展，提高档案管理的效率和质量，促进教学档案管理的可持续发展。

一、新媒体教学档案发展优势

（一）丰富档案载体和传播形式

在传统媒体环境中，教学档案管理一般都是以纸质管理为主要载体，以收集内容和登记记录为主要服务方式。这种档案管理方式不仅容易导致档案内容单一，同时限制了档案管理的质量和水平。而在新媒体环境下，通过计算机技术和互联网技术，能够构建一个资源非常丰富、传播方式多样化、传播速度快的信息系统，并且能够全天候、不间断地接收和传播各种最新信息。这样一来，教学档案信息就有了巨大的信息来源，同时还能将档案以文字、图片和影音等方式进行存储，进而丰富教学档案的载体。

同时，在以往的教学档案管理中，文本节件和教学声像文件一般都是分开管理。这种管理模式有一个弊端，它容易制约档案管理的效率以及档案价值的发挥。在新媒体技术环境中，可以将教学档案中的文字信息、声音信息和视频信息进行统一处理，并对教学档案进行精确的归类，实施集中管理。这种管理措施既能确保档案信息的完整性，也能进一步提升教学档案的应用价值。另外，这也能促进教学档案无纸化管理的实现。一直以来，纸质化都是教学档案的主要形式，随着新媒体技术在教学过程中的广泛应用，可充分利用信息技术对教学档案信息进行处理、存放，以实现教学档案的无纸化管理。

（二）为档案管理注入新活力

在新媒体的发展环境中，不仅可以丰富教学档案的内容和服务形式，还能提高全校师生的档案意识，提升档案人员的服务意识，从而为高校档案管理工作注入新的活力，且随着档案使用人数的不断增多，人们对信息的需求也不断增加。这也在另一方面促进了高校档案管理人员主体地位和主体意识的养成，极大程度上调动了档案管理人员工作的积极性和主动性，并且在新媒体的大环境下，网络信息覆盖为档案管理人员的创新提供了条件和动力，且随着信息技术的应用，学校的各个管理部门可以在短时间内进行教学档案的调取、查阅。在传统教学档案管理模式下，管理人员面临的工作量较大，需要花费大量的时间和精力，进行教学档案的收集、归类等，同时在利用教学档案的过程中，也需要花费大量的时间和精力，进行文件查询和检索。而在新媒体的技术下，可充分利用相应的软件功能，进行图像、声音编辑，对传统教学档案信息进行随意分析和组合，并利用计算机设备对信息进行录入或输出，从而使教学档案工作的管理、查询、检索等工作变得比较简单，进一步减轻了档案管理人员的工作量。

（三）拓宽档案空间

在传统媒体环境下，教学档案管理不论是馆藏内容还是服务对象相对都是比较独立的，同时还容易受时空限制，导致教学档案管理效率低下。在新媒体环境中，档案管理人员可以将馆藏内容输入网站中，从而实现对档案的信息化管理。同时，教学档案管理部门可以创建校友聊天室、信息反馈等栏目，从而实现全校师生共同交流思想、传播信息。这样教学档案管理工作就可有效地打破时间界限，及时掌握外界的动态，并随时跟档案使用利用者进行沟通交流，从而有效拓宽教学档案管理空间。

在拓宽档案管理空间的同时，加强教学档案的保密性。如果是在人工传统管理模式下，很容易受多种因素的影响，从而导致泄密的情况出现，容易造成严重的损失。

在新媒体环境下，通过电脑信息技术的应用，可将教学档案进行处理，使其成为电脑数据，可最大限度地避免传统信息管理模式下信息泄露的情况，同时提高教学档案信息的管理能力。在传统的人工管理模式下，学校的档案部每年要收集大量的教学信息，虽然不会花费大量的时间和精力，但是对档案信息进行归类整理同样需要耗费一些时间和精力。但是在新媒体环境下，信息处理部门可利用信息技术，随时随地将教学档案传递到教学档案部门。而档案工作人员会根据档案的实际情况，利用数字化软件和程序，对档案资料进行精确的归类和存储。

二、新媒体发展利用措施

应用新技术。针对当前的教学档案数字化管理中，存在数字化程度较低的情况，可采用这几种方法促进发展：一是教学档案虚拟现实技术的应用。在未来教学档案管理中，对档案文件的管理已从最初的真实管理方式逐渐转变为真实与现实并存的管理方式。在这种情况下，可充分利用虚拟显示技术，促使教学档案走向虚拟完全三维化。这种虚拟现实技术的应用可最大限度地避免教学档案管理过程中出现泄露、被盗、被毁的情况。二是多媒体保安监控技术的应用。在这项技术中，报警处理是监控技术的核心，通过报警这一环节，从而产生一系列的连锁反应，进而利用语音提示等环节，将具体的位置进行提示从而促使相关工作人员采取相应的措施，保证教学档案信息的完整性。同时，多媒体教学档案的信息检索系统，是通过多媒体将数字视频、音频、通信等多种先进技术，与计算机技术融合在一起，促进教学档案的数字化发展。同时在数字化教学档案中，检索系统具备了非线性结构信息和多媒体形式信息，从而完善了教学档案的检索系统。

在新媒体环境下，档案管理人员必须明确新媒体的出现对档案管理工作的积极影响和消极影响，在此基础上对档案管理工作采取相应的改进措施，同时借助新媒体技术，不断提高档案管理效率和管理技术水平。

第四节　新媒体时代探究式公共管理案例教学

随着改革实践的深入和现实条件的完备，公共管理案例教学作为成熟模式极地大提升了教学质量，在取得成绩积累经验的同时，瓶颈期存在的诸多不足和出现的若干问题制约了效能发挥和功能提升。依据案例教学的内在特性和项目改革的本真目的，推广探究式成为必然选择，而互联网时代日益普及的新媒体提供了相关有利条件。开展探究式公共管理案例教学必须树立全新原则，发挥多主体的积极性进行教学全过程改造。

在重视培养学生分析问题、解决问题能力的现代教学理念下，如何开展公共管理案例教学，把内涵丰富的公共管理理念与规律、模式与方法高效传输给学生，引导学生走出课堂，在丰富的公共管理实践中掌握理论知识，形成对公共管理实践的认知，形成对公共管理现实的考察与审视，进而提高公共管理学科的培养质量，都是公共管理学科教育研究的重要内容。因此，在公共管理专业中推行案例教学既是当前教学方式的革新和潮流，也契合公共管理的专业性质和人才培养目标的要求。

一、公共管理学科案例教学的基本流程

所谓案例教学法，是指在学生掌握了有关基本知识和分析技术的基础上，在教师的精心策划和指导下，根据教学目的和教学内容的要求，运用典型案例，将学生带入特定事件的模拟现场进行案例分析，通过学生的独立思考或集体协作，进一步提高其识别、分析和解决某一具体问题的能力，同时培养正确的管理理念、工作作风、沟通能力和协作精神的教学方式。

案例分析法非常适合公共管理学科的需要，因为公共管理学科的重点不在抽象的推理，而要以问题和案例为基本导向，展开讲授、研讨、模拟训练、案例分析以及社会实习，这是公共管理培养方式的基本特色。在大学本科阶段，案例教学一般作为理论教学或原理的讲授的辅助手段，明显有助于解决"纸上谈兵"的弊端和有利于汲取前人的经验教训。一般通过基本操作流程解决传统教学存在的问题。

首先，设立公共管理案例教学的基本假设。任何一种教学理论、模式和方法都有其自身的预设前提。传统教与学模式的基本假设是：教学过程是单向流动，即从教师流向学生，教师是知识、真理与智慧之源，学生通过教师获取知识是唯一高效而可行的方式。公共管理案例教学的基本假设是：学习主要靠学生积极主动地去参与案例的讨论与分析来进行，通过摸索、体验和领悟来进行，所学的知识、技能与经验是直接的、第一手的，学习不仅是个人的单独活动，而且应是一个群体的成员之间进行互动的集体活动过程；教师的职责是激励学生学习，在课堂上创造一种良好的学习环境。

其次，明确公共管理案例的分类特征。按照内容标准，公共管理案例大体包括用来记述和说明公共事业管理实践中发生的事件、政策和决策全过程的说明型、以政府决策者为服务对象和为特定问题提供来龙去脉、不同见解和结果评估的政策咨询型和提出理论假说，进行经验检验和创新认识的理论发现型三大类。在选择案例进行教学时，必须特别注重案例选择。

所选案例的内涵具有多种维度和典型性，涉及政治学、管理学、经济学、社会学等多门学科，也可能涉及政府、企业、民众等众多方面，与一般的故事、事件不同，案例具有特殊情境的普遍意义。所选案例要具有概括性与可讨论性，不能仅仅停留在"流水账"上，同时案例的层次要清晰简洁。所选案例应该具有问题导向性，问题的形式可以多种多样，或者是开门见山，明确地提出问题让学生思考、分析；或者曲径通幽，将问题隐藏在一般描述中，引导学生通过深入思考发掘问题。

最后，掌握公共管理案例课堂教学的操作技巧。简单案例如芝加哥式（芝加哥大学首先开发使用），即"案例研究"。一般是在讲课过程中给学生分发案例，让他们讨论。师生一起站在局外人、旁观者的角度客观地来讨论问题的发生及解决并找出管理的一般原则。复杂案例如哈佛式（哈佛大学首先开发使用），即"案例分析"。案例分析要按一定程序进行，如问题是什么、事实和原因在哪里、对策是什么。其目的在于提高学生解决问题的能力和判断力，其重点放在解决问题的过程中，所使用的案例多是现实发生的相当复杂的管理问题。哈佛方式和芝加哥方式的重要区别在于，它不是以客观的局外人的立场，而是以主观的当事人的立场来分析，参加者要把自己当作案例中的领导者或参与者，身临其境地进行分析和决策。

二、公共管理学科案例教学的主要误区

虽然公共管理是实用性很强的学科，但其产生、发展及应用都是有一定理论体系的。理论和知识是一般性东西，是发现问题、分析问题的原则和指导，但如果缺乏专业基础理论知识，仍难以深入或仅停留于就事论事，获益不大。因而案例教学须以理论教学或"原理"的讲授为前提或基础，因此，在操作中，若案例过于简单、浅白，价值也不高。

教师对案例教学的内涵及目的认识不到位，对案例教学进行简单化理解。根据小劳伦斯·E.列恩的观点，案例教学的目标主要如下：激发学生对于一个主题或问题的兴趣和求知欲；增进学生对于不熟悉问题或材料的了解；传达基本事实、信息；加强对理论的理性理解及应用；提高批判性、分析性和推理性技能；促进作为一种智力技能的决策能力；参与者互相分享经验；提高行为性和社交性技能；使参与者倾听和尊重他人意见并传达共识；增强个人信息和促进提出观念（思想）的意愿；改变对一些问题、观点、组织或特殊人物的态度；提高作为一种社会性或政治性过程决策方面的技能；促进一些制度的转变和改进，以及解决社会问题的愿望，提高解决社会问题的能力。

适合我国国情的高质量公共管理案例较为匮乏，案例更新速度慢，没有形成体系

化的案例库，教学案例编写紧迫而重要。公共管理学科的课程取向包括慎思明辨的思维能力，重视分析视角和思维角度，注重公共管理学科的形而上分析；关心社会公共事务的热情，即要求学生对国事、天下事、事事关心；崇尚民主法治的精神，即对学生进行现代公民素养的熏陶和灌输公平、正义、平等的理念；掌握解决公共问题的技术和方法，即培养掌握公共管理需要的专业技能，能综合运用各种技术和方法解决公共管理与公共政策问题，适应社会主义市场经济发展和依法治国、依法行政需要的高层次、应用型专门人才。

在现实中，由于对公共管理案例教学特性缺乏深入认知而出现如下几种看法。一是无用论，认为学生之间通过交流不成熟的意见学不到任何东西；二是低效论，认为案例教学是低效的，它要花费太多的时间才能涉及主题；三是错位论，认为学生付费是为了听教师讲，而不是听其他学生讲。

传统上认为，案例教学就是在课堂上使用一两个案例证实课堂上所要说明的理论观点就是案例教学，没有必要进行专门的案例教学培训。其实这是对案例教学的一种误解，真正的案例教学是一种没有固定答案的、学生广泛参与的、师生互动式的教学方式，其中包含丰富的理论和教学技巧，需要教师经过自学、培训、相互交流、教学观摩等形式才能更好掌握。

当前案例教学在公共管理专业普遍而广泛地开展，在进行多样化教学探索、丰富案例库建设的同时也存在标配化和教学手段、方法上的瓶颈制约。在网络信息时代，学生的学习方式、思维方式和信息获取方式发生了重大而全新的变化，案例教学更应顺应教育发展新趋势，吸取全新的教学理念和教改经验，准确把握公共管理案例教学的基本特征，明确教师和学生在公共案例教学中的角色定位和素质要求。

三、新媒体时代公共管理案例教学的完善

为了尽可能地提高公共管理案例分析课程的实际教学效果，必须在科学选择案例的基础上，使情景模拟式、专题研讨式、师生互动式等教学方式方法能自然贴切地融入案例教学，进而名副其实地做到：以案例教学为主线，以相关理论为支撑，以课堂教学为载体，以师生互动为桥梁，以教学评估为依据，以提高素质为目的。

推进探究式学习智能化教学手段的应用。一是建立智能化的互动学习平台。根据课程内容难度以多样化的方式实施个性化分层，创建不同的小组组合方式。针对不同类型的学生，制订不同的教学计划，设计不同的教学任务。学生在平台上的每一次交互都能得到及时反馈。二是推进微课导学。丰富微课制作的素材，拍摄、录制合适的脚本并进行制作，利用互联网云服务平台与学生共享资源。此外，结合探究式学习的

特点优化课程教学 PPT 设计，更多体现其在学生探究式学习中的引导作用。

首先，以自主性为核心组织教学活动。在教学过程中认真思考如何使课堂"活起来"、学生"动起来"，解决学生被动参与、不能全程参与和参与不足的常见问题。学生在主动参与中以自己的经验和知识为基础，经过积极的探索和发现、亲身的体验与实践，以自己的方式将知识纳入自我认知结构中，并尝试用学过的知识解决新问题，教师在这个过程中只是一个组织者、指导者和参与者。由于探究内容和课堂教学时间、任务的限制，在具体设计探究活动时，要站在整体和全局的高度用系统的观念进行有意识的设计，逐级推进，系统安排。

其次，以实践性为主线改革教学模式。探究式学习特别强调学生的感知、操作和语言等外部的实践活动，强调学生直接经验和间接经验的交融、统一，使认知活动建立在实践活动的基础之上，用学习主体的实践活动促进学习者的发展。在课题研究中，需要解决传统教学模式重理论轻实践的问题，体现实践教学在总学时中应有的比重，强化学生问卷调查、面对面访谈、试点调查、文献调研的能力。

再次，以过程性为标杆创新教学方法。探究式学习追求学习过程和学习结果的和谐统一，并且尤为注重学习过程中潜在的教育因素。在课题研究中应思考如何创新教学方法，尽可能地让学生经历一个完整的知识的发现、形成、应用和发展的过程。

最后，以开放性为原则完善教学环境。公共管理分析本身的学习目标比较灵活，没有专业基础课明确而具体的学习要求，因此，公共管理分析的课堂教学内容是开放的，探究式学习的过程也是开放的。那么，如何打破传统教学封闭的教学环境呢？这也是该课题研究亟待解决的问题。教师应尽可能地提供有利于学生大胆创新、实现自我超越的学习环境。学生在探究学习过程中，能够大胆提出问题，探讨解决问题的方案，对不同的结果进行分析，培养创新意识和创造能力。

第五节　新媒体的实践教学过程管理和质量考核

传统实践教学粗放的过程管理与流于形式的质量考核亟须改革，同济大学以"互联网+"为驱动，通过现场直播、问题讨论、跟踪签到、调查问卷等方式，探索、实践课内外结合的嵌入式教学、翻转课堂等教学模式。对创新引入"互联网+手机"新媒体方式优化实践教学管控的实践进行定性与定量分析，探索构建基于新媒体的实践教学管理考核新模式。基于新媒体的高效管理和质量考核体系，加强对复合型人才工程实践能力的培养，优化了实践教学的过程管理，提高了管理效率和实习质量。

实践教学环节是工科院校培养学生实践能力以及创造性思维等专业目标的重要教

学手段，也是学生入职前接触生产实际、获得工程师基本训练、受职业道德熏陶的重要环节。科学的管理和质量考核体系对实习效果具有非常重要的影响，但目前参与"卓越工程师"培养的各大高校关于实践教学培养模式的文献鲜见，对传统模式教学反思不多，对新媒体改进实践教学环节的研究仍处于空白状态。

一、"卓越工程师"课程体系中的实践教学

2010年教育部启动了"卓越工程师培养计划"（以下简称"卓越计划"）。作为对我国现有工程教育模式重大创新和突破的教育改革，"卓越计划"对工程师培养的课程体系与教学内容提出了新要求，其中明确提出必须"大力加强实践教学，切实提高大学生的实践能力"。

（一）实践课程在工程教育课程中的地位

"卓越计划"要培养和造就一大批能够适应和支撑产业发展、具有创新能力和国际竞争力的卓越工程师，需要通过课程改革满足卓越工程师成长所需要的知识、能力和素质要求。传统工科院校的教学方法以课堂理论知识讲授为主，学生缺乏自由探索、自主学习、主动实践的环境，已经难以适应卓越工程师培养的新要求。

实践课程作为卓越工程师培养的重要途径，在工程类教育课程体系中的地位不断提升。学生所学的理论知识可在实践课程中得以巩固与加深；学生在实践课程中运用知识，提高实践能力、设计能力和创新能力；学生在实践课程中，有机会发现、分析和解决问题，处理现实工程领域的复杂问题，提升综合素养。更重要的是，实践课程提供的体验式学习方式，有利于改变学生被动的学习方式，发挥学生的主体性。

（二）传统的实践教学亟待变革

组织学生赴工程现场参与实习学习，是工科教育课程体系中实践课程的核心内容，但传统的实习已难以适应"卓越计划"的新要求。宁宝宽等总结了土木工程专业的理论学习和生产实习现状（大多普通高校采用分散和集中相结合的形式，即大多数学生几人组成一个小组，自己或学校帮助联系一个施工现场进行实习）。[1] 徐雷等结合西安建筑科技大学土木工程专业的现状指出，目前我国高校土木工程专业生产实习存在实习场所难以落实；实习管理制度不甚严格、选题制度不健全、总结与管理工作不够细致、执行相对滞后等问题。[2] 邓夕胜等以西南石油大学的实习现状为例，总结了实习单位接收容量有限、学生真正参与生产的机会少等实习过程中存在的具体问题，并提出改

---

[1] 宁宝宽.土木工程施工［M］.北京：化学工业出版社，2011.
[2] 徐雷.基于业主方的施工合同风险识别研究［M］.北京：知识产权出版社，2013.

革人才培养方案实践环节、实现校企合作、加强自联实习等改革建议。①朱运华认为，在毕业实习过程中，只有充分发挥学生的主观能动性，不断培养学生的创新能力和动手能力，才能将学生所学基础理论知识灵活用于解决实际问题，并结合近年指导学生毕业实习的经验，就土木工程专业本科毕业实习阶段的创新目标制定、思想动员和考核制度建设问题展开探索。②卢文良分析了桥梁工程毕业实习的特点以及学生的知识储备情况，从实习时间、实习内容、实习现场、实习管理等角度分析了实习存在的根源，剖析了问题存在的原因，提出了优选实习工地、建立实习基地、强化现场讲解、补充实习讲座、完善视频资源等改进措施。③

（三）实践教学课程管控面临挑战

在实践教学的课程组织与过程管理上，传统方式也面临挑战：一是学习容易浅表化，以走马观花式的参观为主，难以深入思考。二是互动性较弱，学生被动地看和听，互动参与的机会少。三是过程管控存在盲区，集中式实习教师难以一对一兼顾，分散式的学习则缺乏统一监管。四是质量评价难以精细，实习考核流于形式，实习报告抄袭、应付了事，效果难以达到预期。

因此，加强对实践教学模块的科学设计与过程管控，成为"卓越工程师培养"课程体系中提高实践课程效能、激活学生的主体性、培养学生能力与素养的重要保障。随着互联网、信息技术的发展，信息素养成为当代大学生必备的综合素养，又为优化实践教学的过程管理提供了新契机。

二、掌上"互联网+"变革大学生专业实习

《2023年中国互联网网络发展状况统计报告》，截至2023年6月，中国网民总量达到了10.51亿人，中国网民年龄分布呈现多元化的特点，各年龄段的网民占比中10-19岁为12.3%。中国网民使用的设备主要有手机、电脑、平板、电视等，其中手机是最常用的设备，占比达到了98.6%，其次是电脑，占比为46.8%，再次是平板，占比为18.4%，最后是电视，占比为12.7%。

（一）"掌上新媒体"普及

当代大学生已是信息时代的"原著民"，微信、手机QQ、微博、APP、BBS等新媒体形式日益丰富，成为学习的重要辅助。张静、刘开源的研究显示：86%的学生认为新媒体可以开阔自己的专业视野，43%的学生认为新媒体可以提高专业学习成绩，

---

① 魏科丰，邓夕胜.混凝土结构与砌体结构[M].北京：中国建材工业出版社，2016.
② 朱运华.严守安全底线 突出安全第一[J].大众用电，2020(4)：42.
③ 卢文良，季文玉，许克宾.桥梁施工[M].2版.北京：中国建筑工业出版社，2018.

30%的学生认为新媒体有助于改善自己的学习态度和学习动机，34%的学生认为新媒体有助于丰富和改进自己的学习方式。

信息技术深度渗透至教育领域，同济大学土木工程学院在教学改革中提出，以"互联网+"为驱动，探索、实践课内外结合的嵌入式教学、翻转课堂等教学模式，增强学生学习的自主性。

（二）海量信息环境中的主动学习

新媒体突破了传统实践教学等特定场景的局限，利用手机网络发布公告、传递信息、播放新闻，学生可以随时搜索、补充现场资料，请教、讨论热点难点问题，分享自己的学习心得。主动求知，学生成了学习的主体。新媒体以其互动性、多元化、即时反馈等特征，为提高实践教学的过程管理与学习效能提供了更多可能。

（三）即时互动中的深度学习

在新媒体环境中交互性的社交平台很多，学习变成了师生、生生多方互动交流的过程，从而改变了传统教学信息提供的主从关系。多通道互相回应，将学习讨论不断推向深化。

在一项调查中，70%的学生认为网络互动可以增进与同学之间的交流，56%的学生认为网络互动可以拉近与教师的距离。受访者中有部分大学生经常访问教师的博客或QQ空间，浏览内容并参与互动。此外，大学生还通过新媒体进行自我反思，如撰写日志用以记录或反思等。

（四）自动记录学习过程

新媒体交流平台多为图文形式，方便即时记录学生的学习过程与成果。微信平台中，朋友圈有每日"签到""打卡""点赞"等功能，可以随时记录学生的学习过程。通过文字、语音等多种方式，在"晓黑板"讨论区限时记录学生的学习收获，为开展科学的过程性评价提供了可能。

（五）多元呈现个性化的学习成果

新媒体融多媒体的内容和形式于一身，兼容了文字、图片、视频、音频等多种表现形式，丰富了学习成果的呈现方式。在实践教学过程中，学生可以在微信公众号中发表新闻报道、在QQ空间撰写分享电子日记、在"晓黑板"中讨论专业问题。这一新的载体有助于多样化考核，增强了评价的实效性。

三、基于新媒体的实践教学管理创新探索

新媒体融入教学，将有助于颠覆传统的教学方式，发挥学生的主体性，提高教学

效果。同济大学土木工程学院率先在毕业实习环节进行了探索。2017年4月10—25日，同济大学土木工程学院70名大四学生参加了桥梁专业的毕业实习。参与实习的学生全部拥有可上网的智能手机。在此基础上，首次建构了基于新媒体的过程管理和质量考核系统，包括现场直播、问题讨论、跟踪签到和调查问卷等。学生在同济桥梁公众号发表日记5篇、成果汇报1篇，截至2017年5月11日，6篇帖子平均阅读量为425次，最多606次。基于新媒体的、高效的管理和质量考核体系，加强对复合型人才工程实践能力的培养，形成了体现同济大学土木工程专业毕业实习特色和优势的培养模式。

（一）电子签到系统：高效安全管控

集体实习，包括技术报告、现场参观、小组讨论、实习汇报等各环节，持续时间长，而且集体实习地点往往分散在不同城市、不同企业、不同工地，将面临交通、学生管理、实习效率等方面的挑战。

此次基于新媒体的毕业实习过程管理，实现了实践教学基地与指导教师全覆盖，建立健全了实践教学的全过程管理机制。利用微信签到功能，便捷地实现了点名工作自动化，保证了人员管理无死角，点名系统自动生成统计报表，能够清晰直观地掌握学生的出勤状况。

（二）微信直播：激活学习主体

毕业实习的现场学习，相当于传统的课堂教学环节。通过微信公众号报道，学生成为被直播的学习主体。5篇微信直播报道全部由学生自主完成，图文并茂，学生的感受与收获得以直观呈现。

以箱梁起吊参观为例，在实习第二站芜湖二桥参观时，恰巧碰上第一节箱梁准备就位起吊，学生围观并学习了吊装箱梁段的全过程：起吊装置下降，同时节段箱梁下方的运送车不断根据起吊装置的位置调整自身位置，使箱梁段和起吊装置的固定爪对齐。对此，学生就如何固定的问题展开了激烈讨论，如磁铁吸引、胶粘、螺栓连接等。事实上，工人师傅通过螺栓将起吊装置和梁段连接，起吊装置下部圆盘可以保证梁段稳定转向并落位。

（三）过程性评价，鼓励参与

实习质量监控一直是传统毕业实习教学的难点，新媒体为过程性评价提供了方便。

1. 参与次数统计

在"晓黑板"中，共有14名学生发帖提问，39名学生参与回复讨论、回答。其中，参与讨论最多的学生有8次，有5名学生参与了微信公众号直播内容的撰写。学生按照参与次数、提出或回答问题质量自动统计生成相应分数。

按照统计次数，未参与讨论与提问的学生此项考核成绩为0分，发帖提问的学生得 10 分，其他参与讨论的学生按次数分别给予 2～10 分的评分。

2. 质量考核

过程性评价还设计了最佳提问、小组总结汇报等指标，引导学生提高学习参与的积极性和学习效果。

3. 电子习题

实习作业采用电子习题方式，毕业实习过程中进行了 3 次测试练习，即时提供考核评价分数，并计入总评。

4. 调查问卷，科学反馈

毕业实习的效果如何？传统的粗放式教学往往忽略了反馈环节，或者简单地采取学生座谈等方式获得感性认知。而依托新媒体手段，借助腾讯问卷调查系统，可对参加实习的学生进行调查，获取详细而准确的反馈信息，为改进实习方案提供科学依据与参考。

此次调查共收到有效回复 40 份，约占参加实习学生总数的 57%。有 75% 的学生认为通过"晓黑板"每日进行提问和讨论"很有必要，巩固了知识"，有 20% 的学生认为"效果一般，收获有限"，有 5% 的学生认为"完全没有参与讨论，不予评价"。

对于教师每天通过电子问卷的形式布置思考题，有 95% 的学生认为"很有必要，通过做题学习和巩固了知识"，有 5% 的学生认为"题目质量不高，收获一般"，认为"毫无意义，浪费时间"的学生没有。

有 45% 的学生认为撰写个人实习日记对于巩固和加深实习所学知识的效果"非常有效"，有 37.5% 的学生认为"有一定效果"，有 17.5% 的学生认为"毫无意义，浪费时间"。

有 55% 的学生认为个人实习报告对于巩固和加深实习所学知识的效果"非常有效"，有 45% 的学生认为"有一定效果"，认为"毫无意义，浪费时间"的学生没有。

通过对同济大学土木工程学院首度在毕业实习中引入新媒体手段的实践研究，笔者认为：新媒体手段优化了实践教学模块的过程管理，提高了教学管理效率；新媒体手段有助于变革传统学习方式，实现主动、深度、互动学习，提高工程类学科学生实践课程的学习质量；新媒体手段提供的大数据平台为改进课程与教学提供了科学支撑与精确的数据基础。为此，笔者从三方面提出建议。

探索新媒体手段助推实践课程改革的机制。新媒体手段融入实践教学环节，丰富了学习内容资源，增加了教学过程中的多方互动，激活了学生的主体性，实现了教学效果的即时准确反馈，体现了"卓越计划"的教改价值，具有普遍的应用价值。建议进一步深入探索新媒体手段助推改革实践课程学习改革的机制，使新媒体技术成为实践课程教学的重要辅助手段。

优化新媒体融入实践课程教与学的平台。首次使用新媒体管理毕业实习，挖掘、组合使用了微信、"晓黑板"、网络调查工具等多种资源，但功能比较分散。建议针对土木工程专业实践教学专门开发集电子签到、自动记录、讨论分享、专业练习、评价考核、意见反馈、现场直播等功能于一体的新媒体平台，提高实践课程的教学过程管理效率与教学效能。建立健全现场专业带队教师、行政管理教师、工地管理人员、工地专业讲解人员、学生，以及学校后台教务、行政管理人员等多方共同参与的新媒体平台，实现记录管理、评价考核、传输共享、多主体即时互动等一体化，保障实践课程学习质量。

利用新媒体对接理论学习与实践活动。探索基于新媒体的课堂理论学习与实践教学现场实践对接互通系统，将实践教学的效能放大、延伸至学生日常的课堂学习中，创设学以致用、活学活用的平台，提升学生的工程素养。

第六节　新媒体背景下高校多媒体教室的管理

教育技术飞速发展，高校的教学工作技术化水平也日益提高，多媒体教学逐渐成为主流。做好多媒体教室管理工作，为教学提供完善的保障就变得意义重大。然而，当前高校多媒体教学实践中，教师对多媒体技术服务的质量并不满意，抱怨颇多。这其中的原因是多方面的，而无论何种原因，目前的情形都影响了教学效果。要走出目前的困境，多媒体教室管理部门应该从制度建设、设备条件、管理手段及人员培训等方面，全方位地提升服务质量，保障教学的顺利进行。

随着新媒体技术的飞速发展，人们的生活已经被彻底改变，微信、微博、QQ在网络世界里为人们重新建立了活动和沟通的空间。在教学领域同样如此，新技术给教学提供了更丰富的教学手段，为教学带来了无限可能。目前，板书逐渐淡出了教育者与受教育者的视野，取而代之的是多媒体课件。以多媒体课件为载体的多媒体教学，凭借对人们感官的全面刺激，迅速抓住了教师和学生的心，在高校教学中已成为主流。然而技术是一把"双刃剑"，其在给教学带来便利的同时，亦带来了一定的困扰。这一点在高校多媒体教室管理部门与教师之间表现得尤为突出。因此，解决这些困扰，为多媒体教学扫清障碍，让技术真正为教学服务，就成了当务之急。

一、高校多媒体教室管理现状

高校多媒体教室管理，其本质是服务于人的一项工作。管理人员承担着多媒体教学的支持服务工作,因而,有效评估多媒体管理人员的服务质量,是研究高校多媒体教室管理的主要议题,是保障多媒体教学顺利进行的关键,也是深化创新教学改革的保障。

为此,有学者尝试通过 SERVQUAL 量表的方式来对多媒体教室管理人员的服务质量进行科学、准确的研究。他设计了包括教学环境、业务素质、服务态度、信任程度、个性服务五个维度共 32 个题项的问卷进行了严谨调研。其研究表明:教师对多媒体教室管理人员服务期望平均值较高,而实际感受平均值却很低;多媒体教室管理人员服务质量直接影响着教师的未来行为选择,提高服务质量能够有效减少教师的不满情绪、抱怨次数和投诉可能性。

由此看来,使用者尤其是教师对高校多媒体教室管理的现状并不满意,目前多媒体教室管理人员所提供服务的质量急需改善,以师生满意为中心、提高多媒体教学支持服务水平已经刻不容缓。

二、高校多媒体教室管理问题分析

(一)管理手段滞后,信息反馈不及时

多媒体教室管理工作,看似简单,就是管理好各个教室别出问题,而事实上这项工作并不容易。因为多媒体管理部门要协调数百间多媒体教室、管理数百件多媒体设备,同时还要处理大量教师的同时授课,工作量是极大的。因此,要做好这些工作,管理手段显得尤为重要。当前,多数高校多媒体教室的管理方式还停留于纸笔记录、口头传达这种看似与信息化时代相脱节的阶段。用这种方式来管理多媒体教室已经暴露出了很多问题。比如:每日的维修记录信息不容易被完整记录、汇总和分析;设备的状态信息无法被及时查看;教师对设备的反馈信息不容易被及时收集和吸纳;获取信息不便,导致调换设备或教室的效率低下等。相关的问题还有很多,都是由管理手段滞后造成的。

(二)缺乏专业且结构合理的管理队伍

总体来讲,高校多媒体教室管理部门不是很受重视,这决定了他们无法形成一个专业且结构合理的管理团队。首先,很多高校多媒体教室的管理人员主要由一名到两名计算机专业人员和很多临时工组成。总体来讲,他们的学历普遍偏低,业务能力无法紧跟多媒体技术发展的步伐。其次,由于地位较低,很多高校在对多媒体教室管理人员培训、进修、晋升职称等方面有所欠缺,而这会挫伤多媒体教室管理人员的工作积极性和进取心。如此,多媒体管理人员很难形成结构合理的管理队伍,也就无法保

证提供高质量的教学支持服务。

（三）设备条件相对落后于教学软件的发展

随着信息技术的发展，各种教学软件层出不穷，每个教学软件的版本也都更新迅速。教师时常会为了教学需要，临时安装一些新的软件，而这些软件对计算机的配置提出了更高的要求。这就会造成两种情况：一种是当前的计算机配置无法支持新软件的使用，教师因无法安装新软件会对多媒体教室管理人员提出强烈的意见；另一种是很多教师都按照自己的需要去安装新软件，这会使计算机的内存严重不足，导致计算机运行缓慢，继而引起没有安装新软件的教师的不满。在这两种情况下，教师最终都会将矛头指向多媒体教室管理人员，造成两者之间的矛盾加深。

（四）任课教师欠缺教育技术能力，误操作现象频发

多媒体教室的各种设备最终是由任课教师来操作使用的。因此，教师能否正确使用，直接关系教学效果。现实情况是，任课教师经常忽视教育技术的学习、对给他们提供的培训不屑一顾，而在使用多媒体设备过程中他们又经常发生操作不规范或是错误的现象，导致设备无法正常运行甚至发生损坏。发生了这种情况既耽误了正常上课，又增加了不必要的维修量，甚至有的教师还将责任推到管理员身上，无形中增加了管理员与教师之间的矛盾。此种现象在学生社团活动与招聘宣讲中也频繁出现。

（五）设备数量大、变更频繁，导致资产管理难度大

随着多媒体教学的普及，高校的多媒体教室都在尽可能地增多，设备也越来越多。而在日常的维修中，设备变更（如主机交换、备用设备替换等）是经常发生的，整体而言设备的流动性较大。如果多媒体教室分布在不同的楼上，信息一旦更新不及时，很容易造成设备的账、物不符，这给固定资产管理增加了难度。

三、多媒体教室管理问题的对策探讨

（一）与时俱进，引入信息化管理手段

大数据时代，管理手段的信息化，是任何一个管理部门最终都绕不开的议题。多媒体教室管理部门，作为一个信息技术部门更是如此，引入信息化管理手段来统筹管理多媒体教室设备、方便快捷地处理设备使用者反馈的信息成了必然。

信息化管理手段不必一味追求技术先进，因为最先进的难免水土不服，而且成本也是一个很大的问题。结合目前的有益经验和实践中的一些成功案例，笔者认为，该信息化管理手段应该包括以下两大功能模块。

1. 面向使用者的功能模块

对于使用者而言，首先应该了解设备的使用和维护常识。所以，应该有关于设备的使用说明（可图文并茂，有条件的最好进行视频解说）、相关的管理规定、应急预案。此外，为方便使用者申请教室，还应该配上关于教室申请的申请说明。其次，要提供专门的教室申请功能，目的是避开走纸质程序时的低效，节省使用者的宝贵时间。同时，使用者申请教室需要查询相关信息，因此应该提供实时的多媒体教室占用信息、教室容纳人数信息及教室分布地图。最后，为便于使用者与管理员之间进行更融洽的沟通，还应该向使用者提供反馈意见的窗口。

2. 面向管理员的功能模块

多媒体教室管理人员对该系统的需求主要分为前台和后台。前台部分，管理员应该能够准确记录设备报修信息。后台部分是整个系统的重头戏，也是与当今的大数据背景十分契合的，主要承担数据管理和统计分析功能。具体而言，首先，应该能够对前台添加的维修记录进行统计分析；其次，应能对教室设备信息进行动态记录；再次，应能与教务系统进行对接以提供实时的多媒体教室占用信息；最后，应该能对使用者提供的教室申请信息进行审核和处理。

有了合理的功能模块，还应该有合适的载体。在如今这样一个智能手机横行的年代，多媒体教室管理系统与手机绝缘是不现实的。所以，在建构系统时，必须同时开发手机版本以适应时代发展的需要。

（二）加强教师的教育技术能力培训

为了使任课教师能正确地使用多媒体设备，掌握多媒体教室设备的操作规程，对教师进行教育技术培训是十分必要的。要保证培训的质量，必须建立相应的培训制度，多媒体教学管理部门应该与教务处、人事处合作共同把培训工作做好。如规定必须至少参加一次培训，培训合格后发放相应的证书，没有合格证书就不能申请多媒体教学，将教育技术考核纳入教师的年终考核中去。在培训内容上应该涉及多媒体教学的发展史、多媒体教室的使用流程、多媒体教室的组成以及多媒体教室常见问题的处理方法等。培训时间放在每学期开学初较好，因为教师可以及时地去实践中内化所学习的技能。

（三）加强制度建设和人员培养

高校多媒体教室的管理和维护工作实际上是一个教学服务工作。表面上面对的是机器，实际上面对的是全校的教师和其他教职工。建立健全多媒体教室管理制度，将会使多媒体教室管理工作规范化、可视化，有利于接受使用者监督以更积极地改进工作，继而有利于处理好与多媒体设备使用者的关系。

无论什么性质的工作，人员的培养和团队的组建是关键。相关部门应该更多地重视多媒体教室管理部门，提供专业的技术人员来进行多媒体技术梯队的建设；改进多媒体教室管理部门的考核方式，给他们提供更多的晋升机会，提高工作积极性。同时，一定要重视多媒体教室管理部门的人员培训，多提供学习和培训的机会（如可定期组织多媒体教室管理人员和各厂家进行技术交流和学习），全方位提地升管理人员的专业技能。

（四）提升硬件水平，合理配置资源

为紧跟教学软件更新换代的步伐，努力提升硬件设备的质量是一件十分紧迫的事情。要做到始终能完全满足教师对设备配置的要求是很难的，所以一方面要在设备采购时把眼光放长远；另一方面要对现有的资源，根据数据分析的结果进行合理的分配。在采购设备时，把眼光放长远，即在综合考虑成本和现实要求的前提下，着眼于教育技术发展的趋势，采购具有扩展性和延续性的设备，尽量延长多媒体设备的使用寿命。对资源进行合理配置，即根据课程特点、教师使用偏好信息等，对设备按照需要进行统一的资源配置，如将高配的设备调整到需求最强烈的课程中去。

多媒体教学已成为高等教育的主要教学方式，因此，其重要性是不言而喻的。相应地，作为多媒体教学的唯一支持服务部门，多媒体教室管理部门也应获得足够的重视。不仅外界要重视多媒体教室管理部门，其自身也要对自己的地位和重要性有个清醒的认识。有了重视和认识，多媒体教室管理部门应该尽快从硬件、软件、管理手段及制度建设等方面全方位地提升自己的服务质量，做高校教学工作最坚强的后盾。

第七节 高校新媒体建设管理办法

随着新媒体技术的不断发展和成熟，新媒体在高校教学科研、思政教育、管理服务过程中发挥着越来越重要的作用，本节从领导重视、搭建平台、完善制度、丰富内容、形成机制五个方面构建了体系化的高校新媒体建设管理办法。

新媒体以传播速度快、覆盖范围广等特点，在新闻传播和舆论扩散方面日益发挥着重要作用。新媒体主要包括各类微博、微信和公众号、QQ、易班、易信、人人网、抖音、今日头条号、手机APP客户端、网络视频、移动电视等各类新媒体平台。高校新媒体在提供信息服务、展示学校形象、传播校园文化等方面发挥着越来越重要的作用，做好高校新媒体工作可以内聚人心，外塑形象，做好宣传工作，需要统筹谋划、全员参与、多方联动。为进一步加强校园新媒体建设管理，充分发挥各新媒体平台在展示学校形象、发布新闻信息、网络舆论引导、网络文化建设和提供社会服务等方面

的作用，本节探索提出了一套高校新媒体建设管理办法。

一、领导重视，统筹规划

学校党政要高度重视新闻宣传工作和学校新媒体建设，积极构建新形势"人人参与、人人有责"的大宣传工作格局。要定期召开学校层面的宣传工作总结和计划大会，对先进集体和个人予以表彰，并成立专门的新闻工作组织，统筹做好学校新闻宣传工作。组织系列新闻宣传专题培训，定期做宣传工作技巧培训和工作交流。

二、搭建平台，组建队伍

开通学校官方博客、微信公众号等网络平台，以"互联网＋思政"为主线，发布与学校师生密切相关的信息，作为学校各单位各班级、学生组织等突出个人、突出事件的宣传展示平台，分众化对象化服务全院师生学习生活、工作发展，讲好校园故事，传递学校声音。同时，要以微信公众号为依托，成立新闻工作站学生组织，专门进行微信编辑、后台维护和公众号宣传等工作。

为提升各学院、专业、班级、学生组织层面新媒体宣传工作实效，应组建以班级宣传委员为主体的学生信息员队伍，强化班级宣传意识，畅通学院、专业、班级、学生组织信息上报机制，构建班班参与、人人有责、全校联动的宣传工作网络体系。通过信息员QQ群和微信群，将每天的微信推送及时转发至各班级的微信群。

三、完善制度，畅通机制

无规矩不成方圆，规范的工作制度是各项工作顺利开展的有力保障。高校新媒体建设需要建立包括以工作机制、组织纪律、审核发布制度、工作站成员考核等为主要内容的新闻工作章程，以信息员的工作职责、信息上报流程、投稿须知、考核评优机制为主要内容的信息员工作制度，以坚持正确舆论导向、内容创作、审核校对、领导签发为主要内容的信息审核签发制度等在内的多个工作制度。

四、有理有趣，内容丰富

在内容为王的新媒体时代，想要吸引更多的人关注，就必须从内容上下功夫。高校新媒体建设需要本着"有理有趣"的原则，通过创作有思想有品质的网络作品，讲好"校园好故事"，传播"学校好声音"；主要发布内容包括以思想政治教育体系中诚信教育、安全教育、防骗教育、文明礼仪教育等线上教育为载体的"思政专题"模块，以学校党委、各党支部、团支部活动为依托的"党团活动"模块，以重大纪念日、学习宣传党的十九大精神为主要内容的"时事政治"模块，以优秀个人为代表的"个人风采"模块；以班级、学生组织为内容的"集体展示"模块，以学校教学科研、管理服务动态为主要内容的"学校动态"模块，具体来讲就是"言之有物""言之有趣"。

言之有物是指日常发布内容要丰富，通过创作有温度有思想有品质的优秀网络思政教育作品，分众化、对象化加强学生网络思政教育，同时为学院各班级、学生组织和个人提供宣传展示平台，服务师生学习、工作、生活、发展，凝聚师生情感，宣传学校发展成就，要以图文并茂的形式展示时政新闻、集体活动、个人风采等丰富多彩的内容。

言之有趣是指推送内容在形式上要有趣味性，通过将00后大学生喜闻乐见的表情包、漫画、微视频等新元素融入防诈骗教育、宿舍用电安全教育、大学生文明礼仪教育等主题推送中，寓教于乐。

五、形成机制，应对舆情

做好高校学生舆情收集工作。做好高校学生舆情收集相关工作是舆情危机分析工作和建立预警机制的基础，只有及时、准确地掌握真实、全面的信息，才能准确做出判断分析。舆情收集机制的建立关键在于要畅通信息收集来源，构建由学生干部等骨干学生组成的覆盖点、线、面的全方位信息渠道，全面准确且及时收集各类信息，建立舆情收集情报网络；建立舆情员制度，及时收集学生网络舆情，便于提前准确预判，将问题解决在萌芽阶段，防患于未然。

形成网络舆情定期分析制度。要对舆情形成定期分析制度，通过舆情收集、引导、分析机制，统筹谋划，按照收集的舆情信息，分类汇总、定向预测、定期反馈，增强分析评判的针对性和有效性，重视舆情的调查核实，形成有价值的专题舆情分析报告，为学校决策提供准确信息。

建立高校网络舆情引导机制。高校网络舆情会影响学校的正常教学科研，甚至会影响社会稳定。必须加强预警、有效预防、妥善处置，建立科学规范、行之有效的舆情引导工作机制。一是要明确责任，落实责任主体。二是要健全制度，完善机制。三是要完善手段，强化技术管理。四是要培育网络评论员，让立场坚定的学生骨干及时进行相关热点信息的发布传播和舆情引导，多措并举保持校园的和谐与稳定。

做好高校新媒体工作，需要多学、多看、多做，积极推动工作平台从"传统"向"新兴"拓展，从现实环境向虚拟网络延伸，让工作插上"信息化的翅膀"。通过建立线上组织和平台，把线上活动与线下活动结合起来，发挥好互联网为思政教育工作提供信息宣传平台、教育管理、互动交流、密切联系学生等作用。主动占领互联网舆论传播制高点，加强对互联网热点问题的引导和应对，关注校园生活、宣传校园文化，加强政策解读，回应学生关切，掌握网上舆论主导权，不断发现问题、分析问题，更好地发挥新媒体工作在立德树人、服务学校发展中的作用。

第八章 大学生教育管理的实践应用研究

第一节 情感激励在大学生教育管理中的应用

作为国内高校最为常见也最为有效的教育管理方法，情感激励已经成了教师在日常教学过程中最常使用的教学方法。这种教育方法在进行教育管理的时候能够对学生进行情感上的激励。在大学生教育过程中，情感激励最常见的教育手段包括需要激励、认可激励、关心激励以及宽容激励、榜样激励。本节主要对情感激励的内涵进行了简单的分析，并基于此对该方法在大学生教育管理中的应用策略进行了简单的分析。

一、情感激励的内涵

作为管理心理学最常见的概念之一，激励这一概念是由美国心理学家提出的。学者贝雷尔森和斯坦尼尔则将其定义为"所有内心渴望得到的条件，希望、愿望都能够对人产生激励……它的本质就是一种内心状态"。而学者德克以及布拉德则将其定义成，其本质是一种倾向，它能够使人向某个目标努力。艾奇逊则主张激励实际上是一种直接影响，它能够帮助人们产生方向感和活力，持久地向某一目标努力。因此，激励实际上就是利用某种刺激，帮助人们产生强烈的动力，向某一目的不断努力和前进。

激励主要包括两种：一是物质激励，二是精神激励。情感激励的本质为精神激励的一个组成部分，是常见的激励手段。在教育管理的领域内，这种激励实际上就是指教育管理者利用关心、理解、尊重、信任以及宽容等情绪去刺激学生的学习、工作以及生活，用积极和热情来进行努力。这里所说的情感激励不仅指情感投入，还包括营造一定的情境，感化学生的情感，使他们产生情感的认同感以及接纳别人的想法。这种激励手段的主要实现手段就是教师关心学生，对学生进行爱护、保护以及尊重、信任，对他们做出的成绩要及时进行肯定和鼓励，对于他们的错误和不足要及时给予批评指正。教育管理者可以在日常生活中利用人际关系的营造、环境的建设等方式帮助学生了解自己想要的是什么，要做的是什么，将其从被动的行为接受者变成主动的行为实践者，进而产生一种发自内心的归属感和向心力，使其向学校的培养目标成长和进步，进而实现管理者的管理效能。

二、情感激励在大学生管理中应用的必要性

大学生的需求趋向于多元化。根据大学生的当前需求情况以及相关特点的结构化研究，在当代大学生的日常需求中，最重要的四种需求是对知识的需求、对尊严和自立精神的需求，对友谊的需求、对个人成就感的需求。对大学生尊严与自立精神需求、友谊需求的满足已经成了情感激励最重要的两种方法。大部分的大学生具备良好的自我意识以及独立意识，有着较强的自尊心以及逆反心理。这就决定了教师在教学过程中，应该对学生的自尊进行保护，尊重他们的人格，不能按照成绩来评价人品，也不能按照人品进行区别对待。此外，简单的说教很难对大学生产生良好的教育效果。所以，教育管理者在日常教育教学活动中应该像对待朋友一样对待学生，充分尊重他们，给予他们必要的关心和爱护，使他们感受到来自学校的温暖和关爱，想学生所想、念学生所念，这样的教育方式常常能够产生非常有效的教育效果，可以帮助教师提高教学的效率，实现更好的教学成果。

教育管理者能够对学生本身的生活态度产生较强的暗示作用。在心理学的研究范围内，不少心理学家都认为良好的态度是由良好的暗示所激发出来的，消极的态度则来自消极的暗示。情感激励实际上就是一种积极的暗示，它能够帮助学生产生积极向上的状态，激发他们努力学习的愿望，调动他们的内在潜力。一个成功的教育管理者不应该对学生说出类似于"你就是不行""你就是错的"的话，而应该在日常的教育活动中真正做到将心比心，把学生当成自己的朋友，用自己的热忱和经验支持学生，引导学生，帮助他们在大学生活中获得充分的成长。

人性化管理已经成了当前组织管理的关键。现代教育管理越来越重视管理过程中的人性化。事实证明，能够在学生群体中真正受到学生的爱戴和尊重的教师往往是那些能够在日常工作中充分调动情感进行教育的教师，他们能够调动学生的积极性和热情。教育管理者在教学过程中应该利用各种各样的方法影响学生本身的情感和行为，使他们的思想变得越来越成熟和积极。在高校的日常教育实践中，学生作为学校的主人，是学校教育成败的关键。学校的日常教育管理应该将学生本身是否能够成人、成才当作教学的关键。无数的历史经验证明了"得民心者得天下"，教师在教学的过程中应该积极地和学生进行思想沟通与交流，了解学生的生活和思想动态，关心他们的点点滴滴，用理解的态度去对待他们的每一步，尊重他们的性格，给予他们更多的信任与赞赏。这样的教育方式能够帮助学生保持积极向上的思想状态，激起他们的学习

热情，使他们更加努力地面对学习生活。事实上，融入情感的管理已经成了一种非常成熟、成功的管理观念。此外，用感情来感动学生、激励学生已经成了最为有效的激励方法。情感激励就像一项高回报率的投资，它能够帮助教师利用感情投资收获良好的教育效果，这也是成功的教育管理者应该具备的教育理念与方法。

三、情感激励在大学生教育管理中的应用策略

需要激励。马斯洛需求层次理论曾对人的需求进行过划分，按照从高到低的顺序，人类的需求主要被划分为五个层次，即自我实现的需求、尊重需求、社交需求，安全需求以及生理需求。对大学生来说，他们的生理需求以及安全需求基本上是能够得到满足的，但是另外三种需求就存在着一定程度的不满足。社交需求实际上就是指人们希望建立起一定的友谊关系，希望通过这样的关系获得归属感，为某个特殊群体或者社会所接纳。尊重需求实际上是指人们希望拥有自尊并为人们所尊重，他们希望能够享有一定的名誉和声望，在获得一定的成绩时能够得到一定的认可。自我实现需要实际上就是人最高层次的需要，它是指人们希望能够完成自己能力范围内的工作，充分发挥出自己的潜能。以教育管理者的视角来看，他们需要了解大学生的不同需要。比如，大一的学生在刚刚入学的时候，很有可能对新的大学环境以及学习要求表现出一定的不适应。大二的学生在人际关系方面可能会出现一定的问题，他们缺少努力学习的动力。大三的学生开始面临就业的压力，对社会的了解比较有限。教育管理者只有对学生的这些需要有充分的认识，才有可能创造出能够帮助他们满足需要的环境。而只有当教师主动、有效地对学生的需要进行引导时，他们才能真正激励学生努力学习。

认可激励。教育管理者需要主动发掘学生身上所隐藏的各项潜力，创造出各种各样的方式和渠道来帮助学生挖掘自己的潜能，利用活动的形式帮助他们找到成长的原动力。在社会行为管理理论的研究范围里，工作成绩实际上是由个人能力和激发程度两个因素共同作用形成的。所以，成绩的好坏不仅仅和学生本身的能力有关，也和教师的激发程度有着密切的关联。所以，教育管理者在日常管理工作中需要尽可能地激发学生，虽然学生个人的能力不是无限的，但是通过激励，他们也能增长自信，对自己的努力进行肯定，取得进步。美国的学者罗森曾经做过这样一个实验：他随机选择了三个小学班级，并随机告诉教师几个具有良好发展潜力的学生的名单（实际上仅仅是随机抽取的），通过八个月的学习，这些孩子都取得了较大的进步。由此可见，教师对学生产生了一定的先验印象，他们认为这些孩子与众不同，在教学的过程中不断给予其认可与赞赏。教师的态度对孩子的成长和发展产生了较为直接的影响和作用。事实上，不仅仅是小学生需要教师的认可，大学生也同样有这方面的需求。大学的教

育管理者在日常工作中应该坚持多进行正面引导和激励，也就是主动发现学生身上的优点和闪光点，满足他们渴望得到赞赏的需求，通过一段时间的积累，主动根据教师的要求去完成自己的学习任务。这样的态度养成实际上就是有效教育的关键，教师在整个教育环节中起到了非常重要的导向作用。

关心激励。关心激励的本质就是教师在日常教育教学活动中给予学生更多真诚的关爱，主动帮助他们解决生活中遇到的问题，和他们一起面对学习上的困难。大学的教育管理者应该多为学生办实事，帮助他们解决那些令他们感到困扰的问题，减少他们的困扰和烦忧，进而帮助他们真正做到热爱学校、信任教师。通过这样的方式，教师能够激励学生更加积极努力学习。事实上，忽视学生的情感体验，一味进行说教不仅不能激励学生努力，反而会刺激学生的逆反情绪。正是日常生活中点点滴滴的关怀才能够激起学生的情感，如学生的身体情况、生日等。这些看起来琐碎的小事更容易使学生感受到教师的诚意，激起他们的努力情绪，使他们更加积极地面对学校生活。

综上所述，情感激励的方法非常多，教育管理者在教学过程中可以充分利用这些方法，发挥自己的作用和价值。不过需要注意的是，人的需求是多种多样的，情感也是如此。所以教师在对学生进行情感激励的时候，应该根据时间、地点、学生的个性特点等具体情况选择有效的方法，只有这样才能真正充分发挥这一方法的价值与作用。

第二节　非正式奖励在大学生教育管理中的运用

奖励是一种常用的激励手段，在高校大学生教育管理工作中有非常重要的作用。奖励应适应大学生的心理特点和需求，具有导向性。但随着社会的发展，现代大学生的心理特点和需求有了很大变化，传统的正式奖励已不能满足大学教育管理的需求。非正式奖励可以达到正式奖励所不能达到的效果，对正式奖励具有补充作用。本节就如何在大学生教育管理中运用非正式奖励做了分析和探讨。

奖励是一种常用的激励手段，激励是人生的养分，能让人肯定自己、充满自信、积极地面对学习和生活。美国哈佛大学教授威廉·詹姆士研究发现：在缺乏科学、有效激励的情况下，人的潜能只能发挥出20%~30%，科学有效的激励机制能够让人把80%~90%的潜能发挥出来。大学生是国家的未来和希望，对大学生进行有效的激励管理非常重要，而奖励作为一种重要的激励手段，研究它在大学生教育管理中的运用，对于调动大学生学习的主动性、积极性和创造性，激发大学生发挥潜能，促进大学生全面发展，有非常重要的作用。

通常来说，大学生的奖励方式有综合奖学金、三好学生、优秀学生干部、社会工作奖、学习进步奖、实践创新奖等奖项。有的高校还有社会团体、企业或者个人等设立的各类奖学金、荣誉称号等，是一种用精神方式和物质方式的授予来肯定并强化大学生积极行为的一种手段。这样基本以学期或学年为评比时间的各种奖励，是一种静态激励，它对上一学年学生的表现给予充分肯定，缺乏动态性，不能在日常的学习、生活、工作中给予学生及时的反馈和肯定。很多大学生也表示，奖学金具有一定的精神激励作用，但发放时间太长，效果降低，奖学金金额具有一定的吸引力，但是随着经济的发展，吸引力日渐降低。可见正式奖励作用受到限制，传统的奖励方式、奖学金金额等正式奖励方式越来越不能满足学生的需要，达不到奖励期待中的效果。非正式奖励可以在日常的学习、生活、工作中给予学生及时的反馈，作为正式奖励的补充，达到正式奖励所无法达到的效果。

一、非正式奖励的含义

非正式奖励最初来源于非常著名的金香蕉奖。据说惠普公司的一名工程师，突然告知经理自己找到了公司目前一个问题的解决办法。经理听完非常高兴，想感谢工程师，但是翻遍办公室也没找到适合作为奖励的物品，经理灵机一动，从自己的午餐中拿出一根香蕉递给工程师并说道："干得好！"虽然只是一根香蕉，但是当时这个工程师非常感动，因为自己的努力得到了经理的肯定与赞赏，而这个"金色香蕉奖"随即变成了一项授予员工的珍贵荣誉。

从此人们就把那些即时的、自发的、不用太费心就可以做到的奖励作为正式奖励的一个辅助手段，称为非正式奖励。非正式奖励是相对于正式奖励而言的，它对正式奖励具有补充作用，目的在于达到正式奖励所达不到的效果。

一些非常有效的奖励方式可能根本不需要花钱，在适当的时候从适当的人口中说出的一句真诚的话，对大学生来说，比奖状、奖金更为重要。威奇托州大学管理学教授格兰厄姆博士通过对1500名员工的调查发现：员工最喜欢的奖励方式是他们的顶头上司对他们公开的、不假思索的肯定和认同，63%的受访者把"拍拍后背"看作一种意味深长的鼓励。

可见非正式奖励有非常重要的激励作用，大学教学管理者在日常工作中应该学习、运用非正式奖励，并不断探讨适合大学生的非正式奖励方式。

二、非正式奖励的运用

正式奖励一般有章可循，有相应制度、手册规定。而非正式奖励不同于正式奖励，它没有固定的规章可循，是即时的、自发的奖励，没有固定的形式，教育者运用非正式奖励时可以从以下几个方面入手。

（一）以感情为基础

必要性：奖励包括正式奖励和非正式奖励，这两种方式都是为了更好地激励大学生，相比较而言，正式奖励多为程式化的、固定的、统一的奖励，在实施的过程中感情色彩较少，所以为了让教育者的奖励更有效，非正式奖励应该作为正式奖励的补充，更注重感情色彩，弥补正式奖励所缺少的感情色彩，以感情为基础打动学生，达到奖励的效果。

重要性：非正式奖励是即时的、自发的奖励，它没有固定的形式，多为教育者在一定情景下的"随意表现"。教育者在做出这种"随意表现"时如果没有投入感情，那么整个过程就会显得生硬、呆板甚至不合时宜。可见，感情在非正式奖励中有重要意义，没有了感情，非正式奖励的效果会大打折扣甚至起到相反的作用。

（二）了解现代大学生需要的复杂性

马斯洛的需求层次理论指出，人类有生理需要、安全需要、社会需要、自尊需要和自我实现的需要等多层次的需要。大学生的需要是复杂多样的，奖励只有满足了大学生的发展需要才能起到积极的作用，所以了解大学生的需要很重要，具体来说，教育者在运用非正式奖励时要考虑到：

1. 不同的大学生有不同的需要

大学生都是独立的个体，不同的大学生有不同的需要，即使有相同的需要，这些需要在不同的大学生身上所占的比重也是不同的。了解不同大学生的不同需要，才能知道哪种奖励方式更能满足大学生，更能起到激励大学生的作用。如果教育者的奖励方式因人而异，有很强的针对性，满足了不同大学生的需要，那么将获得很好的奖励效果。如果奖励不是针对具体对象采取的，奖励措施就有可能劳而无功、失去意义。

2. 不同时期的大学生有不同的需要

人的需要是不断发展变化的，在大学四年的不同时期，大学生有不同的需要，如用"挑战性工作"来激励一名大一学生可能是有效的，但到大四，同样的方法对他可能效果就不明显了，因为这时他最关注的是与升学、就业相关的事情。

不同事情的奖励程度，常见的情况有两种：一是过度表扬，适当的表扬是对学生行为的促进，但过分的表扬会引起受表扬者的骄傲情绪，甚至伤及第三者，使第三者认为不公正，影响同学之间的关系；二是削弱表扬，如果对大学生的表扬力度太小，非但起不到表扬的效果，反而会降低大学生做事的积极性，不能起到表扬效果和导向作用。

（三）非正式奖励要及时

惠普公司的经理翻遍办公室找不到合适的物品奖励员工，但是他还是绞尽脑汁地找出了一根香蕉以示感谢，因为他知道奖励要及时，哪怕是个小物品，也可以表达此刻自己对该员工的感谢和赞赏。事实表明，一个小物品在合适的时间起到了非常好的奖励效果。经理的奖励虽然只是一根香蕉，但因为及时而获得了很好的奖励效果。所以，不要等到发奖学金时，才奖励学生。在学生有良好的表现时，就应该尽快给予奖励。等待的时间越长，奖励的效果越可能打折扣。

奖励的时机掌握不好，会弱化奖励的效果。学生在某一方面表现很好，可是并没有在激励有效期内得到相应的奖励，很久以后，大家几乎忘记时才给予奖励，这样不仅达不到激励的目的，而且减弱了奖励的效果。

（四）非正式奖励方式要多样化且不断创新

面对同一件事，在不同的情景下，教育管理者不可能用同一方式奖励大学生。比如，你得知学生在某项比赛中获奖，内心很高兴、激动，一种情况是班级开会，这时你可以在全班同学面前大声表扬他；另一种情况是在自己办公室，这时你可以直接表扬并向学生做个胜利的手势或竖起大拇指。

可见，非正式奖励的方式要多样化，譬如：把学生叫到办公室直接表扬，不谈任何别的事情；把表扬事项贴在公告栏，让更多人知道；邀请学生一起进餐，增进感情。多样化的方式才能满足教育管理者随时随地奖励大学生且获得很好的奖励效果的需要。

奖励方式在多样化的基础上还需要不断创新。如果教育管理者使用一成不变的奖励方式，其稳定性有余而发展性不足，尤其是看不到社会发展、人的成长对奖励提出的新挑战。举个简单的例子：如果一个教育者对每个大学生都以拍拍其肩膀作为对其的一种肯定，那么如果他哪次以摸摸学生的头来肯定学生，这无疑将获得更好的奖励效果。时间一久，如果他总以摸摸学生的头作为肯定，那么哪次改为握握手，这也无疑将获得更好的奖励效果。也就是说，非正式奖励形式一旦使用次数过多、时间过久，那么效果将大打折扣甚至无效，所以管理者所使用的非正式奖励方式要不断创新。

（五）非正式激励的法则

为了使非正式奖励更有效，还需要将其与正式奖励相结合，这就是奖励中的大拇指法则，即每四个非正式奖励（如表扬每周晨练好的同学），应该有一个比较正式的奖励（如月度晨练先进个人）；对于每四个比较正式的奖励，应该有一个更加正式的奖励（如在奖学金），再往后可以根据具体情况使用其他奖励方式，循序渐进。

没有一名大学生是平庸的，每个大学生都有无限的潜力，奖励便是挖掘大学生潜力的有效而低成本的方法，在正式奖励无法满足要求的情况下，不妨试试非正式奖励，只要运用得当,它将起到意想不到的效果,对大学生教育管理工作起到非常重要的作用。

第三节 "蝴蝶效应"在大学生教育管理中的应用

当代大学生日常教育管理过程中存在许多符合"蝴蝶效应"原理的要素。学校在开展教育管理工作时,应重视"蝴蝶效应"原理,并正确引导大学生全面发展,为大学生输送优质教学内容。改善学校教学环境、营造优良的学习氛围,是提高教育教学质量以及提升学生自身素质的主要途径。鉴于此,作者结合多年教育工作经验,对教育管理中如何正确应用"蝴蝶效应"进行分析,并研究出有效提高大学生日常教育管理的策略,希望有参考价值。

美国气象学家洛伦兹曾提出了著名的"混沌"原理,又称"蝴蝶效应"。它是指亚洲蝴蝶轻拍翅膀,将使美洲几个月后出现比狂风还厉害的龙卷风。这种效应是由于动力系统初始条件下,一个微小的变化就可带动整个系统的长期的巨大连锁反应。因此,在大学生教育管理过程中,教育内容或教育形式发生细小的变化,都有可能造成对学生教育结果的差异性。教育管理中将"蝴蝶效应"分为良性与恶性两种作用。学校要充分发挥良性作用,正确且及时地引导大学生,确保教育管理的有效性。

一、完善大学生教育管理的意义

(一)完善教育管理有助于推动和谐校园建设

和谐校园,是在教育背景与形势下应运而生的,同时是校园环境建设的一种新型思想,和谐校园建设有助于推动学校教育教学工作的开展,实现长期校园教学活动的稳定运行。各大高校建设和谐校园的思想理念,是在和谐社会建设的基础上提出的,建设和谐校园可有效推动社会教育事业健康发展。因此,在高校和谐校园建设中,必须创建相关的学校教育管理体系和教育管理制度用来支撑校园建设。只有完善大学生教育管理体系,才能全方位地实现教育管理推进工作。将学校、教师与学生结合起来,从而实现高校教育的平衡发展,全面推动高校建设和谐校园工作,为大学生创造和谐友爱的校园环境,促进大学生全面健康发展。因此,完善教育管理工作有助于推动和谐校园建设,并在建设过程中起着非常重要的作用。相关教育部门必须深刻意识到教育管理工作对大学生健康发展的重要性,并以此完善教育管理体系。

(二)完善教育管理有利于确保大学生的权利

随着社会的迅速发展,逐渐推进法治建设进程。因此,许多大学生进一步加强了公民意识，并主动参与自身维权工作当中，合理运用自身权力向相关教育部门提出基本诉求，这也是大学生提升自身法律素养的重要体现。随着高校逐渐开展的教育管理工作，当代大学生清楚意识到，自身在社会主义建设中应该履行哪些义务，以及应享有什么权利，并且在此基础上，大学生还学会了尊重其他个体的义务与权利，树立正确"三观"，即人生观、价值观、世界观，在建设和谐校园的过程中贡献自己的微薄之力。因此，在新时期背景下，高校要完善大学生教育管理工作，为大学生正确履行自身义务以及科学行使自身权利提供良好的环境。

二、大学生教育管理中的"蝴蝶效应"现象

"蝴蝶效应"是一种十分荒诞的气象原理。从中可以看出事物之间的关系十分复杂，一些微小变化在初始条件下逐渐扩大，从而发展成无法预测的结果。"蝴蝶效应"不仅仅在自然界中存在，在大学生教育管理方面也出现过这种现象。每位学生、教师都有可能是一只蝴蝶，在不经意之间改变周围环境。

（一）学生间的"蝴蝶效应"

大学校园就像是一个小型社会。而宿舍就是最小的单位，经常有报道称某某宿舍所有人都考上了研究生。这不可否认是学生自身在积极努力，更要透过现象看本质，教师不会在起初分配宿舍时就能预见这一结果。或许是某个宿舍学生无意间扇动了"翅膀"，给其他人员带去了学习的动力，这就是受"近朱者赤"效应的影响。学校部分宿舍整夜不睡，齐聚一堂还有通宵打游戏的。通过调查可知，大多数宿舍但凡有一个抽烟的，其他学生或许出于好奇，或许是盲目跟风，最后发展下来就出现了整个宿舍人手一支烟的境地，这是受"近墨者黑"效应影响。

（二）师生间的"蝴蝶效应"

在大学生教育管理工作中，教师的言行举止能够潜移默化地影响学生，即展现了"言传身教"的现象。因此，部分教师每次冷漠对待以及斥责，都能给学生造成心灵上的伤害，且这种伤害会影响学生一生。为此，教师要注意言行举止，提高自身职业道德水平，发挥"蝴蝶效应"作用，引导学生健康全面的发展。

三、"蝴蝶效应"优化高校教育管理的重要措施

（一）改善原始信息质量

为完善教育管理机制，管理者要着重提高原始信息质量，应积极向大学生传递正

能量。由于"蝴蝶效应"原理，原始信息质量的高低影响着后期教育管理工作的开展。教育管理者要想提高原始信息质量，就要以教学环境中高质量原始信息的录入为基础目标，且有效整合教育教学环境与原始信息。基于此，笔者总结了以下几个方面的观点，希望为教育管理者提供参考价值。

1. 输入良好的信息，改善教育环境

在教育教学环境方面，教育管理者要注意改善高校教育管理环境，从而为大学生提供一个良好的学习场所。在高校教育管理过程中，不仅要注重给大学生传递正能量，引导大学生树立正确思想观念，还要进行优质信息传递，推动大学生全面健康发展。

2. 强化师德修养，提高教育者的水平

高校不仅要重视教师知识能力的培养，还需提高教师的师德修养以及思想道德品质，从而全面提升教师的职业道德水平以及教育教学水平。在日常教育教学过程中，教师要以积极的生活态度对待学生。通过言传身教来潜移默化地影响学生，充分发挥"蝴蝶效应"作用，引导学生健康全面地发展。

3. 应加强学风校风建设，创造良好的学习氛围

良好的校园风气，能逐渐影响学生的综合素质。因此学校要加强校风、学风建设，努力营造优秀的学习氛围与学习环境，不断加强校园文化气息，完善学生人格，使学生逐渐养成合理的学习思维与习惯，并激励学生全面发展进步。

4. 从小事做起，全方位育人

在日常教育教学管理工作中，教师要仔细观察学生的变化，并运用各种手段激励学生努力改掉自身缺点，要克服学习以及生活上的困难，增强学生的自信心。教师应充分认识环境对学生发展产生的重要意义，并培养学生的综合能力，以促进学生全面提升自身综合素质。

（二）强化引导和管理，挖掘大学生潜力

为构建教育管理工作的完善性，教育管理人员要结合教学内容，深入挖掘大学生自身潜力与优点。为此，高校内部高层创建了新的教育管理模式，为提高教学质量，将课堂作为关键阵地，进而培养大学生的综合素质。在实际教学中，教师要不断增加自身学习能力，其掌握问题的各种处理方式。在学生面临生活以及学习中的困难时，要及时采用巧妙方式为其解决问题。除此之外，教师还要对学生积极开展科学管理活动，并提高教育管理效率，重视教学管理效果。随着社会的逐渐发展，当代大学生个性张扬，且思维活跃，对新鲜事物充满好奇。因此，在进行教学时，教师应着重培养学生的个性发展，在共性的基础上，充分挖掘学生的潜能，健全培育措施，做到因材施教，根据学生的习惯以及个性特点制定教学标准，从而确保教育管理的实效性。

（三）制定合适的反馈机制，及时修正教育方式

为完善教育管理体系，教育管理人员要结合学校管理中的问题，进行分析、探索，制定反馈机制；并依照教育教学工作产生的结果，找到管理中的问题并进行及时修正。根据"蝴蝶效应"原理，要想保证教育管理的实际效果，就要完善教育教学模式，对管理工作中不同阶段的结果分析并及时反馈，根据反馈内容修正教育管理形式，不断提升大学生的教育管理效果，促进大学生全面健康发展。

1. 评价与分析教育管理效果

教育管理将效果评价分为两个部分，即学中阶段评价与毕业阶段评价。学中阶段评价是学校教育工作者，在设定的阶段时限内，对学生的综合能力进行分析总结，并提出自己的评价标准；毕业阶段评价是对学生从进入学校直到毕业进行的综合素质评价。在日常教育过程中，教师要结合学中阶段评价与毕业阶段评价，对其结果认真分析、研究，对部分学生不太好的评价结果，要及时分析其中原因，对症下药，从而提高大学生的综合素质。

2. 根据结果修订教育管理方案

教育工作者要对学生综合素质评价反馈信息结果应及时指定修正方案，将评价结果拿到学生本人面前，并与其进行沟通交流，深入了解学生的个性特征，从而不断调整教育教学方式，修订正确的教育管理方案，从而推动学生的全面发展。

（四）掌握大学生教育管理的合理性，细化教育体系

在学生教育管理工作中，每天都会发生各种"蝴蝶效应"，教育工作者的每个举动都可能影响学生、班级、年级、院系以及整个学校。大学生教育管理工作是由无数细小琐碎的事件组合起来的。因此，教育工作者要注意保持警醒，时常关注大学生心理思想变化以及动态发展，做好细节上的小事，积土成山，积水成河，经过时间累计，必定会让学生产生积极的正能量。

为细化教育体系，让其在学生中展现正面效果，学校必须对班主任、学科教师等教育工作者展开定期培训，创建一支性格开朗、包容大度且以学生为核心的教育管理队伍，并深入了解大学生的内心世界。当代大学生虽然心智过于成熟，但缺乏社会历练。在生活中会碰到许多挫折，从而出现各种负面情绪，教育工作者要从多个角度观察学生中产生的问题，留给学生一定范围内的个性发展空间，并对其进行引导、开解，教师要通过情景式教学方法，师生间互相学习，需共同进步。除此之外，还要防止学生之间出现排斥或偏见，合理运用教育管理手段，促进学生之间的和谐发展。

综上所述，大学生教育管理中"蝴蝶效应"广泛存在，教育管理工作者要合理运用"蝴蝶效应"原理。为大学生传输各种优质教学内容，引导大学生树立正确的思想

观念。"蝴蝶效应"对提高教育管理工作质量起到了十分重要的作用。因此,教育工作者应改善原始信息质量,并增强教育管理的实效性,深入挖掘学生自身潜力,制定科学的反馈机制,提高教育质量,促进大学生全面健康成长。

第四节 同侪示范在大学生教育管理中的应用

同侪示范是榜样教育多元化的一种尝试,具有良好的创新性、可行性。具体做法是通过在大学生当中树立榜样来引导教育他人,将这种正能量潜移默化地带到大学生中,从而影响学生的思想,进而影响学生的行为,在促进大学生不断进步的同时也促使教育管理体系更为完善。

榜样教育是思想政治教育的一个重要组成部分,传统教师及社会给学生树立的榜样多为"高、大、全"式的优秀人物,让学生感觉到他们离实际生活太远,变为可望而不可即的"神",从而失去了自我认同感,难以使榜样精神转化为自身发展的动力。因此,面对新时期的大学生,教育工作者必须转变观念,选择合适的、有特色的榜样,贴近实际,便于学习。基于这样的考虑,同侪示范教育应运而生。

同侪,指与自己在年龄、背景、兴趣、价值观等方面相近的同辈人。同侪之间可以分享人生感受,相互帮忙与扶持,协助解决生活问题,避免心理上的孤单与寂寞。同侪示范,旨在借助一系列有针对性的校园文化活动,引导学生"个个做榜样,人人学榜样",用大学生中优秀学生的榜样力量来引导、影响周围的同学,进而带动大家一起进步,提高学生的综合素养。近年来,大学生的教育和管理中开展"同侪示范",取得了不错的成效,现举例进行分析。

一、同侪示范之"应数之星"评选

(一)工作目标与思路

为了从广大应数学学子中挖掘勤奋学习、乐于助人、自强自立、努力成才的典型,树立榜样,应数学院党委、团总支、学生会组织策划了"应数之星"的评选活动。活动是依据我校"以学习成才为中心,以素质养成为目标"的学生工作方针、结合应数学院学科专业和学生的特点培育出的一个特色活动。几年来,活动根据学校"朋辈教育""同侪示范"等活动理念,对选拔标准、评选过程进行了多次修改,现已成为应数学学子争相参评、深受师生好评的重要活动之一。

（二）实施方法与过程

"应数之星"的评选标准：学习态度端正，勤奋学习，成绩良好且综合测评前列者优先。在大学期间曾担任或现任学生干部，入党积极分子、党员且在担任职务期间表现优秀，乐于奉献，工作积极，热心为同学服务者。在学术、文艺活动、体育方面等竞赛活动中表现突出或取得优异成绩者，对班级或者系有较大贡献的个人或集体。积极参加"文明宿舍"和"文明班级"的创建工作，严格遵守文明公约，并能以身作则。个人声誉好，受认可度高，具有较强的模范带头作用；有很好的交际能力，爱好广泛且有较强的执行能力和创新思想，做事努力认真。

"应数之星"活动实施办法：各班级团支部推荐或自荐，或由辅导员以及各班班主任推荐符合条件的候选人。候选人及其所在支部和班级整理展示材料。召开全院学生代表大会，听取候选人个人或相应团支部或班委会对候选人的展示。由全体代表投票差额选定"应数之星"，进行公示、宣传。当选的"应数之星"参与学院和学校的各项学生管理工作，发挥作用。

（三）工作成效及经验

活动开展几年来，一批批优秀的学生在评选中脱颖而出，一批批参评的学生通过评选看到不足并找到奋斗的目标。如今，"应数之星"已成为应用数学学院同侪示范教育的主力军。在新生入学教育之朋辈示范教育中，往届"应数之星"将自己奋斗的青春中的酸甜苦辣以及成长成才经历分享与学弟学妹，带来勤奋学习、乐于助人、自强自立、努力成才之正气，激励着对大学怀揣着无数憧憬的新生，这种激动人心的正能量的传播成为我校同侪示范的垫脚石，为应数学院良好学风的兴起起到了良好的示范作用。紧接着，让"应数之星"与新生班级结对子，建立长效联系机制，引导大一新生做好大学的学涯规划。同时，"应数之星"在其所在的班级和宿舍也具有导向作用，成为同学学习的榜样，在提高自己的同时也带动身边的人一起完善自己，利用榜样的力量，推动学生管理工作的开展。

二、同侪示范之学长学姐心语分享会

为了更好地引导大一新生适应大学生活，做好学涯规划，每年都在新生入学教育时举办"学长学姐心语分享会"，从大二、大三、大四的学生中每个专业选拔1~2名在考研学习、创新创业、学科竞赛、学生活动、学生安全信息网络构建等方面成绩突出的学生，与大一新生分享自己的成长经历。

例1：2010级金属材料工程的×××同学说，她被调剂到自己不喜欢的专业，从一开始心存畏惧的学渣摇身一变成为今日的学霸，她说："年轻允许失败，尝试就是一种胜利。在专业学习上,我们可以不喜欢,但是不喜欢不能作为放弃的借口,所谓'专业',有时候分类并没有那么严格、绝对,也不意味着一开始的不喜欢就是永远的不喜欢。学习的过程,本身就是一个内心得到富足的过程。"

专业调剂对不少学生来说是个硬伤,这个学姐的分享给新生一个很好的示例,教给新生自我调节,从而努力学习,从学渣变学霸。

例2:2010级机电专业的×××学长三年前也在台下倾听某位学长慷慨激昂的演讲,立志成为学生干部,一步一步走来,终于成为今日的机汽学院分团委副书记。"我们可不能机械地复制别人的模式,而是要善于借鉴。最重要的其实是思考、规划和定位人生目标,然后用激情、自信和责任去践行。但无论在什么时候,请永远保持内心的执着与善良,坚守内心的淡泊和宁静,像水一样厚积薄发,才能奔流到海。"

这位同学的分享体现了一种传承,也教会新生最重要的是思考,借鉴别人的经验之后要转化为适合自己的模式,去实现自己的精彩。

三、同侪示范的内涵解读

(一)同侪示范的可行性分析

"同侪示范"活动是我校重要的校园文化品牌活动之一,它提倡"全明星"概念,鼓励"学习与被学习"。同侪示范一方面促进学生阳光自信,激发学生发现优点,培养特长,使每一个学生都成为被学习的对象;另一方面提倡营造健康谦虚的学习环境,鼓励学生向他人学习。

"应数之星"是同侪示范的一个典型应用,每一颗"星"都是在某一方面学有所长,而不是面面俱到的能人,这让同学们能够找到与自己相似的"星"去学习,具备可参照性。同时,也可以激发同学们成为下一颗"星"的信心,从而努力奋斗。

"学长学姐心语分享会"让学弟学妹们看到他们眼中的佼佼者曾经也都和他们一样,在迷茫徘徊中成长,在汗水与努力中蜕变。学长学姐们的真诚表述和动情分享,给新生们即将拉开帷幕的大学生涯增添了一份美好色彩,激励他们为自己的大学生活画下美好的篇章。

"同侪示范"活动还有其他的载体,如新生辅导员助理制度、选拔高年级优秀学生担任新生班主任助理、选拔高年级优秀学生对应指导新生宿舍协助宿舍管理等。充分挖掘学生中的典型事迹,通过校报、网页、宣传栏、宣传册、事迹展板等方式大力宣传以及在各项学生活动的策划中体现"同侪示范"。

(二)同侪示范的意义

2004年10月14日中共中央、国务院发出《关于进一步加强和改进大学生思想政治教育的意见》(以下简称《意见》)。《意见》指出,加强和改进大学生思想政治教育的基本原则:坚持教育与自我教育相结合。既要充分发挥学校教师、党团组织的教育引导作用,又要充分调动大学生的积极性和主动性,引导他们自我教育、自我管理、自我服务。同侪示范是在学校教师、党团组织的教育下树立大学生榜样,通过榜样的影响充分调动其他大学生的积极主动性,这种学生之间的相互影响能够促进学生进行自我教育、自我管理、自我服务,从而做到间接的思想教育。

榜样教育理论具有如下内在机制:个体发展的差异性与自我反思和主观能动性之间内在张力的形成必须借助榜样示范活动与学习者的行动之间共同构筑的生活世界。以共同构筑的生活世界为基础,通过人所特有的社会心理特征——模仿心理,榜样示范活动与学习者的行动之间达到一种动态均衡。同侪示范将学生的模仿心理利用得恰到好处,在榜样与普通同学之间存在的差别之中不断模仿。人总是有不自甘落后的心理,通过这样的相互影响,更多的学生在思想、行为等方面将不断完善。这样一来,大学生教育管理体系亦随之不断完善,其过程是一个相互促进的过程。

"同侪示范"为广大学子打开了正能量传播的新篇章,以这种多元化的教育方式促使学生思想教育工作更好地展开并且能够提高教育管理成效。用数学符号"$+\infty$"表示同侪示范作用的区间,那么其带来的促进作用是没有上限的。树立贴近大学生的"同侪示范"能够使大学生有更具实效性的榜样,同时也增强了教育管理的实效性,"同侪示范"系列校园文化活动向我们展现了其可操作性和实用性,可以在同类高校中加以推广借鉴。

第五节 小组工作模式在大学生教育管理中的应用

随着社会的不断发展,我国高校在大学生教育管理方面的问题日益突出,教育管理客体的变化导致多种矛盾的出现,这些问题的解决就成为目前高校管理人员的主要研究内容。作为一种新的教学模式,小组工作在西方发达资本主义国家得到广泛应用,并取得了不错的效果。为此,以小组工作模式在大学生教育管理中的应用为研究对象,结合我国大学生教育管理的实际情况,分析该模式在我国大学生教育管理中的使用领域,提出小组工作模式中需注意的问题,从而提高小组工作模式在大学生教育管理中的应用效果。

一、小组工作模式的概念

小组工作模式对人数的限制并不绝对，两人或两人以上的群体都可以称为小组，小组工作模式的内容较为丰富，在教育学领域关于小组工作模式的概念并未统一（在界定方面并不唯一），然而，当把小组工作模式与日常工作与学习相结合来看时，可以将其做以下理解：小组工作模式的主要参与者是社会中的独立个体，由于存在某种共同的需求和目的，这些相互独立的个体之间形成了某种必然联系，在解决问题的过程中，增强了个体所具有的社会功能，进而达到不同个体之间的共同目标，这就是小组工作模式。

二、大学生教育管理的基本内容

目前，我国大学生教育管理的基本内容主要包括思想政治教育、人生价值观教育、心理健康教育、行为规范教育四个方面。

（一）大学生的思想政治教育

思想政治教育是指通过某一群体大部分成员约定俗成的思想观念、政治观念与道德规范，对群体中所有成员进行有目的、有计划、有组织的影响，进而使群体成员参与的社会实践活动符合主流思想观念的要求。对大学生思想政治教育来讲，其目标是学习马克思列宁主义、毛泽东思想、邓小平理论、"三个代表"重要思想、科学发展观、习近平新时代中国特色社会主义思想等理论，使大学生成为新时期的"四有"新人，满足我国社会主义现代化建设对大学生在思想方面的基本需求。

（二）大学生的人生价值观教育

受改革开放的影响，我国大学生的生活环境较为复杂，多元文化的冲击与碰撞，极易导致大学生的价值观发生扭曲，社会发展过程中的社会体制与形态转变所产生的矛盾，是目前我国大学生所面临的主要问题之一。因此，帮助大学生重新认识其角色的本质，重塑其人生理想与价值观念，明确个人与社会、国家之间的关系，成为大学教育管理工作的核心，也是大学生全面发展的关键内容。

（三）大学生的心理健康教育

所谓心理健康，是指人具有正常的智力，在生活、工作和学习中表现出的积极情绪，并以此建立和谐的人际关系，塑造个人良好的品格与成熟的心理行为等。大学教育管理部门在关注大学生理论知识学习的同时，还应注重大学生的心理健康教育。对大学生心理健康状况的变化，应保持高度关注，并及时介入，避免大学生心理健康问题进一步恶化。

（四）大学生的行为规范教育

大学校园提供的生活、学习环境较为自由、宽松，在这样的环境中，大学生形成了积极、乐观、向上的心态，追求个性解放，对制度的概念较为模糊。然而，在实际生活中，大学校园这种高度自由的环境并不是普遍存在的，在大学校园中养成良好的行为规范有助于学生更好地适应社会生活。

三、当前大学生教育管理面临的问题

随着改革开放的深入进行，以及互联网技术与计算机技术的普及，大学生价值观的形成已经变被动为主动，大学生群体中出现了极端个人主义、享乐主义、拜金主义等不良思想。大学生思想观念、价值取向、生活方式等出现的变化，相关问题的出现导致传统教育管理理念已经无法满足当前大学生教育管理的需要。

（一）多元文化冲击下的传统价值观

改革开放实现了我国经济的快速发展，人们的生活水平得到提高，然而，对外政治、经济、文化交流的日益频繁，导致我国长期存在的传统文化不断遭到外来文化的冲击，传统价值观体系的影响力也在此过程中不断被削弱。例如，目前大学生在校消费水平不断提高，个人享乐主义、拜金主义盛行，缺乏吃苦耐劳精神，面对生活中遇到的各种挫折，容易自暴自弃、怨天尤人，传统价值观所倡导的艰苦奋斗、积极进取等已经逐渐被大学生所遗忘。

（二）以政治教育为主导的教育管理理念面临挑战

关于大学生思想政治教育工作，中共中央早在 2004 年《关于进一步加强和改进大学生思想政治教育的意见》中就明确提出，我国大学生应当热爱中国共产党、热爱祖国、热爱社会主义，拥护中国共产党的方针路线，维护我国改革开放所创造的稳定局面。在改革开放初期，面对复杂的国内、国际形势及多元文化带来的冲击，我国大学生出现了阶段性的政治迷茫，个人理想、信念模糊，价值观扭曲，缺乏基本的社会责任感与诚信。虽然爱国，但不热爱政治，这种现象说明当前我国大学生思想政治教育所面临的窘境，这与我国长期以来枯燥的大学思想政治教育模式存在直接关系。

（三）以教师为主导的教育管理模式遭到挑战

在传统教学管理模式中，教师掌握了绝对的主动权，学生处于被教育、被管理的地位，虽然这种教育管理效果较好，但是，学生长期处于被"压迫"的状态，容易导致负面情绪积累,影响学生的身心健康发展。

改革开放之后,大学生的个人意识有所加强,对大学教育管理工作中自身所处的被动地位提出抗议,希望获得公平对待,但如果大学生的这种主人翁意识得不到正确引导,会导致大学教育管理工作陷入混乱,教师的主导地位也将丧失。

四、小组工作模式在大学生教育管理中的应用

小组工作模式与大学生教育管理管理之间并不存在直接关系,然而,在大学生教育管理工作中,科学运用小组工作模式,能够提高教育管理效率,作为一种新的教育管理模式,小组工作模式的使用,为大学生教育管理提供了新思路,同时也使得大学生教育管理工作充满活力与生机。

(一)利用大学社团等小组工作模式提高大学新生的适应力

在进入大学初期,由于对周围环境、教师和同学均比较陌生,以及生活、学习方式的改变,导致大学新生在大学生活初期存在适应上的困难。针对此情况,大学教育管理部门可以利用小组工作模式来使大学新生快速适应新的环境,如组织大学社团招新活动,使大学新生根据个人兴趣选择社团,利用社团活动来体现出小组工作模式的重要意义,使大学新生快速适应大学生活。或在大学新生群体中,将来自同一生源地的学生作为分组依据,利用大学新生在生活、习惯上的相似性,减轻大学新生的孤独感,使其快速融入大学生活。

(二)利用集体生活加强大学生人际关系网络建设

大学阶段的生活、学习,均以集体活动的方式存在,因此,在大学校园生活、学习中,学会适应集体生活,有助于在学生之间建立良好的人际关系。然而,目前大学生多为独生子女,个性较为孤僻,在人际交往方面缺乏锻炼,无法快速适应集体生活,在与人交往过程中难以掌握尺度。在大学生传统教育管理模式中,关于大学生人际交往能力培养的相关内容较少,大学生对人际交往能力提高的需求无法得到满足。在大学集体生活中,一般将大学生分为若干小组,在小组成员范围内,大学生可以充分发表个人感悟,并与其他成员进行分享。利用这种方式不仅能了解到小组中每一个成员各自的特点,还可以建立小组成员间良好的人际关系。除此之外,通过以小组工作模式为主要形式的集体活动,可以实现大学生人际关系网络不断扩大,这正是集体生活所具有的特点。

(三)在大学生就业指导过程中利用"传、帮、带"的小组工作模式

就业是大学生走向社会的途径之一,但是,由于大学应届毕业生在就业方面缺少

经验，对于未来工作的选择存在一定的盲目性，大学生在就业过程中需要来自多个角度的建议与指导。除大学就业指导部门提供的就业信息与其他帮助外，利用"传、帮、带"模式是当前大学就业指导的主要模式之一，为更好发挥往届毕业生的作用，可以将往届毕业生设置为小组组长，利用社交网络平台组成就业指导小组，针对应届毕业生在就业过程中存在的疑惑，由往届毕业生进行解答，并指导应届毕业生完成简历制作，提示应届毕业生在应聘过程中需要注意的礼仪、就业政策等相关内容，利用所谓"过来人"的经验来指导应届毕业生走向工作岗位。

小组工作模式是大学生教育管理工作的一次伟大尝试，其灵活的教学模式、丰富的教学内容，以及良好的教育管理效果，在我国大学生教育管理工作中得到推广。然而，对大学生教育管理工作来说，小组工作模式的能力是有限的，在分析我国大学生教育管理工作实际情况的同时，应结合多种教育管理方法，使小组工作模式的效率达到最高。

第六节　项目管理理论在大学生创新教育项目中的应用

大学生创新项目作为高校科研与创新的重要组成部分，其立项数量的多少和完成质量水平的高低直接体现了这所高校的实力和管理部门管理的能力和水平。但一些高等学校在单位工作侧重点的影响下，并没有充分重视大学生创新项目的组织及其管理工作。为了保证大学生创新活动的顺利开展，确保创新成果的顺利转化及其成本的降低，应该针对现有的管理模式进行探讨和革新，将项目管理理论应用于高校的创新活动管理中，可以有效地解决目前高校在进行大学生创新组织与管理中存在的诸多问题。

一、大学生创新项目存在的问题及分析

长期以来，普通高校的大学生创新活动管理工作相对简单，由于专职指导教师师资处于相对缺少的状态，其大学生创新活动的组织与管理更多时候往往偏向于传统的上传下达式的管理工作，在管理过程中在一定程度上存在着不重视质量控制的做法，这导致了大学生创新活动的组织和管理工作存在以下问题。

（一）重视立项而忽视管理

管理人员忙于立项而对项目立项后的管理缺乏持续跟进，并且管理模式不结合科研的特点，存在各环节之间独立分割、管理分条块、缺乏整体管理意识的问题。此外，激励与惩罚制度不健全，并且结题管理也不规范。多数高校考核大学生创新项目以申

请到多少项目、经费数额、结题数量作为主要指标，对项目进展过程的管理存在轻视的现象。

（二）经费不足且管理不合理

多数高校有设立具体数额的科研经费，但对于大学生创新项目的经费设立不足，很多时候这些经费也不能百分之百地落实到位，这就使得许多大学生创新项目难以开展。

（三）协调管理机制欠缺

大学生创新项目的复杂性和特点决定了完成一个项目需要高校各部门之间协作，同时在项目执行过程中有许多未知因素，大学生创新项目的最终完成需要将具有不同经历及组织的人员加以协调。部分高校的现状是管理活动过程中缺乏对项目质量、进度及成本控制的重视。

二、项目管理在大学生创新项目管理过程中的应用

尽管项目管理在很多领域已广泛应用，但是大学生创新活动是一项复杂的系统工程，受很多不确定因素的影响，高校只有明确自身目前在大学生创新项目管理中存在的问题，才能将项目管理理论应用到大学生创新项目的管理过程中。在应用项目管理理论到大学生创新项目的管理中需要注意以下几点。

（一）大学生创新项目的质量管理

完善、规范大学生创新项目的管理是保障科研项目质量的保证。用完全量化的方法来衡量创新成果是不太现实的，因此只能采用定量和定性的方法来进行测量，本节仅从定性的角度进行阐述。高校应做好以下几方面的工作：首先，管理人员需要具备服务的意识，转变传统的管理观念。项目管理理念要求在进行科研管理时要把整个大学生创新项目进行分解、量化，以便进行计算、调整和执行，因此，应用项目管理进行高校的大学生创新项目的管理，需要管理者树立服务的理念摒弃传统的管理观念。其次，应加强管理制度建设。在应用项目管理进行大学创新项目的管理时其基础是制度的建设。高校应根据自身特点建立相应项目的管理规范，并在进行应用的过程中进行完善。通过管理的制度建设，使高校大学生创新项目实施管理过程做到有理有据。再次，应加强管理人员的培养。应用项目管理于高校的大学生创新项目的管理之中的关键是管理人员能够利用项目管理理念来管理大学生创新活动，这就需要有一批熟悉业务的专职工作者，并且相应的项目参与人员也应熟悉和掌握相应的管理知识。最后，利用现代信息管理技术促进项目管理在大学生创新项目管理中的应用。现代信息技术

是项目管理技术发展的重要支撑，大学生创新活动的管理者可以依据自身实际情况建设相应的管理系统，在管理的过程中应用各种项目管理系统，通过管理系统进行统一管理。

（二）大学生创新项目的进度管理

进度管理是项目管理的重要组成部分，大学生创新项目尤其是国家级、省部级项目一般周期长，如果没有明确的进度计划严格按照计划进行控制，那么项目很难取得成功。当然，由于大学生创新项目的自身特性，创新项目的活动排序及进度控制难度比较大，为了加强高校对大学生创新项目进度的控制，应做到以下几点：首先，大多数高校创新项目的组织形式是矩阵型组织，这种组织一般情况下为弱矩阵型组织。在这种组织中，项目负责人一般权力不大，而项目成员来自不同的部门，各自成员较难了解整个项目，这就导致了项目的开展很不利，从而出现项目延期的情况，这就影响了项目的如期完成。因此，在大学生创新项目的管理中，项目的组织形式应该由弱变强，应赋予项目负责人及其团队成员更大的自主权和决定权以确保项目能更顺利地进行及如期地完成。再次，在制定项目进度管理规范时，应把项目进度管理理论融于项目管理之中，对项目整个进行过程进行进度测算，编制详细的进度计划，确保项目进度的科学性、规范性、客观性和可操作性。最后，在项目有效推进的过程中，项目负责人及项目监管者要按时、及时将项目的实际进度和计划进度进行比较，一旦发现偏差，立刻查找原因并进行偏差的纠正，最终实现大学生创新项目的管理活动全过程管理与控制。

（三）大学生创新项目的成本管理

在部分高校，大学生创新的成本得不到有效的管理，管理者很难评价创新活动的成果；同时，大学生创新项目需要来自诸如政府、企业、社会外界等的支持，如果成本控制过于严格就会限制项目参与人员的灵活性和创造性，而过高的成本则与有限的项目资源相矛盾，高校要降低科研项目成本，应注重以下几个方面的工作：首先，增强成本控制意识，加强管理人员相关成本控制方面的培训。其次，分阶段分等级实施成本控制管理。大学生创新项目是一个系统的、完整的工程，项目管理的阶段划分为大学生创新项目的成本控制提供了基础。再次，优化大学生创新项目过程。在保证项目成果的前提下，运用现代项目管理理论、现代信息技术及系统工程方法等对大学生创新的所有活动的各项成本进行计算、分配和控制。最后，建立健全经费使用检查和监督机制。学校有关部门应该联合对大学生创新项目经费使用进行检查和监督，杜绝一切经费的不合理使用和浪费，甚至是违法行为的出现，确保项目经费能有效利用。

高校是我国科研创新领域的主要力量，是实现中国梦的重要保障，大学生创新活动是高校创新板块的新兴理论。但长久以来大学生创新项目的管理一直存在诸多问题，这些问题直接关系着我国科技进步和科技创新等方面的发展，本节将项目管理理论应用于高校大学生创新项目的管理之中，希望能为项目管理理论在高校大学生创新项目管理中的应用提供一定的借鉴及参考。

参考文献

[1] 刘宇,虞鑫,许弘智,等."双创"背景下创新教育的实践、效果与机制研究[J].现代教育技术,2015,25(11):106-112.

[2] 陈从军,姚健."双创"背景下高校辅导员工作的思考与探索[J].科技创业月刊,2016,29(13):64-65.

[3] 刘国余.会计双语课程柔性教学模式探析[J].商业会计,2016(24):119-121.

[4] 杨思林,王大伟,唐丽琼,等."双创"背景下高校课程考试改革的思考[J].教育教学论坛,2016(46):77-78.

[5] 许彩霞.创新创业背景下应用型高校人力资源管理专业实践教学体系改革研究[J].鸡西大学学报,2016,16(4):23-26.

[6] 马一铭.大学生自主创业的困境与对策分析[D].西安:西安理工大学,2015.

[7] 黄杰."许昌模式"背景下大学生创新创业教育模式探索[J].决策探索,2016(18):38-39.

[8] 孙海英."双创"背景下文科大学生创业现状、机遇及对策分析[J].成都航空职业技术学院学报,2016,32(4):15-18,22.

[9] 张格,高尚荣.以高职生学习动力机制为导向的高职教育教学改革[J].江苏科技信息,2016(34):37-39.

[10] 吴颖珊.高校教育教学改革的动力机制探讨[J].重庆科技学院学报(社会科学版),2012(1):165-167.

[11] 曹月盈.高校计算机基础教育创新教学模式探究:评《高校计算机教育教学创新研究》[J].教育评论,2017(5):166.

[12] 荆媛,唐文鹏.新时代下高校思想政治教育教学方法创新研究:以主旋律歌曲为视角[J].中北大学学报(社会科学版),2017,33(1):65-68.

[13] 周湘林.以学生学习为核心的高校教师教学评价方法创新研究[J].现代大学教育,2017(1):93-97.

[14] 华宝元.教育管理学四大范畴视角下高校体育教学管理创新研究[J].广州

体育学院学报，2017，37（1）：107-109.

［15］李小兵.互联网媒体视角下高校体育教学创新研究［J］.赤子（下旬），2017（1）.

［16］吴小川.高校音乐教育教学模式的创新研究［J］.魅力中国，2017（1）.

［17］王天恒.从毕业生质量追踪探究高等学校本科教学改革［D］.成都：西南交通大学，2007.

［18］王淼.我国高校教育改革模式研究［J］.教育现代化，2016，3（27）：284-285+288.

［19］苗峰.高校课堂教学管理现状及对策研究［J］.兰州教育学院学报，2015.

［20］李友良，何勇.高校教学管理信息化的现状及对策［J］.教育与职业，2015.

［21］柳亮.高校教学管理人员继续教育现状及对策［J］.继续教育研究，2014.

［22］王廷璇.浅析高校教学管理现状及改革对策［J］.新西部旬刊，2011.